普通高等教育“十四五”规划教材

大学生职业生涯规划与就业创业指导教程

第2版

邓基泽　曾龙威　主　编

中国农业大学出版社
·北京·

内容提要

本书在习近平新时代中国特色社会主义思想指导下，坚定不移贯彻落实人才强国和科教兴国战略，坚持践行“为党育人、为国育才”使命。依据“教育部办公厅关于印发《大学生职业发展与就业指导课程教学要求》的通知”精神，充分考虑大学生成长成才和高校就业指导课程的需要，用通俗易懂的语言和真实的案例，指导当代大学生做好职业生涯规划，学习就业技巧，充分做好就业创业的准备。全书包括大学生职业生涯规划篇、大学生就业指导篇、大学生创新创业教育篇三大部分，共17章，内容包括大学生职业生涯规划、就业形势分析、就业创业准备、求职途径、简历制作、面试技巧、创新精神、创业意识与创业能力培养、创业项目和创业的人力资源管理等。

本书全面贯彻党的教育方针，落实立德树人根本任务，培养德智体美劳全面发展的社会主义建设者和接班人，指导性、实用性和操作性强，既可以作为普通高等学校低年级大学生“职业生涯规划”教材，也可以作为高年级大学生提升就业竞争力及指导创新创业的实用教程。

图书在版编目(CIP)数据

大学生职业生涯规划与就业创业指导教程/邓基泽，曾龙威主编．—2版．—北京：中国农业大学出版社，2021.7(2024.7重印)

ISBN 978-7-5655-2569-8

Ⅰ.①大… Ⅱ.①邓… ②曾… Ⅲ.①大学生-职业选择-教材 Ⅳ.①G647.38

中国版本图书馆CIP数据核字(2021)第127232号

书　名　大学生职业生涯规划与就业创业指导教程　第2版

作　者　邓基泽　曾龙威　主编

策划编辑　梁爱荣　　**责任编辑**　梁爱荣

封面设计　郑　川　李尘工作室

出版发行　中国农业大学出版社

社　址　北京市海淀区圆明园西路2号　　**邮政编码**　100193

电　话　发行部 010-62733489，1190　　读者服务部 010-62732336

编辑部 010-62732617，2618　　出　版　部 010-62733440

网　址　http://www.caupress.cn　　**E-mail** cbsszs@cau.edu.cn

经　销　新华书店

印　刷　北京溢漾印刷有限公司

版　次　2021年7月第2版　2024年7月第5次印刷

规　格　787×1 092　16开本　17.5印张　430千字

定　价　56.00元

编 写 人 员

主　编　邓基泽（广州华商学院）
　　　　　曾龙威（广州华商学院）

副主编　邱会锋（广州华商学院）

参　编　刘丽丽（广州华商学院）
　　　　　陈　瑶（广州华商学院）
　　　　　邝洪波（北方工业大学）

前　言

习近平总书记在党的二十大报告中，将“实施科教兴国战略，强化现代化建设人才支撑”列为专章进行整体论述，强调“要坚持教育优先发展、科技自立自强、人才引领驱动，加快建设教育强国、科技强国、人才强国”，充分彰显了以习近平同志为核心的党中央站在民族复兴和百年变局的制高点上，对未来世界发展大势的洞察与把握，对事关社会主义现代化建设关键问题的谋划与部署，为新时代我国教育发展、科技进步、人才培养提供了根本遵循。党的二十大报告强调“教育是国之大计、党之大计”。我们要将思想政治教育贯穿于人才培养全过程和各环节，着力培养德智体美劳全面发展的社会主义建设者和接班人。

目前，我国高等学校毕业生就业实行“市场导向、政府调控、学校推荐、双向选择”的就业政策，高等教育也从“精英教育”跨入“大众化教育”，大学生就业进入了“大众化”时代，就业市场充满竞争。大学生要充分认识当前的就业形势，积极主动地进行职业规划与就业创业指导课程的学习，以良好的心态和奋发努力的精神去规划职业生涯，调整就业心态，改变就业观念，学习就业技巧，培养创新精神，树立创业意识，为自身毕业并顺利就业创业创造条件。“大学生职业生涯规划与就业创业指导”已经成为当代大学生一门必不可少的必修课程，只有把职业生涯规划与就业创业指导的学习贯穿大学全过程，实行全程指导，全方位掌握就业知识，提升自身综合素质和能力，有充分的就业创业准备，才能在竞争激烈的就业市场中脱颖而出。

本书主要分大学生职业生涯规划篇、大学生就业指导篇、大学生创新创业教育篇三部分，并根据近几年来就业指导课程的需要，做了全面的修订和补充，特别增加了新的就业政策和公务员考试的相关内容。目的在于指导当代大学生做好职业生涯规划，学习就业技巧，充分做好就业创业的准备，让莘莘学子在大学黄金时期有更好的发展或将来走上社会在事业上有更大的进步。

党的二十大报告指出，必须坚持科技是第一生产力、人才是第一资源、创新是第一动力，深入实施科教兴国战略、人才强国战略、创新驱动发展战略，开辟发展新领域新赛道，不断塑造发展新动能新优势。在“大众创业，万众创新”的年代，大学生必须注重树立创新精神，培养创新、创业意识，要有梦想，要有远大目标。大学生的职业指导应该从新生跨入大学开始。大学一年级重点开展大学生职业生涯规划教育，指导大学生树立新的学习目标，做好大学时期的发展和职业生涯规划，适时调整，分步实施。大学二年级起，有计划地对大学生实施就业指导和创新创业教育，通过课堂教学和实践，让大学生认识自己，了解社会需求，抓紧充实自己，为今后走上工作岗位做好思想上、知识上和能力上的准备。

本书是作者和同事们长期从事高等学校大学生教育管理和职业指导的创新和经验积累，指导性、实用性、实操性强。希望本书对刚跨入大学殿堂的本、专科新生和在读大学生的人生成长道路有较好的指引作用，对从事大学生职业指导工作的教育工作者有一定的实际性帮助。

对于本书中存在的不足之处，敬请各位读者批评指正。

编　者

2023年5月

目　　录

大学生职业生涯规划篇

大学生就业指导篇

大学生创新创业教育篇

大学生职业生涯规划篇

第一章　瞄准社会需求，及早规划人生

大学是当今大学生进入社会的最后一个课堂，整个大学过程，学生们都在为自己将要进入社会作最后的冲刺。社会的需求，成为各所高校教育的努力方向。随着高等教育的不断改革，职业生涯规划教育已经成为刚跨入大学校园的新生不可缺少的必修课。许多学校将职业生涯规划指导课设置在大学一年级，这说明职业生涯规划对当代大学生整个大学时期的学习和生活起着极其重要的引领作用。

第一节　当今社会对大学生的要求

每一位大学毕业生都希望在自己经过十几年寒窗苦读后能找到理想的工作，以报答自己的祖国与父母。但随着社会就业形势的不断变化，我们经常听到"就业形势十分严峻""大学生就业难"等议论，让许多大学生感到困惑，社会到底需要什么样的人才？当今社会就业现状又是怎样？

社会需要什么样的人才

几乎每一位找工作的毕业生都需要经历面试这一考验，作为面试官，他心目中的理想应聘者永远是能为公司干事并给企业带来好处的人，对于今后将成为社会栋梁的大学生来说，社会将要求毕业生具有较高的综合素质，其中健康、知识、能力、素养永远是社会注重的主题。

★ 高素质复合型人才
★ 有合理的知识结构，计算机、外语等应用能力突出的人
★ 有满足社会需要的实际应用能力的人
★ 有适应社会的自我发展能力的人
★ 有较强的社会交往能力的人
★ 具有强烈事业心和责任感的人
★ 具有吃苦耐劳、实干精神的人
★ 具有超前意识的人
★ 具有扎实的基础知识和宽广知识面的人
★ 具有良好文字和口头表达能力的人
★ 性格坚强的人
★ 有独立创意的人
★ 拥有独立解决问题能力的人

★ 具有较强动手能力的人
★ 拥有专长才能的人
★ 拥有健康体魄的人
★ 对生活、未来乐观积极的人
★ 有个性的人
★ 具有集体观念、合作精神的人
★ 有自我约束力的人
★ 对单位忠诚，注重个人与单位整体的共同发展的人
★ 对随时可能出现的工作有较高的热情和耐心的人
★ 能够服从单位在不同区域间的人事调动的人
★ 能够更好地融入集体，勇于承担个人责任的人
★ 有再学习能力的人
★ 遵纪守法的人

提示

不受用人单位欢迎的毕业生

只“专”不活的人；
“尖利”，不合群的人；
“玩物丧志”的人；
学无所成的人；
缺乏个性特点的人；
缺乏责任感的人；
以自我为中心，不善与人相处，人际关系紧张的人；
体弱多病的人。

摘自张文．求职礼仪．广州：华南理工大学出版社，2000.

资料链接

在我国经济正处于快速发展，各行各业都需要大量人才的时期，大学生出现就业难显然是不正常现象。为什么会出现这种不正常现象？大学生综合素质的缺失是关键因素。就业的一个重要特征是社会对求职者综合素质的需要和认可，因此，大学生是否具备社会需要和认可的综合素质便成了就业的重要因素。从近年来人才招聘的情况观察，目前大学生的综合素质缺失主要表现在以下几个方面：

首先，不能将自己所学知识与社会要求结合起来，实际应用能力不足。一些用人单位的人事负责人认为，许多学生动手能力差，招来后单位还要花费相当的精力进行培训，不能很快开展工作。面对用人单位的这些条件，许多大学生满怀希望而来，沮丧失望而去。他们在实践方面的素质缺陷是显而易见的。

其次，缺乏拼搏意识，不能抓住朝阳行业的就业机会。在武汉一家人才市场上，上海某生物技术公司上海地区的招聘人员不停招呼：“想到上海工作的请这边排队。”但很久都无人投

档。而该公司的武汉地区招聘台被求职者围得水泄不通。应聘的大学生认为，在本地就业，关系多、环境熟、生活有父母照顾。面对保险、广告、咨询、法律服务等一批新兴行业，一些大学生坦言，这些行业保障度低，虽然行业整体利润高，但是风险大，就业压力太大，认为自己“不能胜任”。

再次，缺乏与他人合作与沟通的意识。不少公司表示，应聘者的学历很重要，但企业更看重应聘者的综合素质。人才市场的实际情况也表明，性格活泼、口才好的大学生在招聘会上往往能很好地推介自己，占尽优势。

最后，技能单一，不能适应社会对复合人才的需求。如往年“炙手可热”的英语专业毕业生，不再是市场的“抢手货”。近年来，很多单位不再招聘专门英语人才，而只是把英语作为一个附加条件，如一家单位的招聘主管说：“我们公司和外商谈判时，并不需要非常专业的英语水平。如招聘市场经理这一职位时，我们要求英语水平达到六级以上，这样，我们一举两得，翻译和销售人员都有了。”市场调研显示，复合型人才广受欢迎。

就大学生自身而言，在成才观念方面也明显滞后。信息社会又是创新的社会。社会竞争的焦点不仅是资金的多少，学历的高低，而且是创新能力和情商的高低。但是，许多大学生在平时惯于“你说我听，你讲我背”，以应试为学习目的，很少考虑社会需要，在集体生活中孤芳自赏。他们在求职时必然无法自信，在工作时不能与周围人和睦相处。因此，大学生不仅需要记忆和传播知识，更要学会如何做人，如何思考问题。这就要求大学生改变多年来被动学习的旧习，超越校园，参与社会，主动获取，主动发展，使所学知识、技能与社会需要有机结合。

第二节 如何适应中学到大学的转变

从学生自身的发展角度看，大学学习的这几年正好是一个人的身心发展最为关键的时期，也是世界观、价值观、人生观发展成型的时期。

大学的几年还是一个人一生中最好的专业学习阶段，是具有奠基意义的，它决定了一个人基本的专业发展方向和基础的职业素养。

从大学环境的特点看，大学是一个社会中最文明、新潮、浪漫、激进、多彩的场所，一个人在一所大学学习生活几年所受到大学环境的深刻影响是其他任何环境因素都无法替代的，会得益一生。大学时期是人生的黄金时期。

中学与大学的区别

■ 学习目标不同

中学的学习目标简单而明确——考上大学。而大学的学习目标则相对综合，主要是提高各方面的素质，以适应社会的需求。

■ 学习方法不同

中学和大学都要学习，但学习目的和方法等都不同。中学时，教师不厌其烦地“传道、授业、解惑”，负责的态度一点也不亚于父母的关心。大学则实行学分制，学习主要靠个人主动学习，即“师傅领进门，修行靠个人”。自学能力强的学生脱颖而出，而有些中学时的佼佼者，由于对大学的学习方式方法不能及时适应，加之强手如林，昔日的优势不复存在。

■ 生活环境不同

大学校园比中学校园面积大，楼群林立，是个小社会。我国高校采取的是住宿制，步入大学即意味着进入一个陌生的环境，过集体生活。在中学，为迎高考，有些孩子尤其是一些独生子女娇生惯养，除了学习，其他事情大多由家长代劳，而一旦上了大学，则必须亲力亲为。因此，新生要尽快适应环境的转变。

■ 人际交往不同

中学里的人际关系要简单些，一心只读“圣贤书”，而大学的交往是广泛的，有同学、同乡、师生、异性、社会活动团体等。同居一室的同学来自五湖四海，有不同的城乡背景、不同的方言、不同的性格，他们之间的磨合是个新问题。

■ 恋爱方面不同

中学时，家长、老师不止一次告诫大家绝不容许谈恋爱。大学里却听不到这些告诫的话，也找不到学校关于恋爱问题的明文规定，只是在思想修养课和人文素质讲座上有引导性的教育。如果在大学生活中不重视这个问题，会严重影响正常的生活和学习。

大学新生出现的不适应现象

■ 学习不适应

据调查，有60%的新生存在不同程度的学习不适应问题。刚从中学毕业考上大学的大学新生，在大学都要经历学习心理与学习方法的适应期，有的同学很快就能适应，但有的同学则适应得很慢。这些不适应主要表现在以下几个方面：

★ 不适应大学授课方式和考试方式

★ 不适应大学的学习方法

★ 学习无计划性

★ 不会有效地利用时间

★ 不善于自学

解决方法：

★ 要培养自主学习的能力

(1)学习要具有主动性。自己做时间的主人，确立新的人生目标，做好职业生涯规划，有计划地进行学习，能充分利用自习的时间。

(2)学习要具有选择性。善于选择参考书或文献资料，有选择地学习，而不是盲目学习。

(3)多渠道学习。除在课堂上学习外，应该充分利用图书馆、资料室的图书资料进行自学，积极参加有关的学术讲座、人文素质讲座和课外兴趣小组的学习研究，并能够主动拜访老师或师兄师姐，争取老师和同学对自己的指导和帮助。

(4)探索性学习。具备探索的态度，坚持以辩证唯物主义与历史唯物主义为指导，对资料及各种信息进行分析，取其精华，弃其糟粕。要参加一定的社会实践活动，了解社会，增长知识和能力。

(5)充分利用网络。利用计算机网络的正面作用，开展自主学习，丰富和补充自己的学习内容。

★ 确立志向，发展创造性思维能力

大学阶段是抽象思维迅速发展，尤其是辩证逻辑思维发展以及创造方向确立的重要阶段。

大学生在专业或学科的学习与研究中，与未来的创造目标联系起来，学习的目的与动机如果是正确的，学习的毅力就会大大加强。因此，大学生有正确的学习动机和目的十分重要。

★ 应重视发展自己的智力和能力

在学习时不要满足于吸收现成的知识，而应当多思考，举一反三，并尽可能运用已经掌握的知识，培养解决问题的能力。大学阶段培养自学能力很重要。

自学能力由以下 5 个主要因素构成：

◇ 独立阅读能力

◇ 组织学习能力，确立目标，制订计划，持之以恒

◇ 自我监督和自我调节能力

◇ 运用知识解决问题的能力

◇ 自我创新能力

■ 生活不适应

★ 水土不服

★ 希望值过高，过于理想化，容易失望

★ 集体生活不适应，人际关系搞不好，容易孤独

★ 想家、想念高中同学

★ 生活不能自理

★ 情感问题，不少同学面对情感体验束手无策

★ 自卑，高手如云，自信心不足

★ 思想松懈，失去生活、学习目标，无聊、空虚

★ 时间太宽余，无法好好把握，无所适从

★ 因经济水平不同而造成的心理压力

★ 无法掌管自己的财政，花钱前松后紧

★ 课外生活眼花缭乱，尤其社团活动丰富多彩，不知如何面对

解决方法：明确新的奋斗目标，做好大学职业生涯规划，及时调整自我，做到劳逸结合，生活有规律。

■ 心理不适应

不良的心理状态是大学新生思想问题的主要方面，主要是环境改变，承受着学习、经济和人际关系的压力，心理失衡等因素导致的，若不能自我解脱或寻求帮助，就会出现自卑、对现实不满等心理障碍。

★ 环境变迁所带来的心理变化

进入大学后，集体生活成为主要的生活环境，这时的新生还没有完全独立生活的能力，有的学生面对这些以前从来没遇到过的问题显得束手无策，有一种被抛弃、不受重视、无人管且无助的感觉。

解决方法：应及时调整自己的心态，学习、生活中遇到困难或不能解决的问题应及时寻求老师或其他同学的帮助，尽快适应新环境。

★ 师友同学的转换所带来的心理变化

进入大学后，新生面对一个完全陌生的环境，周围的人素昧平生，感觉孤独寂寞，在这种情况下，往往怀念中学的生活和中学的师友同学。

解决方法：多参加班级或学院学校组织的各项活动，通过参与，增进大家互相的了解，增进友谊。另外，多与其他同学交流，在学习上、生活上、工作上，加强交流，广交朋友，重新建立自己的人际圈子。

★ 学习方法不适应所带来的心理变化

大学以启发性教育为主，老师辅导甚少，授课时常会增加部分课本以外的新内容，需要较强的自学能力，但是一部分学生入学后一段时期还是沿用中学的学习方法。他们感到学习被动，效果不佳，被作业课程拖着走，感觉不到学习的乐趣。时间一长，学习成了负担。

解决方法：加强书写速度的锻炼，提高记笔记的能力。结合自己在学习过程中遇到的问题，请教老师或同学（包括高年级同学），吸取有效的大学学习方法，再结合自身特点进行思考探索，逐步找到适合自己的学习方法。

★ 精神生活领域扩大后出现的心理变化

进入大学后，竞争性急剧下降，学生有了较多的自由支配时间，精神生活领域也随之扩大了。有的学生对书籍缺乏选择能力和判断能力，易受各种消极因素和时髦思潮影响，有的学生迷恋于网络游戏，在虚拟的世界里自由驰骋，而现实生活中却无所适从。

解决方法：应有目的地选好书，读好书，提高鉴别是非的能力；对于上网，应引导正确求知方向，以提高自身综合素质为目的。另外，积极参加丰富多彩的课外活动，组织各种兴趣小组，参加社会实践活动。

第三节　规划职业生涯，赢在起跑线上

大学生在毕业时常常会谈到这样一个话题——假如大学生活让我重新开始……并由此发出诸多的感慨，感觉留下许多遗憾。更有人诙谐地将一部分学生的大学生活比喻成鲁迅先生的四本书：大一《彷徨》；大二《呐喊》；大三《伤逝》；大四《朝花夕拾》。

而大学毕业生群体往往出现了不同层次的分化：有些同学如愿考上研究生；有些同学找到称心如意的工作；有些同学却因成绩不合格，不能如期毕业；有的同学因为各种各样原因受处分，毕业时处分不能撤销，影响自己的就业等。同样是大学生，毕业时为什么有如此差别？分析其原因，没有正确地规划自己的大学生活，是导致失误的首要因素。

大学生职业生涯规划要从一年级开始

如果说大学以前的教育是一种基础教育，那么，大学本科教育应该是培养高素质复合型人才的通才教育，而研究生教育则是培养高层次专门人才的专才教育，是与受教育者将来的就业与成才更为直接的教育。大学生如果不从大一起按照将来所从事的职业提前规划好自己的大学生活，就很难想象大学四年会取得圆满的结果。因此，职业生涯规划要从大学一年级开始，从跨入大学的第一学期起步。

大学生活与中小学生活有着天壤之别，学习需要自己主动、有计划地安排，经济上需要自主支配。为了提高综合素质，担任社会工作、参加社会实践等都需要自主抉择、合理分配精力、精心安排时间。没有明确的目标和切合实际的计划，不可能获得成功。而目标的确立、计划的制订，首先应该从职业生涯的设计开始。

随着高等学校招生规模的逐年扩大,大学毕业生就业的竞争日趋激烈,这使一些刚迈进大学校门的新生背上了心理包袱。就业焦虑取代了高考焦虑,困扰着一些新生。因此,新生必须提前做好准备,从大学一年级开始就必须做好职业生涯规划,并认真制订实施计划,在自己内在潜能上不断探索和发展。

总之,职业生涯规划是适应今后社会发展需要的。职业生涯的规划起到了指导与策划的作用,使学生对自己的能力和要求有了重新认识,也增强了新生们的学习意识,有利于更好地发挥潜力。

如何规划职业生涯

新生要对自己进行更全面的评估和了解,明确自身优势,发现不足。通过自我分析认识,明确方向,确定目标,规划职业生涯,并通过有效的方式与途径,实现其人生价值。其中包括以下几个方面的内容:

■ 明确自身优势

通过对自己的分析,深入了解自身,根据自身的优势和潜能选择,推断未来可能的工作方向与机会,从而彻底解决"我能干什么"的问题。

★ 我学习了什么

是指在大学读书期间,我从专业学习中要获取些什么收益;参加什么社会实践活动,提高和升华哪方面知识。

★ 我曾经做过什么

即自己已有的人生经历和体验,在校期间担任的学生干部,曾经组织过哪些社会实践活动,取得的成就及经验的积累,获得的奖励等。

★ 我做过最成功的事情是什么

我做过很多事情,但最成功的是什么?为何成功的,是偶然还是必然?是否自己能力所为?

★ 我身体和性格方面的优势是什么

通过努力,我的身体是否比别人更健壮?心理更能承受压力吗?更容易和其他人交流吗?

■ 发现自己的不足

★ 性格的弱点

人无法避免与生俱来的弱点,必须正视,并尽量减少其对自己的影响。譬如,一个独立性强的人会很难与他人默契合作。因此,要安下心来,多与别人交流,看看别人眼中的你是什么样子,与你的预想是否一致,找出其中的偏差。

★ 经验与经历中所欠缺的方面

"金无足赤,人无完人",由于自我经历的不同,环境的局限,每个人都无法避免一些经验上的欠缺,特别是面对招聘单位纷纷打出"多年工作经验"的条件。有欠缺并不可怕,怕的是自己还没有认识到或认识到而一味地不懂装懂。正确的态度是:认真对待,善于发现,并努力克服和提高。

■ 进行社会分析

★ 社会分析

社会在进步,在变革,作为即将步入社会的大学生们,应该善于把握社会发展脉搏。这就需要进行社会大环境的分析。

◇ 当前社会、政治、经济发展趋势

◇ 与就业有关的政策

◇ 社会热点职业门类分布及需求状况

◇ 所学专业在社会上的需求形势

◇ 自己所希望选择职业在目前与未来社会中的地位情况

◇ 社会发展对自身发展的影响

★ 组织分析

西方关于职业发展有句名言：你选择了一个组织，就是选择了一种生活。组织是你实现个人抱负的舞台，因而应对你将跻身其中的集体的各个方面做详细了解；在知己知彼的基础上，只有两者之间拥有较多的共同点，才是个人融入组织的最佳选择。

★ 人际关系分析

个人处于社会庞杂环境中，不可避免地要与各种人打交道，因而分析人际关系状况显得尤为必要。人际关系分析应着眼于以下几个方面：

◇ 个人职业生涯发展过程中将与哪些人交往

◇ 其中哪些人将对自己事业的发展起重要作用

◇ 日后工作中会遇到什么样的上下级、同事及竞争者，对自己会有什么影响，如何相处，怎样取得支持和帮助，如何在竞争中发展和完善自我

★ 家庭及社会关系的分析

每一位毕业生都来自不同的家庭，受着不同家庭和主要社会关系教育的影响，在规划职业生涯的时候，不可忽略家庭对自己的影响。

■ 明确选择方向

职业方向直接决定着一个人的职业发展，职业方向的选择应遵守职业生涯规划的四项基本原则：

★ 择业所需的原则

所选职业只有为社会所需要，才有自我发展的保障。

★ 选择自己所爱的原则

你必须对自己选择的职业是热爱的，从内心自发地认识到要“干一行，爱一行”。只有热爱它，才可能全身心地投入，做出一番成绩。

★ 择己所长的原则

选择自己所擅长的领域，才能发挥自我优势，注意千万别当职业的外行。

★ 择己所利的原则

应该本着“利己、利他、利社会”的原则，选择对自己合适、有发展前景的职业。

■ 确定短期和长期目标

长期目标一般是以后职业规划的顶点或较高点，也就是人生事业理想，但要细化至具体的工作，如毕业后进入国际知名管理顾问公司从事研究分析、咨询工作等。

短期目标设立一般是素质能力的提高，或有用证书及考试的通过和获取。

■ 制订行动计划

大学四年要根据自己的长期目标制订行动计划，选择需要采取的方式和途径不尽相同，因

人而异。

★ 一年级为启动期

初步了解职业，特别是自己未来所想从事的职业或自己所学专业对口的职业，提高人际沟通能力。

★ 二年级为定向期

◇ 应考虑清楚未来是否深造或就业，了解相关的活动，并以提高自身的基本素质为主

◇ 通过参加学生会或社团等组织，锻炼自己的各种能力，同时检验自己的知识技能

◇ 可以开始尝试兼职、社会实践活动，并要具有坚持性，最好能在课余时间从事与自己未来职业或本专业有关的工作，提高自己的责任感、主动性和受挫能力

◇ 增强英语和计算机应用能力等，通过英语和计算机的相关证书考试，并开始有选择地辅修其他专业的知识充实自己

★ 三年级为冲刺期

◇ 目标应锁定在提高求职技能，搜集公司信息，并确定自己是否要考研

◇ 在撰写专业学术文章时，可大胆提出自己的见解，展示自己独立解决问题的能力和创造性

◇ 参加与专业有关的暑期工作，和同学交流求职心得体会，学习写求职简历和求职信，了解搜集工作信息的渠道，并积极尝试，加入校友网络，和已经毕业的校友、师哥师姐了解往年的求职情况

◇ 希望出国留学的学生，可多接触留学顾问，参与留学系列活动，准备 TOEFL、GRE，注意留学考试资讯，向相关教育部门索取简章参考

★ 四年级为分化期

找工作的找工作，考研的考研，出国的出国等。

第四节　大学，应该学些什么

如果一个学生在大学仅仅完成了学习知识的任务就毕业了，那他也只是完成了大学任务的一部分。

上大学的另一个任务是：学会做人、学生活技能、学生活方式、学人际交往。学生通过与同学、教师和其他社会成员的交往，学习人际交往的技能，了解社会，了解各种社会成员，学习通过交往解决各种社会问题的能力。

还有就是学习思考问题的方法、思路、观点。上大学要学习认识社会的思路，掌握先进的文化、观念和方法论，通过积极独立的思考把握社会发展和个体自我发展的方向与规划。

■ 构建合理的知识结构

大学生不仅要具有相当数量的知识，还必须要形成合理的知识结构。在职业生涯规划设计时，大学生要能够根据职业和社会不断发展的具体要求，将已有知识科学地重组，建构专业知识与其他知识有机统一的合理的知识结构，最大限度地发挥知识的整体效能。

■ 培养职业需要的能力

大学生进行职业生涯规划设计，除了构建自己合理的知识结构外，还应具备从事本行业岗

位的基本能力和专业能力。一般来说,大学生应重点培养满足社会需要的决策能力、创造能力、社交能力、实际操作能力、组织管理能力,以及自我发展的学习能力、心理调适能力、随机应变能力等。具体来说大概有六个方面。

★ 学习创新能力

方法:

◇ 跟随老师参加课题研究

◇ 参加系里或学校举办的学习和科研活动,比如论文竞赛、发明比赛等

◇ 长期积累某一领域的相关资料,并撰写论文

◇ 参加社会实践活动,从实践中观察、提炼和创新

◇ 向校园有创新精神的同学和老师学习,或者直接向社会上比较成功的专业人士请教

★ 解决问题能力

方法:

◇ 尝试多角度多层次思考问题

◇ 尽量在实践中检验自己的想法

◇ 总结别人成功和失败的经验和教训

◇ 在具体事物过程中反复提高自己解决问题的能力

★ 主动性和责任感

方法:

◇ 从自身找到自己做事的动力

◇ 信守承诺,不轻易放弃

◇ 勇于为自己的行为和结果负责

◇ 承担社会实践工作,尤其要承担比较重要的职责

★ 沟通协调能力

方法:

◇ 与宿舍的同学建立良好的关系

◇ 与教师、专家多沟通

◇ 在社会实践中和同学沟通交流

◇ 承担一定职责并在工作实践中加强协调

◇ 提高口头表达能力

◇ 增强人格魅力

★ 压力承受能力

方法:

◇ 锻炼心理和身体耐力

◇ 主动承担学习、生活和社会工作带来的压力

◇ 管理自己的时间

◇ 学习一些调节压力的小技巧——如做一些轻松有趣的事情,进行心理放松训练,计划留有余地,设定合适的目标,注意授权,学会说“不”,管理情绪外露等

★ 社会适应能力

方法:

◇ 多关注环境的优点，这样你才可能去接近、去适应

◇ 多向适应能力强的人学习交流

◇ 多行动，少空想

◇ 合理确定自己的期望、目标

◇ 思想上有主动适应社会的愿望

在日趋激烈的就业竞争中，学历文凭固然是择业成功的敲门砖，但用人单位如今更看重的是求职者的实际能力。因此，英语四六级证书和计算机应用能力几乎成为用人单位招聘人才的必备条件，而应聘国家公务员、律师、会计等职位也必须取得相应的职业资格证书。要出国留学更是必须取得优秀的 TOEFL、GRE、GMAT 或雅思成绩。

提示

大学期间应该通过的两项重要考试

1. 英语等级水平考试

大学期间至少要通过英语四级等级水平考试，最好能通过六级考试且口语能力要突出，实际会话技能强，这样才能更好地适应全球化的市场经济竞争。英语专业学生要通过专业英语八级考试。

2. 计算机等级资格水平考试

大学期间一定要有良好的计算机操作能力，通过全国的计算机等级资格考试，获得相关资格证书，才不至于在日后的求职择业中被淘汰。

■ 参加有益的职业训练

职业训练包括职业技能的培训，对自我职业的适应性考核，职业意向的科学测定等。目前，除计划内的必修课包含有关职业训练内容外，高校组织大学生参与的暑期“三下乡”活动、社会实践活动、大学生“青年志愿者”活动、大学生毕业实习工作、大学生校园创业活动等都是职业训练很好的形式。邀请毕业的成功校友回校与大学生座谈，邀请校外知名人士来校与大学生交流，有条件的大学生利用假期到父母或亲戚单位实习，从事社会兼职工作，开展模拟性的职业实践活动、职业意向测评和职业兴趣分析测评等。

■ 培养良好的道德修养和健康的心理素质

正确对待择业挫折的心理素质和敢于竞争、善于竞争、坚韧不拔毅力的心理素质等。

■ 情商(EQ)的培养

★ EQ 是描述人们的情绪评价、表达和情绪调节及运用情绪信息引导思维的能力。EQ 是人类最重要的生存能力，人生的成就至多 20%可归于 IQ(智商)，另外 80%则要受其他因素(尤其是 EQ)的影响

★ EQ 包含 5 个方面的内涵

◇ 认识自身的情绪

认识情绪的本质是 EQ 的基石，这种随时随地认知自身感觉的能力对于了解自己非常重要。了解自身真实感受的人才能成为生活的主宰，否则必然沦为感觉的奴隶。

◇ 妥善管理情绪

情绪管理必须建立在自我认知的基础上。这方面能力较差的人常受低落情绪的困扰，而

能控制自身情绪的人则能很快走出命运的低谷，重新奔向新的人生目标。

◇ 自我激励

自我激励包含两方面的意思：

※通过自我鞭策保持对学习和工作的高度热忱，这是一切成就的动力

※通过自我约束以克制冲动、延迟满足和抵制不良诱惑，这是获得任何成就的保证

◇ 理解他人情绪

能否设身处地地理解他人的情绪，这是了解他人需求和关怀他人的先决条件。"同理心"是同情、关怀与利他主义的基础，具有同理心的人常能从细微处体察出他人的需求。

◇ 人际关系管理

恰当管理他人的情绪是处理好人际关系的一种艺术。这方面的能力强意味着他的人际关系和谐（人缘好，"会做人"的一方面），适合从事组织领导工作。

大学，怎么学

大学四年，要学的东西很多，如何在这有限的四年里不碌碌无为，应当弄清楚几个问题。

■ 你为谁而学

社会进步到今天，这个问题应该不再让人迷茫了，但还是有些同学没有搞清楚。我们今天的学习既是为了明天的就业和职业生活，同时也是自我完善的重要环节——学习是丰富自己精神世界的最主要途径，更是为了个人的发展目标与国家和社会目标相和谐发展。

■ 你该向谁学

高校的教育资源有许多类型，这些资源不会主动送到你的手里，可是实际上大多数同学都不知道如何去获取更多的学习资源。例如，老师讲完课就走人了，同学们也就各自回去自习，如果有问题需要向老师请教怎么办？

■ 怎样管理自己的学习

大学的学习不同于中学，没有人一天到晚"管"着你。学校要培养多样化的人才，你自己要知道自己往什么方向去努力，你学什么课程、听哪个老师的课都要自己决定。因此，要学会管理自己的学习，包括管理时间、选择学习内容。要学会自己确定每年、每学期和每周的计划，专业课要选修哪些、通选课要修哪些，都要自己计划好，不要随大流。

第二章 职业生涯规划认知

合理设计自己的职业生涯，是大学生通向成功的第一步。它可以使大学生充分地认识自己，客观地分析环境，正确地选择职业，采取有效的措施克服职业生涯发展中的各种困扰，从而实现自己的理想。大学生要实现从“自然人”到真正意义上的“社会人”的转变。在纷繁复杂的职业世界中找到适合自己的职业并不断探索，就必须对自己的人生进行合理的职业生涯规划。然而，在我们当代大学生中，有一半以上的人没有进行过职业生涯规划，他们不知道自己将来要从事什么样的职业或者对自己所选择的职业缺乏必要的了解。这种状况需要尽快改善。

第一节 大学生职业生涯规划现状

1903 年，美国的帕金斯在波士顿宣传职业指导，并最早提出了就业指导的概念。职业生涯规划理论起源于 20 世纪 60 年代。如今，大学生职业生涯规划已成为各高校进行职业指导、就业教育的重要方式和手段，但由于文化背景的差异及当前社会处于转型发展期，当前大学生职业规划教育存在诸多误区和盲点。

★ 职业生涯规划意识淡薄，缺乏有效的自我定位和自我认知

自我认知是进行职业生涯规划的基础和关键。大学时期作为大学生职业生涯规划的探索阶段，必然要认真探索各种可能的职业选择，对自己的天资和能力进行现实的评价。

当代大学生在自我认知、自我了解方面不够深入全面，具体表现为忽视职业生涯规划，自我定位模糊。一项关于《大学生就业职业指导的现状》的调查显示，51.4%的人对自己的职业发展只有模糊的想法和愿望，还有 17.6%的人只有 35 年的规划。

在“你的第一份工作是你喜欢的或者与目标工作相近的吗”一题中，有 36.6%的人选择“先就业后择业，能找到工作就不错了”；有 4%的人“找工作的时候并没有明确的目标”；只有 26%的人“是经过考虑和挑选才最终确定的”。在另一道题“你毕业多久之后就重新换了一份工作”中，有 23%的人在短短半年内就换了工作；在一年内跳槽的占 18.3%；两年内换工作的人占 24%；只有 25%的人毕业后的第一份工作超过 3 年。这种普遍对职业生涯规划的认识不足和缺失，必然使大学生在就业过程中盲目无措，备受挫折。

★ 职业发展期望过高，职业路径设计不合理，急功近利

不少大学生只盯住大城市、大企业、大机关、高收入、高福利、高地位的岗位，很少有人愿意去不发达地区。

不少大学生选择以考取学位和证书作为发展主路径，以考研和考博来作为自己职业设计的职业目标，还有些大学生“为保险起见”准备了四条以上的发展路径，但这些路径的结果悬殊较大，路径之间也缺乏内在联系，发展方向和路径当然模糊不清，势必导致在实际选择中的犹

豫不决，不利于核心职业目标的实现。

有些大学生对经济学上讲的“最小成本、最大收益”津津乐道，花费大量时间和精力在寻找“最佳规划”上，希望“一次规划，终身受益”，在做规划时面面俱到，不愿舍弃，在行动中也不愿从小事做起，碰到困难就不知所措，不会灵活采取调整措施。

实际上，由于诸多因素的限制，一个人几乎是无法做出一个十全十美的职业生涯规划的，况且，由于外部环境变化和自身认识能力的提高，职业生涯规划也是需要不断调整、与时俱进的。

★ 职业生涯规划教育不到位，方式手段单一

大学生就业指导机构是实施大学生职业生涯规划教育的主要部门。但目前我国绝大多数高校并没有成立专门的职业生涯规划教育机构，对大学生实施职业生涯规划教育，仍旧靠就业指导中心的几堂课、几场招聘会。

大多数高校也没有设立比较系统的职业生涯规划指导课程。从事高校就业指导服务机构的工作人员和少数的职业生涯规划教育教师大多来源于学校党务、政务部门，他们对大学生就业和就业管理工作的要点掌握得比较好，但要运用职业生涯规划的相关理论对大学生进行职业生涯教育，对于“半路出家”的他们来说还比较困难。高校大学生职业生涯规划指导专业人员的严重匮乏和素质不高，严重影响了大学生职业规划教育工作的开展。

许多高校在开展职业生涯规划教育时，手段方式单一。对学生的教育仅仅局限于教师站在讲台上讲，在黑板上写的“满堂灌”的单项教学方式，缺少联系实际和个性化指导，案例分析不够充分，学生参与性不强，局限于表面文章。

第二节　大学生职业生涯规划的误区

误区之一：我的目标就是总裁

不少人相信“不想当将军的士兵不是好士兵”这句话，其实，现实生活中，将军的位置很少，如果大家的目标都是想到最高层，那么，这种主观愿望就会与客观条件产生差距。因此，确定职业前程时要从实际出发，切实可行。

误区之二：能当好下属就能当好主管

有人认为，只要能把本职工作做好，就能升任主管。其实不然，优秀的运动员不一定是好教练，一些表现优异的工程师、销售人员等升任主管后却表现不佳。这是因为主管还需要工作以外的条件，如决策能力、协调能力、组织能力等。所以，在某个职位做得好，并不表明你在其他职位也能做得好。

误区之三：成功的关键在于运气

很多人坚信成功是由于有好的机会，因此，他们被动地等待命运的安排，而不是主动地计划、经营自己的生活，这种人只能守株待兔。

误区之四：做计划是父母和学校的事

职业前程计划是组织和个人双方参与的事，最终的实现者是个人。因此，不能抱着做一天和尚撞一天钟的态度来对待自己的未来。

误区之五：我得加班工作，才能得到赏识

有些人认为，在单位待的时间越长，越能显得自己勤奋。但是，工作效率和工作业绩是最重要的，整天忙忙碌碌但不出成果，并不是一个有效的工作者。

误区之六：由老板决定升迁的快慢

如果过于迷信老板对你升迁的影响，你会因迎合他的好恶而妨碍了自己真正的成长。如果你失败了，你会归咎于老板，而看不到自己的问题，这样会使你走入歧途。

误区之七：只有改正了缺点才能得到升迁

这种想法使人注意到自己的不足，而忽略了自己的强项，一个人要完成自己的职位计划，要靠自己的优势，将自己的强项发挥出来后，再去试着纠正弱点，这是扬长避短。

误区之八：不管事大事小都要尽力去做

有些人总说自己忙，老有干不完的事，由于事无巨细，浪费了很多时间和精力。应该把要做的事情做好计划，分清轻重缓急；要抓住主要矛盾，不要眉毛胡子一把抓。

误区之九：生活就是生活，工作就是工作，二者没有联系

有些人不愿意自己的配偶过问工作，觉得没有必要让他们了解自己的职业前程。其实，家庭的支持对于工作的成功很重要。

误区之十：这山望着那山高

总是觉得别人的工作更理想，因此产生"跳槽"的想法，而没有想到在新的工作岗位要建立新的人际关系，面对新的矛盾和挑战。其实不管从事什么工作都是不容易的，都要有现实的态度。

第三节　正确理解职业生涯规划

对职业生涯规划有两种最一般的错误理解：一种认为生涯规划无所不能，认为规划可以帮助我们计划好未来，从而一切都可以按照规划好的人生理想发展，不从发展的角度脚踏实地地实施；另一种认为人生规划毫无用处，这个世界不确定的东西太多，计划总是赶不上变化快，规划了也没用。其实职业生涯活动将伴随我们大半生，在我们人生的旅途中留下永恒的印迹。一个没有规划的职业生涯是迷茫的、没有方向的，有时会走很多弯路，浪费许多宝贵时光；职业生涯规划，好比大海中的启明灯，为航行中的人生之舟指明方向，因此职业生涯规划对大学生的发展具有特别重要的意义。

■ 帮助大学生树立人生目标

学生们经常讨论这样一个主题：在大学，你学会了什么？

有的学生说："大一大二学到了上网成性，学会了挂科成片，学会了喝酒，学会了懒惰！大三重新学会了自习、上课！至于和人交往，一直在学！感觉我在大学就是浪费自己的时间！"

有的说："逃课，三天学习一学期的课还不挂科。"有的说："堕落、喝酒抽烟、考试作弊、交际方面的虚伪和奸诈。"甚至有人说："知道了不该上这该死的大学，不上大学可能会后悔，但上了大学一定会后悔，活着就是一件无聊的事。"

还有一些大四的学生在即将毕业时，回首大学生活，却有想哭的感觉，他们说："不是因为离别，而是什么也没学到，要说收获的话，就是对什么都有了忍耐和适应。"

这种状况的成因归其一点就是目标的缺失：

(1)根本无目标,没想好(或根本没想过)大学毕业后怎么办,走一步算一步。

(2)有一个目标,但目标的制定是随大溜的:大家都考研,我也考研;父母让我出国留学,我就学英语;外企工资高,我的目标就是进外企。

(3)自己有明确的目标,但与现实情况相矛盾,想当律师,却学了化学,不知如何是好。

(4)目标是外在的,而不是自己的。

职业生涯规划能帮助你制定适合自己的职业发展目标,目标能让你最大限度地挖掘潜能,最恰当地利用已有条件,从而获得成功。

对大学生而言,有了明确的职业目标,就很容易确定大学的学习目标,增强学习的主动性和自觉性。

■ 帮助大学生发现自我,挖掘潜能,实现自我

我们要善于发现一个客观的我,一个有信心的、有能力的、有欲望的我。世界上没有两片完全相同的树叶,当然也不存在两个完全相同个性的我。尺有所短,寸有所长,每个人各有所长。马克·吐温是位出色的作家,但他经商却一败涂地;爱因斯坦的思维更倾向于直觉,所以他选择了物理作为他终身的研究方向,如果他当初选择数学,人类就会失去一个伟大的物理学家。

就在校大学生而言,大学生职业生涯规划能够帮助你做出正确的选择,找到适合自己的发展方向,在大学期间不断充实自己,进而在事业的舞台上厚积薄发。

■ 帮助大学生增强就业竞争力

在大学期间做好职业生涯规划有助于合理地安排和利用大学生活。为实现自己的规划目标,制订大学阶段的学习和能力培养计划,并根据自己的爱好、实际能力和社会需求制定正确的大学生涯发展目标和有效的实施步骤。

有了目标,同学们就能积极主动地学习知识,完善自己。比如,许多同学毕业后想考研究生,那么,大学期间就要认真地学习专业知识,加强外语水平,了解时事政治,对目标专业考试大纲进行深入研究,并利用业余时间扩展性地学习,也有一部分同学毕业后想开办公司,自己做老板,那么就要有意识地培养自己的创新意识、开拓精神和吃苦耐劳的工作作风。在目标的指引下,大学生们就可以不断提升自己的就业竞争力。

■ 帮助大学生奠定未来事业成功的基础

有了职业生涯规划,在职业选择时就会多一分理性和自信,在职业发展过程中就会多一些准备和从容,在事业的成功上就会多一点积累和希望。

每个人成功的方式和成功的道路各有不同,但有一点是相同的,那就是正确认识了自我和社会,充分发挥了个人所长,确定目标并持之以恒,有了规划便坚持不懈,克服困难的勇气多了,获取成功的信心足了,得到鲜花和掌声时刻也就更近了。

如果同学们能够踏踏实实地按照职业规划去做,紧紧围绕职业目标不懈努力,相信你们的梦想实现便不会再遥远。

第四节　兴趣的自我诊断

■ 职业兴趣与职业选择的关系

★ 兴趣是最好的老师

纵览古今，我们不难发现，那些在某一领域做出杰出贡献者无一不是对该领域有着浓厚的兴趣，他们受兴趣的引领和推动，锲而不舍，孜孜不倦，最后成为最优秀的成功人士。

★ 兴趣可以提高人的工作效率

人的工作犹如机器的运转，要想提高工作效率，就必须使各个部件相互协同合作，而兴趣就是其间的润滑剂。所以，在工作中，兴趣使人精神集中，肢体互动，让人的每一分力量与激情都毫无保留地发挥出来。

★ 兴趣是促使事业成功的重要因素

是什么能让瓦特对水沸腾的声音百听不厌，是什么让牛顿对苹果的落地流连忘返，是什么让诺贝尔对炸药的淫威毫不退缩？不能否认，这是他们对事业不懈追求的结果。可以说，有兴趣才有动力，有动力才有追求，有追求才能成功。因此，兴趣是促进事业成功的重要因素。

★ 兴趣是职业选择和职业成功的先导

选择一份职业容易受到诸多方面因素的影响。这其中，兴趣扮演着先导的角色，因为只有你对所选择的职业有兴趣，你才会全身心地投入，你才能功成业就，反之亦然。

■ 职业兴趣评价途径

★ 兴趣表达

就是询问测试者自己所感兴趣的事情是什么。

★ 行为观察

观察你的各种情景或参与各种活动时的情况，并从中推测出你的兴趣所在。

★ 知识测试

测验你在有关特殊职业中所掌握的特殊词汇和其他信息，根据测验分数推断兴趣。

★ 兴趣测验

就是向你提出一系列问题，要求指出对诸如职业、学习和娱乐等是否喜欢或喜欢的程度，再根据测试结果进行分析，最后确定被测试者的兴趣类型或兴趣倾向。

资料链接

职业兴趣的自我测试

本测试是通过自我对实践性职业、研究性职业、艺术性职业、社会性职业、企业性职业、普通性职业六个方面进行兴趣测试，反映出自我的职业兴趣，从而正确认识自我，帮助就业。

下面各道题答案有是（√）、否（×）和不能确定（?）3种选择，请根据自己的实际情况，做出回答。

一、实践性职业（R）

（　　）1. 你曾经将钢笔全部拆散加以清洗并能独立地将它装配起来吗？

(　　)2. 你会用积木搭出许多造型吗？或小时候常拼七巧板吗？

(　　)3. 你在中学里喜欢做实验吗？

(　　)4. 你喜欢尝试着做一些木工、电工、钳工、修表工、复印、摄影等其中一件或几件事情吗？或你对织毛衣、绣花、剪纸、裁剪等方面很感兴趣吗？

(　　)5. 当你家里有些东西需要小修小补时，常常是由你来做吗？

(　　)6. 你常常偷偷地去摆弄不让你摆弄的机器或器械吗？

(　　)7. 你觉得身边有一把镊子或老虎钳等，就会有许多便利吗？

(　　)8. 看到老师傅在做活，你能很快地、准确地模仿吗？

二、研究性职业(I)

(　　)9. 你对电视或单位里的智力竞赛很感兴趣吗？

(　　)10. 你经常到新华书店或图书馆翻阅图书（文艺小说除外）吗？

(　　)11. 你常常会主动地去做一些有趣的习题吗？

(　　)12. 你总想知道一件新产品或新事物的构造工作原理吗？

(　　)13. 当同学不会做某一道习题来请教你时，你能给他讲清楚吗？

(　　)14. 你常常对一件想知道但又无法详细知道的事情想象出它将是什么或将会怎么变化吗？

(　　)15. 看到别人在为一个有趣的难题讨论不休时，你会加入进去吗？或者即使不加入进去，你也会一个人思考很久，直到你觉得解决了为止吗？

(　　)16. 看推理小说或电影时，你常常试图在结果出来以前分析出谁是罪犯，并且这种分析时常和小说或电影的结果相吻合吗？

三、艺术性职业(A)

(　　)17. 你对戏剧、电影、文艺小说、音乐、美术等其中的一两个方面较感兴趣吗？

(　　)18. 你常常喜欢对文艺界的明星评头论足吗？

(　　)19. 你曾经参加过文艺演出或写过诗歌、短文被墙报或报刊采用，或参加过绘画训练吗？

(　　)20. 你喜欢把自己的住房布置得优雅一些而不喜欢过分豪华和拥挤吗？

(　　)21. 你觉得你能较准确地评价别人的服装、外貌以及家具摆设等的美感如何吗？

(　　)22. 你认为一个人的仪表美主要是为了得到别人的赞扬或羡慕吗？

(　　)23. 你觉得工作之余坐下来听听音乐、看看画册或欣赏戏剧等，是你最大的乐趣吗？

(　　)24. 遇到有美术展览会、歌星演唱会等活动，常常有朋友来邀请你一起去吗？

四、社会性职业(S)

(　　)25. 你常常主动给朋友写信或打电话吗？

(　　)26. 你能列出五个你自认为够朋友的人吗？

(　　)27. 你很愿意参加学校、单位或社会团体组织的各种活动吗？

(　　)28. 你看到不相识的人遇到困难时，能主动去帮助他，或向他表示你的同情和安慰吗？

(　　)29. 你喜欢去新场所活动并结交新朋友吗？

(　　)30. 对一些令人讨厌的人，你常常会由于某种理由原谅他、同情他，甚至帮助他吗？

(　　)31. 有些活动，虽然没有报酬，但你觉得这些活动对社会有好处，就积极参加吗？

(　　)32. 你很注意你的仪容风度，这主要是为了让人产生良好的印象吗？

五、企业性职业(E)

(　　)33. 你觉得通过买卖赚钱，或通过在银行存钱拿取利息很有意思吗？

(　　)34. 你常常能发现别人组织的活动的某些不足，并提出建议让他们改进吗？

(　　)35. 你相信如果让你去当个体户，一定会成为富翁吗？

(　　)36. 你在读书时曾经担任过某些职务并且自认为干得不错吗？

(　　)37. 你有信心去说服别人接受你的观点吗？

(　　)38. 你的心算能力较强，对一大堆的数字不感到头疼吗？

(　　)39. 做一件事情时，你常常事先仔细考虑它的利弊得失吗？

(　　)40. 在别人跟你算账或讲一套理由时，你常常能换一个角度考虑，继而发现其中的漏洞吗？

六、普通性职业(C)

(　　)41. 你能够用一两个小时坐下来抄写一份你不感兴趣的材料吗？

(　　)42. 你能按领导或老师的要求尽自己的能力做好每一件事吗？

(　　)43. 无论填报什么表格，你都非常认真吗？

(　　)44. 在讨论会上，如果不少人已经讲的观点与你的不同，你就不发表自己的观点了吗？

(　　)45. 你常常觉得在你周围有不少人比你更有才能吗？

(　　)46. 你喜欢重复别人已经做过的事情而不喜欢做那些要自己动脑筋摸索着干的事情吗？

(　　)47. 你喜欢做那些已经很习惯了的工作，同时最好这种工作责任心小一些，工作时还能聊聊天、听听歌曲吗？

(　　)48. 你觉得将非常琐碎的事情整理好，或由于你的工作，使有些事情能日复一日地运转很有意思吗？

◇ 计分与评价

试卷分 R、I、A、S、E、C 六项，分别统计得分。每道题中选是(√)为 2 分，不确定(?)为 1 分。依各项得分的高低排列顺序。把得分最高的 3 个兴趣类别的字母按顺序列出来，查下表，即可得出自己的职业兴趣。

不同的职业兴趣与对应的职业类型

职业名称	兴趣指标	职业名称	兴趣指标
社会科学研究者	ISA	演员、歌星、乐队演奏者	AIC
医生	ISC	图案、美术、装潢、广告设计	AIC
自然科学研究者、工程师	IAR		

续表

职业名称	兴趣指标	职业名称	兴趣指标
工程技术设计人员	IRA	美容师、理发师	ARI
法官、律师	SLA	技术员、海员、飞行员	RCI
文科教师	SAC、SEC	驾驶员、军人	RCS
理科教师	SIC、SRC	工程技术制图人员	RIC
行政管理人员	SIC	描图员	RAC
采购员、推销员、公共关系人员	SEI	精密检验员	RCE
护士、服务员	SCR	服装设计、工艺品制作人员	RCI
营业员、售票员	SEI	业务性企业管理人员	EIS
警察	SCR	财务人员	ECS
理论家、新闻工作者、作家、画家	ASI	个体工商业者、专业户	ESI
打字、排版工作人员	CRA	一般事务人员、文书	ESI
		计算机人员	CSR

摘自陈锟，方拥政，舒天戈．打造明天的金领生涯．北京：中国青年出版社，2003.

第三章　职业生涯概论

目前，不少毕业生就业前迷茫、就业后频繁跳槽的一个重要原因就是缺少职业生涯规划。如果能够尽早根据人生目标和市场需求找准自己的岗位定向，在校时有针对性地进行相关知识的补充和能力的培养，那么毕业生的就业将更具针对性，职业生涯就会比较顺利。

第一节　职业生涯概述

职业生涯是人一生中最重要的历程，是追求自我实现的重要阶段，对人生价值起着决定性作用。同时，职业生涯又是一个动态的过程，一个人一生在职业岗位上所度过的、与工作活动相关的连续经历，并不包含在职业生涯上成功与失败或进步快与慢的含义。不论职业高低，不论成功与否，每个工作着的人都有自己的职业生涯。

■ 职业生涯的由来

"生涯"一词由来已久，"生"原意为"活着"，"涯"原意为"边际"，"生涯"连起来是"一生"的意思。

在英文里，生涯"career"，指古代的战车。后来逐渐引申为道路，即人生的发展道路。

虽然"生涯"一词经常被国内外学者引用，但要从学术上给"生涯"下一个确切的定义，还不是一件容易的事情。

■ 职业生涯的含义

职业生涯也称事业生涯，是指一个人一生连续担负的工作职业和工作职务的发展道路，是一个人一生中所有与工作相联系的行为与活动，以及相关的态度、价值观、愿望等的连续性经历的过程。

就职业生涯的内在特性而言，它具有以下几个特点：

(1)方向性。职业生涯是生活中各种事态连续演进的方向。

(2)时间性。职业生涯综合了人一生中依序发展的各种职业角色。

(3)空间性。职业生涯除了职业角色之外，还包括任何与工作有关的经验和活动，如承担该工作需要的资格和能力，以及工作中建立的与其他部门或社会成员的人际关系等。

■ 人生职业生涯的分期

在我国，有些研究者提供了适合我国国情的分期模式，一般认为人的职业生涯可以分为六个时期(表 3-1)。

★ 职业准备期(一般从 17～18 岁开始直到面临就业时止)。这一时期包括职业技能学习和等待就业机会

★ 职业选择期(一般集中在 21～30 岁)。人们在这一时期，根据社会和自己的能力、愿望

做出职业选择

★ 就业初期职业适应期(成年初期)。人们走上职业岗位从事劳动,这是对人的职业能力的实际检验。在这一时期里,许多人能在一两年时间内顺利适应某一种职业(适应期或长或短)或难以适应又重新选择

★ 就业稳定期(成年、壮年期)。这一时期占据人的职业生活的绝大部分,是人的劳动效果最好的时期,也是成就事业、获得社会地位的关键时期

★ 就业后期。由于人的生理条件改变,人的职业能力会发生缓慢地不可避免地减退

★ 职业结束期。由于年老体衰而结束职业生涯

表 3-1 人生职业生涯的分期表

阶段(年龄)	愉悦人生	痛苦人生
职业准备期(17 岁至就业)	主动学习、充实自己	悠哉悠哉、无所事事
职业选择期(21～30 岁)	尝试、思考、少转换	随遇而安
就业初期(23～30 岁)	波折、坚持、成绩	外强中干、颓废丧志
就业稳定期(31～50 岁)	保持、提高	抱残守缺
就业后期(55～65 岁)	传授	阻止青年创业
职业结束期(65～75 岁)	乐观式超脱	心境忧郁

第二节 职业生涯规划的基本知识

职业生涯规划,是近几年来工业发达国家人力资源开发的重要内容之一,也是当今人事管理的一大走势。近年来,政府、国家机关、大中专院校和企事业单位对职业生涯规划的重视程度越来越高,尤其在企业当中,帮助员工进行职业生涯规划、提供培训与职业发展已成为企业人力资源部的一个重要的管理职能。无论从事什么职业和工作,只要进行科学的职业生涯规划,都可能使一个人的目标得以实现,使一个人的事业获得成功,使一个平凡之人发展成为一个出色的人。由此可见,职业生涯规划是个人成才的一种有效方法,也是个人在事业上得到长足发展以致最终获得事业成功的必要途径。

■ 职业生涯规划的含义

职业生涯规划简称生涯规划,又叫职业生涯设计,是指个人与组织发展相结合,在对一个人职业生涯的主客观条件进行测定、分析、总结的基础上,对自己的兴趣、爱好、能力、特点进行综合分析与权衡,结合时代的特点,根据自己的职业倾向,确定其最佳的职业奋斗目标,并为实现这一目标做出行之有效的安排。

职业生涯的目的是帮助个人了解自己,为自己的发展选定方向,筹划未来,向着自己的目标不断迈进。

■ 职业生涯规划的特点

★ 可行性。规划要有事实依据,并非是美好幻想或不着边的梦想,否则将会延误生涯良机

★ 适时性。规划是预测未来的行动,确定将来的目标,因此各项主要活动,何时实施、何

时完成，都应有时间和时序上的妥善安排，以作为检查行动的依据

★ 适应性。规划未来的职业生涯目标，涉及多种可变因素，因此规划应有弹性，以增加其适应性

★ 连续性。人生每个发展阶段应能持续、连续、惯性地衔接。影响个人职业生涯发展的因素有：进取心与责任心、自信心、自我表现认识和自我表现调节、情绪稳定性、社会敏感性、社会接纳性、社会影响力

■ 职业生涯规划的原则

在进行职业生涯规划时要充分考虑到个人的特性，对影响职业生涯的因素进行总结和分析，确定个人的人生发展目标，选择实现这一目标的职业并做出具体的安排。具体来说，在职业生涯规划时应遵循下列原则。

★ 目标导向原则

什么是目标？在一定的时间内达到具有一定规模的期望值就叫目标。人们也经常给目标下另一个定义：即梦想的日期化和数字化。对人生而言，需求产生目的，目的具体化就是目标，目标就是前进的动力，是行动的灯塔。

哈佛大学曾经进行了一项非常著名的关于目标对人生影响的跟踪调查。对象是一群智力、学历、环境等条件都差不多的年轻人，调查结果如下：27%的人，没有目标；60%的人，目标模糊；10%的人，有比较清晰的短期目标；3%的人，有十分清晰的长期目标。25 年的跟踪调查发现，他们的生活状态十分有意思。那 3%的人，25 年来几乎都不曾更改过自己的人生目标，他们始终朝着同一个方向不懈地努力。25 年后，他们几乎都成了社会各界的顶尖成功人士，他们中不乏白手创业者、行业领袖、社会精英。那 10%的人，大都生活在社会中上层。他们的共同特点是，那些短期目标不断地被达到，生活质量稳步上升。他们成为各行各业不可缺少的专业人士，如医生、律师、工程师、高级主管等。那 60%的人，大都生活在社会的中下层面。他们能安稳地生活与工作，但都没有什么特别的成绩。剩下的 27%的人，他们几乎都生活在社会的最底层，他们的生活都过得很不如意，常常失业，靠社会救济，并且常常在抱怨他人，抱怨社会。从哈佛大学的调查，我们可以得出一个结论：目标引领未来，目标促进行动。目标对人生有巨大的导向作用。成功一开始仅仅是一个选择。我们选择什么样的目标，就会有什么样的成就，就会有什么样的人生。

★ 重在大学原则

大学生还没有真正进入现实的职业世界，因此要做一个真正意义上的职业生涯规划是不现实的。大学阶段只是为即将从事的职业做能力和知识准备，真正的职业发展规划必须同自己所从事的职业内容联系在一起。人的职业发展必须以社会或组织的发展为前提，离开这个前提，个人的职业发展规划只会成为空洞的自我设计，个人的职业发展就会落空。由于大学阶段是一个人职业生涯发展中的重要准备期，因此在大学阶段为自己选定一个职业发展方向，放眼未来，着手当前，对大学生涯进行规划是可行的，而且也是非常必要的。大学生的职业生涯规划重点应是对大学期间的学习、生活、社会兼职、社团活动等方面进行合理规划，这也是大学生职业生涯规划与其他类型人员职业生涯规划的主要区别。

★ 清晰性原则

规划应该清晰、明确，能够把它转化为一个个可以实行的行动。

★ 挑战性原则

规划要在可行性的基础上具有一定的挑战性,完成规划要付出一定的努力,成功之后才有较大的成就感。

★ 适应性原则

一份职业生涯规划不管表面上有多么诱人,都得经过实践的考验。一份好的职业生涯规划除了遵循以上原则外,还应该遵循适应性原则。

在适应性原则里,我们应该考虑目标是否符合自己的性格、兴趣和特长,是否对自己有挑战性,能否在规定的时间内完成,实现目标的途径是否能在自己的特质、社会环境,组织环境等范围内执行,可行性有多大。同时,职业规划是否具体,在执行职业生涯规划的过程中,自己能否随时掌握执行的情况,能否进行评估等。

★ 一致性原则

主要目标与分目标是否一致? 目标与措施是否一致? 个人目标与组织发展目标是否一致?

★ 激励性原则

目标是否符合自己的性格、兴趣和特长? 是否能对自己产生内在激励作用?

★ 具体性原则

生涯规划各阶段的路线划分与安排,必须具体可行。

★ 可行性原则

规划要有事实依据,并非是美好幻想或不着边的梦想,否则将会延误职业生涯发展机遇。

★ 阶段性原则

所谓阶段性原则,主要指在进行职业生涯设计时,要充分考虑自身所处的不同发展阶段,有目的、有步骤、有计划地调整和安排实施。职业生涯设计的阶段主要划分为短期、中期和长期三个阶段。

(1)短期规划。一般为 3 年,这一阶段职业生涯计划主要是确定近期目标和明确期间需要完成的任务。

(2)中期规划。一般为 5 年,这一阶段职业生涯计划的重点是要规划出 3～5 年内的职业生涯的目标与任务以及具体实施途径。

(3)长期规划。一般为 5～10 年,这一阶段职业生涯规划的重点是要设定较长远的目标。

第三节　职业生涯规划的基本理论

职业生涯规划经过几十年的发展,相关理论不断得到完善,目前国际上比较成熟、应用比较广泛的职业生涯规划理论主要有 3 种:职业兴趣理论——强调兴趣与职业的匹配;MBTI 人格类型理论——强调职业与性格的吻合;职业锚理论——强调价值观、能力及兴趣,甚至个性的融合。

■ 职业兴趣理论

职业兴趣理论主要是由美国著名的职业指导专家霍兰德(John L. Holland)提出和发展的。他认为,人的一生中面临许多选择,职业方面的选择是关乎个人一生幸福的重要内容之一,这其中职业兴趣起到了极大的影响。根据霍兰德的观点,一个人的职业兴趣会极大地影响职业的适宜度。当他从事的职业与其兴趣相吻合时，就可能发挥最佳水平，易于做出成就；反之则可能感到极不适应或者毫无兴趣，即使取得一定成绩也难以获得成就感。曾获得诺贝尔物理学奖的华人丁肇中说的“兴趣比天才重要”，是对职业兴趣理论的最好诠释。

★ 职业兴趣理论的基本内容

理论核心：作为职业选择的首选工具，霍兰德职业兴趣量表几乎被国内外所有的职业机构应用。霍兰德的职业兴趣理论，其核心提出了4个假设。

(1)大多数人的人格可以分为现实型、研究型、艺术型、社会型、企业型和传统型6种类型，这些是在个人与环境的相互作用中形成的。每一种特定人格类型的人会对相应的职业类型中的活动感兴趣。

(2)人们所生活的职业环境也同样可以划分为上述6种类型。各种职业环境大致由同一种人格类型的人占据。

(3)人们寻求的是能够充分施展自己的能力，充分表现、发展自己价值观的职业环境。

(4)个人的行为是由个人的人格和其所处的环境相互作用决定的。

★ 兴趣类型的特点及其较为适宜的职业环境(表3-2)

表3-2 兴趣类型的特点及其较为适宜的职业环境

类 型	劳动者特点	职 业
现实型 (realistic)	具有这类倾向的个体，属于技术与运动取向：①对机械与物体的关心比较强烈，愿意使用工具从事操作性工作；②身体技能及机械协调能力好，动手能力强，手脚灵活，动作协调；③不善言辞，对于人际交往及人员管理、监督等活动不太感兴趣；④稳健、务实，喜欢从事规则明确的活动及技术性工作，甚至热衷于亲自动手创造新事物	主要是指各类工程技术工作、农业工作。通常需要一定体力，需要运用工具或操作机器。主要职业：工程师、技术员；机械操作、维修、安装工人，矿工、木工、电工、鞋匠等；司机、测绘员、描图员；农民、牧民、渔民等
研究型 (investigative)	具有这类倾向的个体，喜欢理论思维或偏爱数理统计工作：①抽象思维能力强，求知欲强，倾向于通过思考、分析解决难题，不愿自己动手；②喜欢独立的、挑战性的和富有创造性的工作，不太喜欢固定程序的任务；③知识渊博，有学识才能，不善于领导他人和人际交往	主要是指科学研究和科学实践工作。主要职业：自然科学和社会科学方面的研究人员、专家；化学、冶金、电子、无线电、电视、飞机等方面的工程师、技术人员；飞机驾驶员、计算机操作员等
艺术型 (artistic)	具有此类倾向的个体，对具有创造、想象及自我表现空间的工作显示出明显偏好：①喜欢以各种艺术形式的创作来表现自己的才能，实现自身的价值；②具有特殊艺术才能和个性；③乐于创造新颖的价值、与众不同的艺术成果，渴望表现自己的个性，重视自己的感性，直觉力较好，情绪变化较大；比较喜欢独立行事，不太合群；④对于结构化程度较高的任务及环境都不太喜欢，对于机械及程序化的工作无兴趣	主要是指各类艺术创作工作。主要职业：音乐、舞蹈、戏剧等方面的演员、艺术家编导、教师；文学、艺术方面的评论员；广播节目的主持人、编辑；绘画、书法、摄影家；艺术、家具、珠宝、房屋装饰等行业的设计师等

续表 3-2

类　型	劳动者特点	职　业
社会型（social）	具有此类倾向的个体，喜欢以人为对象的工作：①通常言语能力优于数理能力，善于言谈，乐于与人相处，给人提供帮助，具有人道主义倾向，责任心也较强，喜欢从事为他人服务和教育、指导他人的工作；②习惯于与人商讨或调整人际关系来解决面临的问题，喜欢参与解决人们共同关心的社会问题，渴望发挥自己的社会作用；③比较看重社会义务和社会道德	主要是指各种直接为他人服务的工作，如医疗服务、教育服务、生活服务方面的职业等。主要职业：教师、保育员、行政人员；医护人员；衣食住行服务行业的经理、管理人员和服务人员；福利人员等
企业型（enterprising）	具有这种兴趣倾向的个体，喜欢制订新的工作计划、事业规划以及设立新的组织：①精力充沛、自信、善交际，具有领导才能；②支配欲、冒险性强，喜欢竞争；③喜爱权力、地位和物质财富；④不喜欢具体精细或需要长时间集中心智的工作	主要是指那些组织与影响他人共同完成组织目标的工作。主要职业：经理企业家、政府官员、商人、行业部门和单位的领导者、管理者等
传统型（conventional）	具有这类倾向的个体，喜欢高度有序、要求明晰的工作：①喜欢按计划办事，习惯接受他人指挥和领导，自己不谋求领导职务；②不喜欢冒险和竞争；对社会地位、社会评价比较在意，通常愿意在大型机构做一般性工作；③工作踏实、有毅力，忠诚可靠，遵守纪律，偏保守，工作中与人的交往会保持一定的距离	主要是指各类与文件档案、图书资料、统计报表之类相关的各类科室工作。主要职业：会计、出纳、统计人员；打字员；办公室人员；秘书和文书；图书管理员；旅游、外贸职员、保管员、邮递员、审计人员、人事职员等

★ 各类型之间的关系

霍兰德所划分的六大类型有着明晰的边界，他以六边形标示出六大类型的关系，如图 3-1 所示。

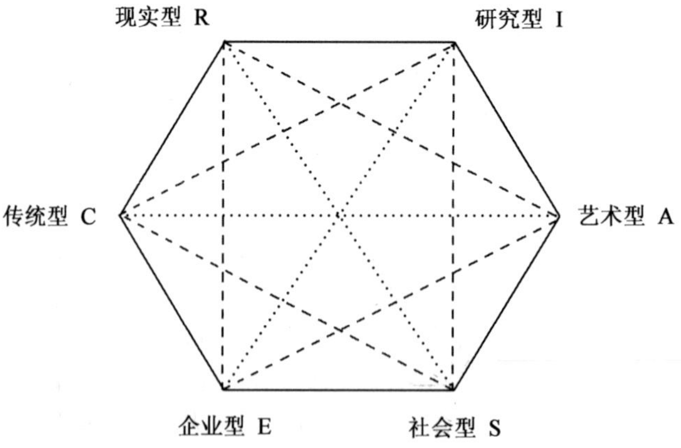

图 3-1　霍兰德兴趣理论六大职业类型的关系图

每一种类型与其他类型之间存在不同程度的关系：

(1)相邻关系。RI、IR、IA、AI、AS、SA、SE、ES、EC、CE、RC 及 CR。属于相邻关系的两种

类型的个体之间共同点较多。如现实型R、研究型I的人就都不太偏好人际交往，这两种职业环境中也都较少有机会与人接触。

(2)相隔关系。RA、RE、IC、IS、AR、AE、SI、SC、EA、ER、CI及CS。属于这种关系的两种类型个体之间共同点较相邻关系少。如现实型R为人做事稳重、务实，而艺术型A则表现为感性化、情绪化。

(3)相对关系。在六边形上处于对角位置的类型之间即为相对关系，如RS、IE、AC、SR、EI及CA。相对关系的人格类型之间共同点少，因此，一个人同时对处于相对关系的两种职业环境兴趣都很浓的情况较为少见。

★ 职业兴趣理论在职业生涯规划中的应用

在职业生涯规划中，人们运用职业兴趣理论，通常倾向选择与自我兴趣类型匹配的职业环境，如具有现实型职业兴趣的人希望在现实型的职业环境中工作，可以最好地发挥个人的潜能。

职业选择中，个体并非一定要选择与自己兴趣完全对应的职业环境。一则因为个体本身常是多种兴趣类型的综合体，单一类型显著突出的情况不多，因此评价个体的兴趣类型时也时常以其在6大类型中得分居前三位的类型组合而成，组合时根据分数的高低依次排列字母，构成其兴趣组型，如RCA、AIS等；二则因为影响职业选择的因素是多方面的，不能完全依据兴趣类型，还要参照社会的职业需求及获得职业的现实可能性。

职业选择时会不断妥协，寻求相邻职业环境甚至相隔职业环境，在这种环境中，个体需要逐渐适应工作环境。但如果个体寻找的是相对的职业环境，意味着所进入的是与自我兴趣完全不同的职业环境，则我们工作起来可能难以适应，或者难以做到工作时觉得很快乐，相反，甚至可能会每天工作得很痛苦。

在长期的职业生涯过程中，“职业兴趣”并非一成不变，例如，一个在管理岗位上工作了10年的管理人员，他的职业兴趣一般都是“企业”倾向。事实上，许多成功人士在做着与职业兴趣偏离的工作。当然，我们做与自己“职业兴趣”吻合度高的工作，可能工作更快乐，更容易发挥出自己的能力。

■ MBTI人格类型理论

世界上关于划分人格类型的理论有很多种，MBTI人格类型理论是目前国际上最权威、最普遍使用的理论。

MBTI源自瑞士著名心理学家Carl G. Jung(卡尔·荣格)于1920年提出的心理类型理论，后经Katharine Cook Briggs与Isabel Briggs Myers的研究和发展，并将其命名为迈尔斯-布里格斯个性分析指标(MBTI)。MBTI是一种自我报告的调查，是为了使荣格的心理类型理论成为日常生活中能够懂又能够用的理论而设计的。MBTI具有非常雄厚的心理学基础，可以分析出大量的个性特质，这些特质大部分是人无法改变的，从而确定了MBTI与职业发展之间的密切关系。

★ MBTI人格类型理论基本内容

MBTI理论认为一个人的人格类型分为4个维度，每个维度有2个方向，共计8个方面，即共有8种人格特点，具体如表3-3所示。

表 3-3 MBTI 理论的 8 种人格特点

人格特点	维度解释
我们与世界的相互作用方式	外向 E： 关注自己如何影响外部环境：将心理能量和注意力聚焦于外部世界和与他人的交往上。例如：聚会、讨论、聊天
	内向 I： 关注外部环境的变化对自己的影响：将心理能量和注意力聚集于内部世界，注重自己的内心体验。例如：独立思考，看书，避免成为注意的中心，听的比说的多
我们获取信息的主要方式	感觉 S： 关注由感觉器官获取的具体信息：看到的、听到的、闻到的、尝到的、触摸到的事物。例如：关注细节、喜欢描述、喜欢使用和琢磨已知的技能
	直觉 N： 关注事物的整体和发展变化趋势：灵感、预测、暗示，重视推理。例如：重视想象力和独创力，喜欢学习新技能，但容易厌倦，喜欢使用比喻，跳跃性地展现事实
我们的决策方式	思考 T： 重视事物之间的逻辑关系，喜欢通过客观分析作决定。例如：理智、客观、公正，认为圆通比坦率更重要
	情感 F： 以自己和他人的感受为重，将价值关作为判定标准。有同情心。例如：善良、和睦、善解人意，考虑行为对他人情感的影响，认为圆通和坦率同样重要
我们的做事方式	判断 J： 喜欢做计划和决定，愿意进行管理和控制，希望生活井然有序。例如：重视结果（重点在于完成任务）、按部就班、有条理、尊重时间期限、喜欢做决定
	知觉 P： 灵活，试图去理解、适应环境，倾向于留有余地，喜欢宽松自由的生活方式。例如：重视过程，随信息的变化不断调整目标，喜欢有多种的选择

每个人的性格落在 4 种维度相应的分界点的这边或那边，我们称之为“偏好”。例如：如果你落在外向的那边，称为“你具有外向的偏好”；如果你落在内向的那边，称为“你具有内向的偏好”。你的人格类型就是你用得最频繁、最熟练的那种。4 个维度各有两个方面，一共组成 16 种人格类型，如表 3-4 所示。

表 3-4 16 种人格类型

ISTJ	ISFJ	INFJ	INTJ
ISTP	ISFP	INFP	INTP
ESTP	ESFP	ENFP	ENTP
ESTJ	ESFJ	ENFJ	ENTJ

通过统筹，以上 16 种类型又归于 4 个大类之中。

1. SJ 型——忠诚的监护人

具有 SJ 偏爱的人，他们的共性是有很强的责任心与事业心，他们忠诚、按时完成任务，推崇安全、礼仪、规则和服从，他们被一种服务于社会需要的强烈动机所驱使。他们坚定、尊重权威和等级制度，持保守的价值观。他们充当保护者、管理员、稳压器、监护人的角色。大约有 50% SJ 偏爱的人为政府部门及军事部门的职务所吸引，并且显现出卓越成就。其中在美国执政过的 41 位总统中有 20 位是 SJ 偏爱的人，如乔治·布什、乔治·华盛顿。

2. SP 型——天才的艺术家

有 SP 偏好的人有冒险精神，反应灵敏，在任何要求技巧性强的领域中游刃有余，他们常常被认为是喜欢活在危险边缘寻找刺激的人，他们为行动、冲动和享受现在而活着；有 60%左右 SP 偏好的人喜欢艺术、娱乐、体育和文学，他们被称赞为天才的艺术家。我们熟悉的书法家米芾、艺术家黄永玉、歌星麦当娜、篮球魔术师约翰逊、音乐大师莫扎特等都是具有 SP 性格特点的例子。

3. NT 型——科学家、思想家的摇篮

具有 NT 偏爱的人有着天生的好奇心，喜欢梦想，有独创性、创造力、洞察力，有兴趣获得新知识，有极强的分析问题、解决问题的能力。他们是独立的、理性的、有能力的人。

人们称 NT 是思想家、科学家的摇篮，大多数 NT 类型的人喜欢物理、研究、管理、电脑、法律、金融、工程等理论技术性强的工作。如达尔文、牛顿、爱迪生、瓦特、比尔·盖茨、阿伯特·爱因斯坦等都是属 NT 型的人。

4. NF 型——理想主义者

精神领袖 NF 偏爱的人在精神上有极强的哲理性，他们善于演变、充满活力、有感染力、能影响他人的价值观并鼓舞其激情。他们帮助别人成长和进步，具有煽动性，被称为传播者和催化剂。约有一半的人在教育界、文学界、宗教界、咨询界以及心理学、文学、美术和音乐等行业显示着他们的非凡成就。如毛泽东、弗拉基米尔·列宁、奥普拉·温弗尼、莫汉迪斯·甘地等。

★ MBTI 人格类型理论在职业生涯规划中的运用

MBTI 人格类型揭示了一个人深层的“本我”、真实的我、自我的核心，最本能、最自然的思维、感觉、行为模式，而不是在别人面前所表现出来的表面的性格特征。

通过了解自己和他人的性格倾向，可以更好地理解自己的优点、缺点，更容易接受自己；可以更好地理解和接受他人，理解为什么人与人之间在思维、行为、观念、表现等方面存在差异，从而接受其他观点的合理性，避免固执己见或者简单地判定某种做法的正确或错误。

根据 MBTI 理论，每种个性类型均有相应的优点和缺点、适合的工作环境、适合自己的岗位特质，使用 MBTI 进行职业生涯开发的关键在于如何将个人的人格特点与职业特点进行结合。

对于大学生而言，在进行职业生涯设计时，除了参考职业兴趣之外，最重要的是了解自己的 MBTI 类型，它不仅可以提供适合岗位、工作环境等方面的参考，还根据个人的情况提出系统的发展建议。

★ MBTI 人格类型测试（迈尔斯－布里格斯类型指标）

MBTI 测试前须知：

（1）本测试用于确定测试者的人格类型。人格类型没有好坏，只有不同。每一种人格特征都有其价值和优点，也有缺点和需要注意的地方。

(2)本测试分为四部分，共93题。所有题目没有对错之分，请根据自己的实际情况选择。将你选择的A或B所在的○中涂黑或标记√。

(3)参加测试者请务必诚实、独立地回答问题。根据国际专业心理量表评测和施测标准化要求，本量表有部分题目实际上并非为其所测维度变量，而是测试你前后态度是否一致，请诚实答题。

1. 哪一个答案最能贴切地描绘你一般的感受或行为？

序号	问题描述	选项	E	I	S	N	T	F	J	P
1	当你要外出一整天，你会	A							○	
	A. 计划你要做什么和在什么时候做，B. 说去就去	B								○
2	你认为自己是一个	A								○
	A. 较为随兴所至的人，B. 较为有条理的人	B							○	
3	假如你是一位老师，你会选教	A			○					
	A. 以事实为主的课程，B. 涉及理论的课程	B				○				
4	你通常	A	○							
	A. 与人容易混熟，B. 比较沉静或矜持	B		○						
5	一般来说，你和哪些人比较合得来？	A				○				
	A. 富于想象力的人，B. 现实的人	B			○					
6	你是否经常让	A						○		
	A. 你的情感支配你的理智，B. 你的理智主宰你的情感	B					○			
7	处理许多事情上，你会喜欢	A								○
	A. 凭兴所至行事，B. 按照计划行事	B							○	
8	你是否	A	○							
	A. 容易让人了解，或是B. 难于让人了解	B		○						
9	按照程序表做事，	A							○	
	A. 合你心意，B. 令你感到束缚	B								○
10	当你有一份特别的任务，你会喜欢	A							○	
	A. 开始前小心组织计划，B. 边做边找须做什么	B								○
11	在大多数情况下，你会选择	A								○
	A. 顺其自然，B. 按程序表做事	B							○	
12	大多数人会说你是一个	A		○						
	A. 重视自我隐私的人，B. 非常坦率开放的人	B	○							
13	你宁愿被人认为是一个	A			○					
	A. 实事求是的人，B. 机灵的人	B				○				
14	在一大群人当中，通常是	A	○							
	A. 你介绍大家认识，B. 别人介绍你	B		○						
15	你会跟哪些人做朋友？	A				○				
	A. 常提出新意的，B. 脚踏实地的	B			○					
16	你倾向	A						○		
	A. 重视感情多于逻辑，B. 重视逻辑多于感情	B					○			

续表

序号	问题描述	选项	E	I	S	N	T	F	J	P
17	你比较喜欢	A								○
	A. 坐观事情发展才作计划,B. 很早就作计划	B							○	
18	你喜欢花很多的时间	A		○						
	A. 一个人独处,B. 和别人在一起	B	○							
19	与很多人一起会	A	○							
	A. 令你活力倍增,B. 常常令你心力交瘁	B		○						
20	你比较喜欢	A							○	
	A. 很早便把约会、社交聚集等事情安排妥当, B. 无拘无束,看当时有什么好玩就做什么	B								○
21	计划一个旅程时,你较喜欢	A								○
	A. 大部分的时间都是跟当天的感觉行事, B. 事先知道大部分的日子会做什么	B							○	
22	在社交聚会中,你	A		○						
	A. 有时感到郁闷,B. 常常乐在其中	B	○							
23	你通常	A	○							
	A. 和别人容易混熟,B. 趋向自处一隅	B		○						
24	哪些人会更吸引你?	A				○				
	A. 一个思维敏捷及非常聪颖的人, B. 实事求是,具丰富常识的人	B			○					
25	在日常工作中,你会	A								○
	A. 颇为喜欢处理迫使你分秒必争的突发工作, B. 通常预先计划,以免要在压力下工作	B							○	
26	你认为别人一般	A		○						
	A. 要花很长时间才认识你,B. 用很短的时间便认识你	B	○							

2. 在下列每一对词语中,哪一个词语更合你心意?请仔细想想这些词语的意义,而不要理会他们的字形或读音。

序号	问题描述	选项	E	I	S	N	T	F	J	P
27	A. 注重隐私　B. 坦率开放	A		○						
		B	○							
28	A. 预先安排的　B. 无计划的	A							○	
		B								○
29	A. 抽象　B. 具体	A				○				
		B			○					
30	A. 温柔　B. 坚定	A						○		
		B					○			
31	A. 思考　B. 感受	A					○			
		B						○		

续表

序号	问题描述	选项	E	I	S	N	T	F	J	P
32	A. 事实　　B. 意念	A			○					
		B				○				
33	A 冲动　　B 决定	A								○
		B							○	
34	A. 热衷　　B. 文静	A	○							
		B		○						
35	A. 文静　　B. 外向	A		○						
		B	○							
36	A. 有系统　　B. 随意	A							○	
		B								○
37	A. 理论　　B. 肯定	A				○				
		B			○					
38	A. 敏感　　B. 公正	A						○		
		B					○			
39	A. 令人信服　　B. 感人的	A					○			
		B						○		
40	A. 声明　　B. 概念	A			○					
		B				○				
41	A. 不受约束　　B. 预先安排	A								○
		B							○	
42	A. 矜持　　B. 健谈	A		○						
		B	○							
43	A. 有条不紊　　B. 不拘小节	A							○	
		B								○
44	A. 意念　　B. 实况	A				○				
		B			○					
45	A. 同情怜悯　　B. 远见	A						○		
		B					○			
46	A. 利益　　B. 祝福	A					○			
		B						○		
47	A. 务实的　　B. 理论的	A			○					
		B				○				
48	A. 朋友不多　　B. 朋友众多	A		○						
		B	○							
49	A. 有系统　　B. 即兴	A							○	
		B								○
50	A. 丰富想象的　　B. 以事论事	A				○				
		B			○					
51	A. 亲切的　　B. 客观的	A						○		
		B					○			

续表

序号	问题描述	选项	E	I	S	N	T	F	J	P
52	A. 客观的　　B. 热情的	A					○			
		B						○		
53	A. 建造　　B. 发明	A			○					
		B				○				
54	A. 文静　　B. 爱合群	A		○						
		B	○							
55	A. 理论　　B. 事实	A				○				
		B			○					
56	A. 富有同情心　　B. 合逻辑	A						○		
		B					○			
57	A. 具分析力　　B. 多愁善感	A					○			
		B						○		
58	A. 合情合理　　B. 令人着迷	A			○					
		B				○				

3. 哪一个答案最能贴切地描绘你一般的感受或行为？

序号	问题描述	选项	E	I	S	N	T	F	J	P
59	当你要在一个星期内完成一个大项目，你在开始的时候会 A. 把要做的不同工作依次列出，B. 马上动工	A							○	
		B								○
60	在社交场合中，你经常会感到 A. 与某些人很难打开话匣儿和保持对话，或是 B. 与多数人都能从容地长谈	A		○						
		B	○							
61	要做许多人也做的事，你比较喜欢 A. 按照一般认可的方法去做，B. 构想一个自己的想法	A			○					
		B				○				
62	你刚认识的朋友能否说出你的兴趣？ A. 马上可以，B. 要待他们真正了解你之后才可以	A	○							
		B		○						
63	你通常较喜欢的科目是 A. 讲授概念和原则的，B. 讲授事实和数据的	A				○				
		B			○					
64	哪个是较高的赞誉，或许称为 A. 一贯感性的人，B. 一贯理性的人	A						○		
		B					○			
65	你认为按照程序表做事 A. 有时是需要的，但一般来说你不大喜欢这样做，或是 B. 大多数情况下是有帮助而且是你喜欢做的	A								○
		B							○	
66	和一群人在一起，你通常会选 A. 跟你很熟悉的个别人谈话，B. 参与大伙的谈话	A		○						
		B	○							
67	在社交聚会上，你会 A. 是说话很多的一个，B. 让别人多说话	A	○							
		B		○						
68	把周末期间要完成的事列成清单，这个主意会 A. 合你意，B. 使你提不起劲	A							○	
		B								○

续表

序号	问题描述	选项	E	I	S	N	T	F	J	P
69	哪个是较高的赞誉，或称许为 A. 能干的，B. 富有同情心	A					○			
		B						○		
70	你通常喜欢 A. 事先安排你的社交约会，B. 随兴之所至做事	A							○	
		B								○
71	总的说来，要做一个大型作业时，你会选 A. 边做边想该做什么，B. 首先把工作按步细分	A								○
		B							○	
72	你能否滔滔不绝地与人聊天 A. 只限于跟你有共同兴趣的人，B. 几乎跟任何人都可以	A		○						
		B	○							
73	你会 A. 跟随一些证明有效的方法，或是 B. 分析还有什么毛病，及针对尚未解决的难题	A			○					
		B				○				
74	为乐趣而阅读时，你会 A. 喜欢奇特或创新的表达方式，B. 喜欢作者直话直说	A				○				
		B			○					
75	你宁愿替哪一类上司(或者老师)工作？ A. 天性淳良，但常常前后不一的， B. 言辞尖锐但永远合乎逻辑的	A					○			
		B				○				
76	你做事多数是 A 按当天心情去做，B 按拟好的程序表去做	A								○
		B							○	
77	你是否 A 可以和任何人按需求从容地交谈，或是 B 只是对某些人或在某种情况下才可以畅所欲言	A	○							
		B		○						
78	要作决定时，你认为比较重要的是 A 据事实衡量，B 考虑他人的感受和意见	A					○			
		B						○		

4. 在下列每一对词语中，哪一个词语更合你心意？

序号	问题描述	选项	E	I	S	N	T	F	J	P
79	A. 想象的　　B. 真实的	A				○				
		B			○					
80	A. 仁慈慷慨的　　B. 意志坚定的	A						○		
		B					○			
81	A. 公正的　　B. 有关怀心	A					○			
		B						○		
82	A. 制作　　B. 设计	A			○					
		B				○				
83	A. 可能性　　B. 必然性	A				○				
		B			○					
84	A. 温柔　　B. 力量	A						○		
		B					○			

续表

序号	问题描述	选项	E	I	S	N	T	F	J	P
85	A. 实际　B. 多愁善感	A					○			
		B						○		
86	A. 制造　B. 创造	A			○					
		B				○				
87	A. 新颖的　B. 已知的	A				○				
		B			○					
88	A. 同情　B. 分析	A						○		
		B					○			
89	A. 坚持己见　B. 温柔有爱心	A					○			
		B						○		
90	A. 具体的　B. 抽象的	A			○					
		B				○				
91	A. 全心投入　B. 有决心的	A						○		
		B					○			
92	A. 能干　B. 仁慈	A					○			
		B						○		
93	A. 实际　B. 创新	A			○					
		B				○				
每项总分										

5. 评分规则

(1)当你将○涂好后，把 8 项(E、I、S、N、T、F、J、P)分别加起来，并将总和填在每项最下方的方格内。

(2)请复查你的计算是否准确，然后将各项总分填在下面对应的方格内。

每项总分

外向	E			I	内向
实感	S			N	直觉
思考	T			F	情感
判断	J			P	认知

6. 确定人格类型的规则

(1)MBTI 以四个组别来评估你的人格类型倾向：

“E-I”“S-N”“T-F”和“J-P”。请你比较四个组别的得分。每个组别中，获得较高分数的那个类型，就是你的人格类型倾向。例如，你的得分是：E(外向)12 分，I(内向)9 分，那你的类型倾向便是 E(外向)了。

(2)将代表获得较高分数的类型的英文字母，填在下方的方格内。如果在一个组别中，两个类型获同分，则依据下边表格中的规则来决定你的类型倾向。

评估类型

同分处理规则　　假如　E=I　　请填上 I

假如　S=N　　请填上 N

假如　T=F　　请填上 F

假如　J=P　　请填上 P

7. MBTI 十六种人格类型特性及对应的常见职业

ISTJ：一丝不苟的检查者型/调查员。严肃的、有责任心的和通情达理的社会坚定分子。他们值得信赖，重视承诺，工作缜密，讲求实际。他们具有很强的集中力、条理性和准确性。他们具有坚定不移、深思熟虑的思想，一旦着手运用自己相信的最好行动方法时，就很难转变或变得沮丧。

适合职业：首席信息系统执行官、天文学家、数据库管理员、会计、房地产经纪人、侦探、行政管理人员、信用分析师等。

ISFJ：照顾者/保护者/守卫者型。安静、和善、负责任且有良心；行事尽责投入，对细节事务有耐心，忠诚、考虑周到、知性且会关切他人感受。他们愿投入、吃苦及力求精确，安定性高，是常驻项目工作或团体的安定力量，致力于创建有序及和谐的工作与家庭环境。但兴趣通常不在于科技方面。

适合职业：内科医生、营养师、图书/档案管理员、室内装潢设计师、客户服务专员、记账员、特殊教育教师、酒店管理等。

INFJ：灵性特质的作家型/咨询师/劝告者。忠诚、坚定、富有理想；他们珍视正直，坚信其价值观；满怀热情与同情心，提出造福大众利益的明确远景而为人所尊敬与追随；喜欢说服别人，使之相信他们的观点是正确的，能成为伟大的领导者或者独立的、有独创性的思想家。他们是深思熟虑的决策者，觉得问题使人兴奋，在行动之前他们通常要仔细地考虑，喜欢每次全神贯注于一件事情，专心致志一段时期。

适合职业：特殊教育教师、建筑设计师、培训经理、培训师、职业策划咨询顾问、心理咨询师、网站编辑、作家、仲裁人等。

INTJ：系统的建设者/策划者。自信、有智慧、富有想象力，善于分析、总结、判断；善于从整体上把握事物；喜欢追根究底，力图抓住事物的本质；对文字、语言敏感；抽象思维能力强，能理解复杂的理论概念，善于将事情概念化，善于从中推断出原理或预测趋势；擅长策略性思维；会接受建设性的批评，而不把它当作针对个人的问题。喜欢自由、变化和需要有较高智力才能完成的工作，不喜欢简单、重复的工作。INTJ 型的人属于“概念主义者”，他们是最独立的一种人，工作原则性强，标准高，对自己和对别人的要求都很严格，希望“所有的事情都要做到最好”。总的来说，他们属于“专家型”，但缺乏浪漫。

适合职业：首席财政执行官、知识产权律师、投资银行家、经济学家、企业家、各类科学家、金融规划师、设计工程师、精神分析师、心脏病专家、媒体策划、网络管理员、建筑师、技术专家等。

ISTP:艺术能手型/鉴赏家。冷静旁观者,惜言如金,不喜欢抛头露面。这类型的人擅长于掌握问题核心及找出解决方式,做出的决定总是那么客观公正,不带个人感情色彩,而且建立在分析的基础上。他们的日常生活是即兴的,灵活的;在一个新环境里,不管突然出现了什么人或发生了什么事,他们都会马上给予关注,尽管他们常常不说出来。

适合职业:信息服务业经理、计算机程序员、警官、软件开发员、律师助理、消防员、私人侦探、药剂师、木匠等。

ISFP:艺术家型人格。羞怯的、安宁和善的、敏感的、亲切的,且行事谦虚。喜于避开争论,不对他人强加己见或价值观。无意于领导却常是忠诚的追随者。办事不急躁,安于现状,无意于以过度的急切或努力破坏现况,且非成果导向。喜欢有自由的空间及照自订的时程办事。

适合职业:画家、室内装潢设计师、时装首饰设计师、按摩师、客户服务专员、服装设计师、厨师、护士、牙医、旅游管理、行政人员、乐器制作者等。

INFP:治疗者或者哲学家型人格。安静观察者,具理想性,对其价值观及重要之人具忠诚心。具好奇心且很快能看出机会所在。常担负开发创意的触媒者。除非价值观受侵犯,行事会具弹性、适应力高且承受力强。想了解及发展他人潜能的企图。做事全神贯注、有弹性,对所处境遇及拥有不太在意,除非价值观受到威胁。

适合职业:心理学家、人力资源管理、翻译、大学教师(人文学科)、社会工作者、图书管理员、服装设计师、编辑、网站设计师等。

INTP:一板一眼的学者型人格。安静、自持、思维敏捷、洞察力强。特别喜爱追求理论与科学事理。习于以逻辑及分析来解决问题。喜欢提出新的见解和主张,不大喜欢聚会和闲聊。追求可发挥个人强烈兴趣的生涯。追求对感兴趣事务之逻辑解释。

适合职业:软件设计师、网站设计师、计算机程序员、风险投资家、法律仲裁人、金融分析师、大学教师(经济学)、研究开发专业人员、音乐家、知识产权律师等。

ESTP:挑战者型人格。灵活、忍耐力强,实际,注重结果;最专精于可操作或处理、分解或组合的真实事务。精力充沛,擅长现场实时解决问题,喜欢办事并乐于其中及过程,很少被规则或标准程式框住。倾向于技术事务及运动,交结同好友人。性格外向,友好而迷人,很受欢迎,并且能在大多数社会情况中放松自如。积极活跃,随遇而安,乐于享受今天,不喜欢冗长概念的解释及理论。很难独自长时间工作,对行政细节和手续缺乏耐心,在压力和挫折面前不够坚持;做事不喜欢事先准备;对别人的感觉迟钝、麻木。

适合职业:企业家、股票经纪人、土木工程师、旅游管理、职业运动员/教练、电子游戏开发员、房产开发商、警察、消防员、记者、主持人、财务主管等。

ESFP:表演者型人格。外向,友善,包容。热爱生活、人类和喜欢物质上的享受。喜欢与别人共事,乐于分享喜乐予他人。最擅长人际相处及具备完备常识,很有弹性,能立即适应他人与环境。但容易忽视他人的情感;缺乏时间观念;很难独自长时间开展有规则约束的工作;对行政细节和手续缺乏耐心。

适合职业:幼教老师、公关专员、演员、职业策划咨询师、旅游管理/导游、社会工作者、促销员、演员、海洋生物学家、销售、客户经理等。

ENFP：冒险特质的记者型/奋斗者/追梦人/劝告者。充满热忱、活力充沛、聪明的、富有想象力的，视生命充满机会，但期望得到他人肯定与支持，有时做事无条理。几乎能做好所有有兴趣的事。对难题很快就有对策并能对有困难的人施予援手。依赖能改善工作的能力而无须作规划准备。为达目的常能找出强制自己为之的理由。此类型人好奇，喜欢理解而不是判断，是即兴执行者。但有时容易将别人或事情理想化，不够实际；比较倾向对人不对事，更多的时候容易情绪化。

适合职业：记者(访谈类)、节目策划和主持人、专栏作家、剧作家、电影/电视制片人、会计、广告客户管理、管理咨询顾问、演员、平面设计师、艺术指导、公司团队培训师、心理学家、人力资源管理者、播音员等。

ENTP：推陈出新的发明家型。热情开放、足智多谋、健谈而聪明，不断追求增加能力和个人权力。富有想象力，喜欢新思想，留心一切可能性。有很强的首创精神，擅于运用创造冲动。视灵感高于其他的一切，力求使他们的新颖想法转变为现实。好奇、多才多艺、适应性强，在解决挑战性和理论性问题时善于随机应变，但会轻忽或厌烦经常的任务与细节，不喜欢按照传统的公式化的方式办事。吸引和鼓励同伴，通过他们富有感染力的热情，鼓舞别人加入他们的行动中。会为了有趣对问题的两面加予争辩。但难于让自己有条不紊和富有条理性。

适合职业：企业家、投资银行家、金融规划师、广告创意总监、文案、广播/电视主持人、演员、大学校长等。

ESTJ：优秀行政者型/政治家。务实、真实，具企业或技术天分。有条理，对现实敏感，不喜欢抽象理论；固执己见，保守，最喜欢学习可立即运用的事理。喜好组织与管理活动且专注以最有效率方式行事以取得成效。具决断力、关注细节且决策迅速。能制定和遵守规则，自我负责，监督他人工作，合理分配和处置资源，主次分明，井井有条，喜作领导者或企业主管。会忽略他人感受。

适合职业：公司首席执行官、军官、职业经理人、预算分析师、药剂师、房地产经纪人、保险经纪人、银行官员、教师(贸易/工商类)、物业管理、项目经理、各类中小型企业主管等。

ESFJ：天生的合作者及活跃的组织成员。诚挚、爱说话、合作性高、受欢迎、光明正大。重和谐且长于创造和谐。常作对他人有益事务。给予鼓励和肯定会使他们有更佳工作成效。最有兴趣于会直接及有形地影响人们生活的事务。喜欢与他人共事去精确且准时地完成工作。传统尽责且脚踏实地，做事有条理，善于处理日常事务。

适合职业：劳工关系调解人、房地产经纪人、市场营销人员(消费类产品)、护士、理货员/采购、按摩师、运动教练、饮食业管理、旅游管理、幼教老师、社区工作人员等。

ENFJ：教育家型/主人公型。友好热诚，谈吐亲切，圆滑得体；富有创造力；做事果断，甚至武断；能力强，责任心重，做事有计划。全方位的学习者，视野宽广。注重他人的感情、需求和动机。爱交际、受欢迎及富同情心。对称许或批评很在意。善于发现他人的潜能，并希望能帮助他们实现目标。在团体中能很好地帮助他人，并有鼓舞他人的领导能力。但他们过于认真和动感情，当事情没有如期那样成功时，会感到失落、失望或绝望。

适合职业：大学教授(人文学科)、广告客户管理、杂志编辑、公司培训师、电视制片人、市场专员、作家、社会工作者、心理学家、早期教育老师、人力资源管理等。

ENTJ：外刚内柔的陆军元帅型/指挥者。坦诚、具决策力的活动领导者。亲切友好，意志坚强，坦率直言；能干果断，做事有条理，对自己及他人要求严格。善于组织群众，专精于具内涵与智能的谈话如对公众演讲。易生过度自信，会强于表达自己创见。讲求实际，逻辑性又强，善于做那些需要推理和智慧的工作。喜于长程策划及目标设定，作计划和研究新事务时是很系统化的。

适合职业：公司首席执行官、管理咨询顾问、政治家、房产开发商、教育咨询顾问、投资顾问、法官、办公室主任、项目经理、零售经理、经济学家、股票经纪人、律师、网络安全管理员等。

■ 职业锚理论

职业锚(career anchor)是指当一个人面临职业选择的时候，他无论如何都不会放弃职业至关重要的东西或价值观。职业锚实际上就是人们选择发展自己的职业生涯时所围绕的中心，是企业和个人能进行职业生涯决策时的核心因素，是判断人们是否达到职业成功的标准。

职业锚理论产生于美国的麻省理工学院斯隆管理学院施恩(Edgar Schein)教授领导的专门研究小组，是在对该学院毕业生的职业生涯研究中演绎成的。斯隆管理学院的 44 名 MBA 毕业生，自愿形成一个小组接受施恩教授长达 12 年的职业生涯研究，包括面谈、跟踪调查、人才测评、问卷等多种方式，最终分析总结了职业锚(又称作“制约定位”)理论。

★ 职业锚理论的基本类型

施恩教授 1978 年提出了 5 种类型的职业锚，随后众多学者对职业锚进行了广泛的研究，并在 20 世纪 90 年代将职业锚确定为 8 种类型：

1. 技术/职能型

技术/职能型的人追求在技术/职能领域的成长和技能的不断提高，以及应用这种技术/职能的机会。他们对自己的认可来自他们的专业水平，他们喜欢面对专业领域挑战。他们通常不喜欢从事一般的管理工作，因为这意味着他们不得不放弃在技术/职能领域的成就。

2. 管理型

管理型的人追求并致力于工作晋升，倾心于全面管理，独立负责一个部分，可以跨部门整合其他人的努力成果。他们想去承担整体的责任，并将公司的成功与否看成自己工作的成与败。具体的技术/职能工作仅仅被看作通向更高、更全面管理层的必经之路。

3. 自主/独立型

自主/独立型的人希望随心所欲安排自己的工作方式、工作习惯和生活方式，追求能施展个人能力的工作环境，最大限度地摆脱组织的限制和制约。他们宁愿放弃提升或工作发展机会，也不愿放弃自由与独立。

4. 安全/稳定型

安全/稳定型的人追求工作中的安全与稳定感。他们因为能够预测到稳定的将来而感到放松。他们关心财务安全，例如退休金和退休计划。稳定包括诚实、忠诚以及完成老板交代的工作。尽管有时他们可以达到一个高的职位，但他们并不关心具体的职位和具体的工作内容。

5. 创业型

创业型的人希望用自己的能力去创建自己的公司或创建完全属于自己的产品(或服务)，而且愿意去冒险，并克服面临的障碍。他们想向世界证明公司是他们靠自己的努力创建的。他们可能正在别人的公司工作，但同时他们在学习并寻找机会。一旦时机成熟了，他们便会走出去创立自己的事业。

6. 服务型

服务型的人一直追求他们认可的核心价值，例如帮助他人，改善人们的安全，通过新的产品消除疾病等。他们一直追寻这种机会，这意味着即使变换公司，他们也不会接受不允许他们实现这种价值的变动或工作提升。

7. 挑战型

挑战型的人喜欢解决看上去无法解决的问题，战胜强硬的对手，克服无法克服的困难障碍等。对他们而言，参加工作或职业的原因是工作允许他们去战胜各种不可能。他们需要新奇、变化和困难，如果事情非常容易，他马上会变得非常厌烦。

8. 生活型

生活型的人希望将生活的各个主要方面整合为一个整体，喜欢平衡个人的、家庭的和职业的需要，因此，生活型的人需要一个能够提供"足够弹性"的工作环境来实现这一目标。他们将成功定义得比职业成功更广泛。相对于具体的工作环境、工作内容，生活型的人更关注自己如何生活、在哪里居住、如何处理家庭事务等。

职业锚实际上是个人能力、动机、需要、价值观和态度等相互作用和逐步整合的结果。在实际工作中，通过不断审视自我，逐步明确个人的需要与价值观，明确自己擅长所在及今后发展的重点，最终在潜意识里找到自己长期稳定的职业定位即职业锚。

★ 职业锚的作用

1. 选择职业生涯发展道路

职业锚是通过工作经验的积累产生并形成的，能够清楚地反映个人的价值观与才干，也能反映个人进入成年期的潜在需求和动机。个人抛锚于某一职业工作过程，实际上就是个人真正认知自我的过程，认识自己具有什么样的能力和才干，需要什么。通过对职业锚的认识，找到自己长期稳定的职业贡献区，从而决定自己将来的主要生活与职业选择。

2. 确定职业生涯目标，发展职业角色形象

职业锚清楚地反映出个人的职业生涯追求与抱负。例如，技术/功能型职业锚的人，其志向和抱负在于专业技术方面的事业有成，有所贡献。同时，根据职业锚可以判断个人达到职业成功的标准，例如，对于抛锚于管理型的人来说，其职业成功在于升迁至更高的职位，获得更大的管理机会。因此，明确自己的职业锚，可以帮助确定自己职业生涯成功的标准、职业生涯成功要求的环境，从而确定职业目标及职业角色。

3. 有助于提高个人的工作技能，提高自己的职业竞争力

职业锚是个人经过长期寻找所形成的职业生涯的定位，是个人的长期贡献区。职业锚形成后，个人便会相对稳定地从事某种职业。这样必然累积工作经验、知识与技能，随着个人工作经验的丰富和累积，个人知识的扩张，个人的职业技能将不断增强，个人职业竞争力也随之增加。

★ 职业锚理论对大学生职业生涯规划的意义

1. 职业生涯规划首先要进行自我定位

职业锚是内心深处对自己的看法和自我定位，大学生职业生涯规划的首要环节是自我分析、自我定位。大学毕业生求职之前先要进行职业生涯规划，进行职业生涯规划之前先要进行自我定位，先要弄清自己想要干什么，能干什么，自己的兴趣、才能、学识适合干什么。通过自我分析与可靠的量表工具的测量，评估出自己的职业倾向、能力倾向和职业价值观。

2. 职业生涯规划是一个动态的变化过程

施恩教授认为：职业生涯规划实际上是一个持续不断的探索过程；在这一过程中，每个人

都在根据自己的天资、能力、动机、需要、态度和价值观等慢慢地形成较为明晰的与职业有关的自我概念。

当今社会处于激烈的变化过程中，大学毕业生的就业观念也要相应地改变，打破传统的"一业定终身"的理念，就业、再就业是大趋势，职业生涯规划也根据各种变化来调整。环境的变化可导致自我观念的变化，反映到制定职业生涯规划上来，应先找出基本的职业定位，沿着大的方向发展，不断探索自己的职业锚，而不应该一次就把终生的职业生涯的每一个具体细节都确定下来。

3. 大学毕业生职业生涯规划的重点内容是职业准备、职业选择与职业适应

职业准备期：这是指形成了较为明确的职业意向后，做好从事职业的心理、知识、技能的准备以及等待就业机会。每个择业者都有选择一份理想职业的愿望与要求，准备充分的就能够很快地找到自己理想的职业，顺利地进入职业角色。

职业选择期：这是实际选择职业的时期，也是由潜在的劳动者变为现实劳动者的关键时期。职业选择不仅仅是个人挑选职业的过程，也是社会挑选劳动者的过程，只有个人与社会成功结合、相互认可，职业选择才会成功。

职业适应期：择业者刚刚踏上工作岗位，存在一个适应过程，要完成从一个择业者到一个职业工作者的角色转换，要尽快适应新的角色、新的工作环境、工作方式、人际关系等。

职业稳定期：这一时期，个人的职业活动能力处于最旺盛时期，是创造业绩、成就事业的黄金时期。当然职业稳定是相对的，在科学技术发展迅速、人才流动加快的今天，就业单位与职业岗位发生变化是很正常的。

职业结束期：由于年龄或身体状况原因，逐渐减弱职业活动能力与职业兴趣，从而结束职业生涯。

职业锚实际上是一个不断进行职业目标探索、职业选择和职业适应的过程所产生的动态结果。因此，大学毕业生职业生涯规划的侧重点应在职业准备、职业选择、职业适应 3 个阶段。大学生要对职业进行物质、心理、知识、技能等各方面充分的准备，还要根据各方面的分析与自己的职业锚来合理、客观地对职业做出选择。对即将践行的职业活动要有一定的心理预期，包括工作性质、劳动强度、工作时间、工作方式、同事以及上下级关系都要快速适应，迅速成为一个成功的职业者。

资料链接

职业锚的自我评价

1. 你在高中时期主要对哪些领域比较感兴趣（如果有的话）？为什么会对这些领域感兴趣？你对这些领域的感受是怎样的？

2. 你在大学时期主要对哪些领域感兴趣？为什么会对这些领域感兴趣？你对这些领域的感受是怎样的？

3. 你毕业之后所从事的第一种工作是什么（如果相关的话，服役也算在其中）？你期望从这种工作中得到些什么？

4. 当你开始自己的职业生涯时，你的抱负或长远目标是什么？这种抱负或长远目标是否曾经出现过变化？如果有，那么是在什么时候？为什么会变化？

5. 第一次换工作或换公司的情况是怎样的？你指望下一个工作能给你带来什么？

6. 后来换工作、换公司或换职业的情况是怎样的？你怎么会做出变动决定？你所追求的是什么？（请根据你每一次更换工作、公司或职业的情况来回答这几个问题。）

7. 当你回首自己的职业经历时，你觉得最让自己感到愉快的是哪些时候？你认为这些时候的什么东西最能令你感到愉快？

8. 当你回首自己的职业经历时，你觉得最让自己感到不愉快的是哪些时候？你认为这些时候的什么东西最能令你感到不愉快？

9. 你是否曾经拒绝从事某种工作的机会或晋升机会？为什么？

现在请你仔细检查自己的所有答案，并认真阅读关于5种职业锚（管理型、技术或功能型、安全型、创造型、自主与独立型）的描述。根据你对上述这些问题的回答，分别将每一种职业锚赋予1～5的某一分数，其中1代表重要性最低；5代表重要性最高。

管理型__________技术或功能型__________安全型__________

创造型__________自主与独立型__________

摘自江小卫．大学生职业生涯规划．北京：原子能出版社，2008.

第四章　职业素质培养

如果我们把一个人的全部才能看作一座冰山，那么，浮在上面的是他所拥有的资质、知识、行为和技能，这些都是他的显性素质；而潜在水之下的东西，包括职业道德、职业精神，则是他的隐性素质。显性素质和隐性素质的总和构成了一个人所具备的全部职业素质。目前，有的应届毕业生在显性素质方面表现良好，但在隐性素质方面由于没有得到过培训，所以比较欠缺，这就是很多企业不招聘应届毕业生的真正原因。所以大学期间进行职业素质培养是十分必要的。

第一节　职业素质及其要求

一个人能否顺利就业并取得成就，在很大程度上取决于本人的职业素质，职业素质越高的人，获得成功的机会就越多。可以说，职业素质是人才选用的第一标准，是职场制胜、事业成功的第一法宝。

■ 职业素质的内涵

职业素质(professional quality)是劳动者对社会职业了解与适应能力的一种综合体现，其主要表现在职业兴趣、职业能力、职业个性及职业情况等方面。影响职业素质的因素很多，主要包括受教育程度、实践经验、社会环境、工作经历以及自身的一些基本情况(身体状况等)。一般来说，劳动者能否顺利就业并取得成就，在很大程度上取决于本人的职业素质，职业素质越高的人，获得成功的机会就越多。

■ 职业素质的特征

★ 职业性

不同的职业，职业素质是不同的。对建筑工人的素质要求，不同于对护士职业的素质要求；对商业服务人员的素质要求，不同于对教师职业的素质要求。李素丽的职业素质始终是与她作为一名优秀的售票员联系在一起的，正如她自己所说："如果我能把 10 米车厢、3 尺票台当成为人民服务的岗位，实实在在去为社会做贡献，就能在服务中融入真情，为社会增添一份美好。即使有时自己有些烦心事，只要一上车，一见到乘客，就不烦了。"

★ 稳定性

一个人的职业素质是在长期执业时间中日积月累形成的。它一旦形成，便产生相对的稳定性。比如，一位教师，经过三年五载的教学生涯，就逐渐形成了怎样备课、怎样讲课、怎样热爱自己的学生、怎样为人师表等一系列教师职业素质，于是，便保持相对的稳定性。当然，随着他自己学习、工作和环境的影响，这种素质还可以继续提高。

★ 内在性

从业人员在长期的职业活动中，经过自己学习、认识和亲身体验，觉得怎样做是对的，怎样做是不对的。这样，有意识地内化、沉淀和升华的这一心理品质，就是职业素质的内在性。我们常说："把这件事情交给小张师傅去做，有把握，请放心。"人们之所以放心他，就是因为他的内在素质好。

★ 整体性

一个从业人员的职业素质是和他整个素质有关的。说某某同志职业素质好，不仅指他的思想政治素质、职业道德素质好，而且还包括他的科学文化素质、专业技能素质好，甚至还包括身体和心理素质好。一个从业人员，虽然思想道德素质好，但科学文化素质、专业技能素质差，就不能说这个人整体素质好。相反，一个从业人员科学文化素质、专业技能素质都不错，但思想道德素质比较差，同样不能说这个人整体素质好。所以，职业素质一个很重要的特点就是整体性。

★ 发展性

一个人的素质是通过教育、自身社会实践和社会影响逐步形成的，它具有相对性和稳定性。但是，随着社会发展对人们不断提出的要求，人们为了更好地适应、满足、促进社会发展的需要，总是不断地提高自己的素质，所以素质具有发展性。

■ 职业素质的构成

职业素质的构成主要包括以下几方面的内容：

(1)身体素质。指体质和健康(主要指生理)。

(2)道德素质。指道德认识、道德情感、道德意志、道德行为、道德修养、组织纪律观念。

(3)科技文化素质：指科学知识、技术知识、文化知识、文化修养。

(4)能力素质。主要是学习能力、信息能力、创新意识、创新精神、创新能力、创业意识与创业能力等。学习和创新是个人价值的另一种形式，能体现个人的发展潜力以及对企业的价值。

(5)心理素质。指认知、感知、记忆、想象、情感、意志、态度、个性特征等。

■ 职业素质要求

不同的行业对于从业者的职业素质要求不尽相同，除了一些共性的要求之外，还有其自身特殊要求。

资料链接

不同类型职业的职业素质要求

(一)工程技术人员的素质要求

工程技术人员可分成四类：

一是科学家类工程技术人员，即那些具有抽象思维才能的工程技术人才。他们有深厚的理论基础知识，善于发现现有的工程系统或技术装备的缺陷，善于把一些抽象的概念用新的方式联系起来，以达到工程使用的目的，能预见技术发展的方向。

二是革新发展家类工程技术人员，那些创造性地运用当代知识来进行发明或创造的人才，他们主要在开发研究室、工程设计院等部门工作，考虑的主要是工程的适应性及经济性和合理性。

三是现场类工程技术人员，即那些在现场从事建造、操作和维护复杂机器、工程系统的人才。他们要具备数学、现代工程学的知识，有很强的实践能力。

四是技术规划与管理工程技术人员，即那些在管理部门工作，业务仍然以技术革新背景为主的人才。他们的知识面比较宽，对科技和企业的发展方向有敏锐的洞察力。

各类工程技术人员除了一些特殊要求外，还要具备一些共同的素质：

(1)扎实的专业知识和较宽的知识面。

(2)不满足于现状，较强的创造、革新、实践精神。

(3)实验操作、模型制造、解决操作难题等实践能力强。

(4)较强的组织能力，保证技术的攻关和实施。

(5)求知欲旺盛，不断学习新知识、新技术。

(6)对科技发展应用有敏锐的洞察力和预测能力。

(7)严肃认真，实事求是的工作态度。

(二)商业经营人员的素质要求

(1)创新能力。头脑灵活，在短时间内能产生各种新颖的想法。

(2)信息处理能力。善于处理从市场获得的信息，辨别其价值，及时反馈。

(3)情绪表达能力。对周围的世界以及商场即战场的感受比较灵敏，在贸易场合善于表达自己的意向。

(4)文字写作能力。涉及经济合同等经济文书，考虑周到，用字准确。

(5)组织管理能力。对进销贮运业务活动组织协调得当。

(6)果断决策能力。及时对经营做出正确的决策。

(7)改革挑战能力。不满足于现状，勇于开拓新领域。

(三)政府机关公务员的素质要求

(1)公务员要求较高的政治素质，要坚持四项基本原则，坚持改革开放；执行党的路线、方针、政策。全心全意为人民服务，遵纪守法，保护国家秘密；公正廉洁；具有高度的责任感和强烈的事业心。

(2)具有扎实的基础知识、专业知识、管理知识和宽广的知识面。

(3)具有较强的组织管理、协调能力和决策能力。

(4)具有较强的调研能力和较高的政策水平。

(5)具备良好的思维能力，分析、综合、比较、抽象概括能力，要有一定的发展水平，思维的广度、深度、独创性、灵活性等应有相当的发展水平。

(6)较强的文字能力和应变能力。

(7)具有一定的社会交往能力，且能坚持原则性和灵活性的统一。

(四)教师的素质要求

(1)热爱教育事业，有献身精神。

(2)具有较强的语言表达能力，口齿清楚，发音正确，善于表达。

(3)专业知识扎实，知识面宽广。

(4)较强的组织管理能力。
(5)观察能力强,善于观察学生的眼神、表情、姿态、行为、穿着和心理。
(6)较强的记忆力和理解能力。
(7)对学生态度和蔼、有耐心,平易近人。
(8)作风正派。
(9)兴趣广泛。
(10)良好的仪表。

(五)律师的素质要求

(1)具有坚持真理、坚持原则、不畏权势的人格品质。
(2)具有扎实的法律学及广博的心理学、社会学、经济学、逻辑学等方面的知识。
(3)具有较强的理解国家有关法律条文的能力和准确断案的能力。
(4)具有较强的书面和口头语言表达能力。
(5)有较强的稳定性和自我控制能力。
(6)具有敏锐的观察力和较强的抽象思维能力。

(六)金融财会人员的素质要求

(1)廉洁奉公,有正义感,能抵制各种诱惑,坚持原则。
(2)责任心强,时间观念强,慎重细致。
(3)有较强的数字反应能力和汇总、规划能力。
(4)具有较强的社交能力。
(5)具有扎实的专业知识和宽广的知识面,金融财会人员要学习有关经营、制造、推销、采购等方面的知识。
(6)较强的理解、分析、综合、判断和推理能力。

(七)企业管理人员的素质要求

1. 美国企业界提出企业管理人员应具备如下十大特征
(1)合作精神,能赢得人们的合作,愿与他人一起工作,对人不是压服而是说服。
(2)决策才能,依据事实而非依据想象进行决策,具有高瞻远瞩的能力。
(3)组织能力,能发挥部属的才能,善于组织人力、物力和财力。
(4)精于授权,能大权独揽,小权分散。自己抓大事,把小事分给部属。
(5)善于应变,不墨守成规,积极进取。
(6)勇于负责,对上级、下级、产品用户及整个社会抱有高度的责任心。
(7)勇于求新,对新事物、新环境、新观念有敏锐的感受能力。
(8)承担风险,对企业发展中不景气的风险敢于承担,有改变企业面貌、创造新局面的雄才与信心。
(9)尊重他人,重视和采纳他人意见,不武断狂妄。
(10)品行端正,品德为社会人士、企业职工敬仰。
2. 日本企业界总结出企业管理者必须具备的十种品德和十种能力

十种品德是：有使命感、责任感、积极性、进取心、忍耐心、勇气、忠诚、老实、公平、热情。

十种能力是：有思维决定能力、规划能力、判断能力、创造能力、洞察能力、劝说能力、理解人的能力、解决问题的能力、培养下级的能力、调动积极性的能力。

（八）科技管理人员的素质要求

(1)精通某一学科并有高深的造诣。

(2)有较广博的专业知识和管理知识。

(3)有较强的政策观点。

(4)具有判断和预测学科研究方面的决策能力。

(5)对科学技术有较强的鉴别能力。

(6)有较强的业务实施能力。

(7)有较强的信息沟通和社会活动能力。

(8)知人善任，乐于助人。

(9)有较强的社会责任感。

(10)组织、协调能力强。

（九）自然科学研究人员的素质要求

(1)喜欢独立思考。

(2)数学能力较强，语言、文字表达能力也很突出。

(3)好奇心、进取心强。

(4)抽象思维能力和判断能力强。

(5)坚持真理，尊重事实。

(6)有丰富的想象能力和直觉敏锐性。

(7)有坚韧不拔的精神。

(8)善于收集信息和发现问题。

(9)有强烈的自我意识和自我情绪。

(10)独创性强。

（十）社会科学研究人员的素质要求

社会科学研究人员主要指从事哲学、经济学、政治学、法学、教育学、文艺学、历史学、语言学、社会学、民族学、宗教学、情报学等研究的人员。美国著名学者马斯洛通过对许多著名社会科学家的研究，总结出了社会科学研究人员的主要人格特征。

(1)性格外向，善于处理自己与他人的关系。

(2)能有效地观察事实，观察力和预测力很强。

(3)自主自立，不满足现状，也不因遭受打击与挫折而沮丧。

(4)对生活总是感到新奇、愉快、有狂热的追求。

(5)以问题为中心，而不以自我为中心。

(6)具有大慈大悲，济世救人的社会兴趣。

(7)具有民主的气度，对各种各样的人都一视同仁。

(8)富于幽默。

(9)较强的社会责任感和为真理献身的精神。

(10)富有创造性。

(十一)发明、革新家的素质要求

具有强烈的欲望、力求创新性地运用当代知识来发明或革新的人,具有以下特征:

(1)无所畏惧的品质,他们为自己的发明创造不惜冒险,为了试验的成功可以将生死置之度外。

(2)从不计较别人的嘲笑,把别人的嘲笑当作推动自己前进的动力。

(3)执著追求,对所从事的试验自始至终保持极大的兴趣,直到成功为止。

(4)强烈的自信心,对自己的试验充满信心,坚信试验成功后将会产生的价值。

(5)别具一格的孤独感受,善于独立思考。

(6)求完整化的心理,他们对自己的事业不懈努力,直到达到预想的境界。

(7)永不衰退的好奇心,为他们提供了灵感和机遇。

(8)强烈的好胜心,他们勇于向未来知识世界挑战,以成功的事实去证明自己的能力和才华。

(9)排除外在干扰,正确选择课题,最终取得发明成果。

(10)如痴如醉的思考精神,他们沉醉于思索和试验,把一切琐碎事弃置脑后。

(十二)广告策划、设计人员的素质要求

(1)较强的创造性,能独出心裁。

(2)丰富的知识,对复杂的事物有鉴别、识别能力。

(3)有战略眼光和预见能力。

(4)法制观念强,不制造虚假广告。

(5)诚实守信,较强的人际交往能力。

(6)有全局观念和开拓新领域的能力。

(十三)推销、采购人员的素质要求

(1)独立性和自我管理能力较强。

(2)善于捕捉信息,灵活应变。

(3)时间观念强。

(4)善解人意,劝说能力强。

(5)诚实、守信用。

(6)喜怒不形于色。

(7)性格外向,人际交往能力强。

(8)口头表达能力和洞察能力较强。

(十四)编辑的素质要求

编辑是从事组稿、审读、编选、加工整理等工作的人员,其素质要求是:

(1)扎实的专业知识和宽广的知识面。
(2)较强的社会活动能力和人际交往能力。
(3)具有较强的鉴别能力和对信息的快速反应、筛选能力。
(4)责任感强。
(5)具有较强的文学能力。
(6)有较强的学术价值观念和经济效益观念。

(十五)金融财会人员的素质要求

(1)廉洁奉公,有正义感,能抵制各种诱惑,坚持原则。
(2)责任心强,时间观念强,慎重细致。
(3)有较强的数字反应能力和汇总、规划能力。
(4)具有较强的社交能力。
(5)具有扎实的专业知识和宽广的知识面,金融财会人员要学习有关经营、制造、推销、采购等方面的知识。
(6)较强的理解、分析、综合、判断和推理能力。

(十六)外贸工作人员的素质要求

外贸工作人员是指从事对外贸易工作人员,包括进口外销、市场调研、物价行情、翻译、采购、商品检验等各种岗位。要求的素质如下:
(1)保守国家机密,责任心强,讲求国格、人格。
(2)反应灵敏,待人热情,有较强的社交、涉外能力。
(3)外语水平高,语言表达能力强。
(4)具有扎实的外贸专业知识和较宽的知识面。
(5)具有较强的协调能力和合作共事能力。

(十七)情报信息人员的素质要求

(1)外语基础好,有宽广的知识面。
(2)对情报信息敏感,有较强的筛选、鉴别能力。
(3)注意力稳定,反应迅速。
(4)有较强的记忆能力和观察能力。
(5)具有较强的辩证思维能力。
(6)分析、预测、洞察能力强。

(十八)检察官的素质要求

(1)法官、检察官要有较高的政治素质,要坚定地执行党的路线、方针、政策和国家的法律、法令,坚持原则,秉公执法。
(2)具有扎实的法律专业知识和较宽的知识面。
(3)具有较强的语言文字基础和书面、口头表达能力。
(4)具有较强的自我控制能力。

(5)具有敏锐的知觉能力、观察能力。

(6)有较强的分析能力和准确的判断能力。

(8)有较强的调研能力和应变能力。

(十九)各种咨询人员的素质要求

咨询业是一个新兴的领域,经济、科技、法律、金融、贸易、人才都需要提供咨询服务。从事咨询业的求职者一般应具有以下特征:

(1)具有实事求是和为他人服务的精神,具有高度的责任心。

(2)具有多方面的理论知识、专业知识和实践知识。

(3)具备较强的语言表达能力。

(4)具有较强的社会调查能力、系统分析能力和逻辑推理能力。

(5)具有较强的想象能力和察言观色的能力。

(6)在兴趣上乐意与人接触,善于与人合作与交往。

(7)具有较强的记忆力和创造能力。

(8)具有较强的劝说能力。

(二十)领导者的素质要求

领导者是某一个部门、某一单位组织的首脑人物,对该部门、单位或组织的发展起着重要的作用。领导者主要应具备以下素质:

(1)全面理解、执行国家法律和政策,具有强烈的爱国热情。

(2)具有一定的哲学、经济学、管理学、现代科学、心理学、法学、社会学等方面的知识。

(3)在智力方面,应有敏锐的观察能力、逻辑思维与概括能力、创造开拓能力、应变能力、分析判断能力、记忆力。

(4)在组织管理方面,应有决策能力、组织能力、知人用人能力、合作共事能力、社交能力、写作能力、宣传鼓动能力。

(5)在非智力因素方面,应有顽强的意志、事业心、进取心、自信心、全局观念等。

(6)在品德方面,是非观念强,品行端正,谦虚谨慎,以身作则,乐于助人。

摘自刘荷花,等. 大学生职业发展与就业指导. 北京:新华出版社,2008.

第二节 职业道德的修炼

职业道德是毕业生就业后的基本行为准则,它将决定大学毕业生能否成为社会所需要的人才。职业素质是职业道德的外在表现,而职业道德是职业素质的内在要求。

职业道德虽然是一种社会意识,但它是直接作用于社会行为的特殊意识,具有其他道德不具有的社会现实性和具体性。例如,一个人是不是从事着自己喜爱的职业?他是不是把自己的工作看作是自己人生理想的实现?如果一个人从小热爱一种职业,并树立起对它的理想追求,那么,在他长大成人之后,终于能够从事这项工作时,或许能够保持一种较高的职业理想追求，因而具有较好的职业道德。

注重职业道德修养，对个人发展十分重要。职业道德有助于个人思想道德素质的提高，有助于个人人格的升华，有助于个人事业的成功。职业道德不仅对于个人的生存与发展有着重要的作用和价值，而且与社会的发展也密切相关。职业道德是社会进步的基石，反映了一定社会时代的道德水准；是各行各业生存发展的原动力；是社会和谐、优化社会风气和保证社会生活秩序稳定的重要因素。

职业道德修养是一个人为了更好地从事职业活动所必须练就的“内功”。大学生提高职业道德修养，主要从以下几个方面努力：

(1)确立正确的人生观。确立正确的人生观，是职业道德修养的前提。人生观就是人们对人生的目的、人生态度和人生价值的根本看法和观点，它是世界观在人生问题上的具体体现。大学生只有确立正确的、进步的人生观，才会有强烈的社会责任感，才会在职业活动中进行自觉的职业道德修养，形成良好的职业道德品质。

(2)培养良好的行为习惯。培养良好的行为习惯是职业道德修养的重要环节。古人云：“九层之台，起于累土。千里之行，始于足下。”大学生良好的职业道德修养，必须从现在做起，从一件件小事做起。平时生活中不注重“小节”的人，最终往往会失去“大节”。大学生只有养成良好的行为习惯，才能确立正确的人生观，形成良好的道德品质。

(3)学与思相结合。大学生要具备良好的职业道德品质，学习是第一步，也是最基本的办法。学习各种道德知识和做人的道理，予以思考、反省，才能在自己的心灵深处培养起趋善避恶的道德意向及情感，完善人格品质，约束自己的行为，提高职业道德水平。

(4)积极参加社会实践和职业活动的实践。实践是道德修养的基础，如果离开了社会实践，职业道德修养就成了纸上谈兵。大学生只有把所学的道德知识运用到自己的职业实践中，才能逐步形成良好的职业道德品质。

综上所述，职业道德修养，根在实践，贵在自觉，重在学习。它伴随着大学生整个的职业生涯，需要持之以恒、不懈努力。

第三节　职业知识的学习

■ 知识就是力量，这是大学生求职择业的重要资本

大学生从业前最重要的准备之一，就是知识准备。合理的知识结构是承担现代社会职业岗位工作的必要条件，是人才成长的基础，它包括基础知识、专业知识和复合知识与新知识。

(1)雄厚扎实的基础知识。所谓基础知识，就是那些在人的一生发展中处于基础地位，为获取其他知识奠定基础的知识。它是知识大树的躯干，是知识结构的根基，是大学生的就业之本。在信息时代的今天，用人单位最欢迎的就是具有广博知识，又有一定深度的“T”形人才。因此，大学生必须学好基础知识。无论选择何种职业，也不管向哪个专业方向发展，都少不了雄厚扎实的基础知识。

(2)广博精深的专业知识。古人云：“七十二行，行行出状元。”说的就是专业问题。大学生就业后，在各自的专业领域内，只要你干好了，就有可能成为这个领域的状元。因此，专业知识成为大学生立足社会的根本。专业知识的“广博精深”，是指对自己所要从事的专业知识和技

术具有一定的深度、一定的广度。

(3)超大容量的复合知识与新知识。现代职业要求从业者知识层次高、知识量大、知识面广。复合知识是指不限于某个特定专业的、文理交叉的、广博的知识。新知识是指当代大学生的知识结构应以反映当代科学技术发展状况的新知识、新信息为主。作为信息时代的大学生，应充分利用在校学习的宝贵时间，不断加深对本专业知识的理解，同时在基础知识学习的宽度和深度上狠下功夫，注意本专业的学科前沿状况，注重掌握专业知识的精湛性和先进性。在宽厚的基础知识和广博的知识面基础上，对专业知识和技能精益求精，注意自己专业的"前沿阵地"，追踪国际先进技术，尽量少走弯路。这是时代对大学生的要求。

■ 大学生职业知识的学习与积累

(1)专业学习。学好专业，首先，必须培养对专业的兴趣。抓住自己最感兴趣的专业学习点，逐步扩展掌握范围，是专业学习的好办法。其次，专业学习，必须防止学科相轻。大学生主要表现为学文科的不重视理科，学理科的不重视文科，实际上，是对自己综合素质的提高设置了障碍。最后，学好专业，必须重视专业文献的学习。每一个专业、每一门学科都有属于自己的"核心"级的重要文献。如果我们能抓住这些核心文献不放，反复钻研，那么我们就抓住了问题的主要矛盾，自然会成为专业里的行家。

(2)实践学习。进入大学后，大学生要积极主动地重构自身的知识系统，利用一切机会参与实践，在实践中学习，优化自身的知识结构。青年学生要抓住每一个机会了解社会，参与社会，大胆实践，科学实践，增长才能，增强信心，实现人生价值。

(3)职业知识的积累与提升。职业知识的积累主要分为横向积累和纵向积累。横向积累主要是对知识的广度而言，纵向积累主要从历史的角度而言。任何专业知识都有一个发生、发展到丰富的过程。积累知识，还要高效管理知识。个人知识管理，对个人的工作和成长有着十分重要的作用：①让自己养成不断学习的良好习惯，为个人能力和事业的可持续发展打基础；②有计划地建立个人专业知识体系，有针对性地吸收和补充有关专业知识；③不断学习、更新、提高个人专业知识和工作技能，提升个人价值和竞争力；④理论联系实际，更好地展示个人的学习能力和工作能力，充分发展个人事业，才能在职业生涯和职场竞争中达到预期目标。

第四节 职业能力的培养

■ 职业能力培养的认知

职业能力是指顺利完成某种职业活动所必需的并影响活动效率的个性心理特征，其中包括一般职业能力和特殊职业能力。一般职业能力是指与岗位各项任务和各种岗位、各种职业有关的共同能力，诸如自学能力、语言文字表达能力、社交与活动能力、外语和计算机应用能力等，特殊能力是指人从事某种专业活动所具体需要的能力。

职业能力一般包括：自我学习和发展的能力，独立分析和解决问题的能力，交流与合作的能力，管理和完成任务的能力，获取与利用信息的能力，判断与决策能力，应急与应变能力，创新能力，组织与协调能力，应对挫折与心理调适能力。

■ 大学生如何培养职业能力

加强对大学生职业观念的培养，改进大学课堂的学习方法，积极参加社会实践，是培养大学生职业能力的重要途径。大学生应通过专业实践活动、课题调研探究型活动、社会志愿者等公益性实践、社会实践活动、就业与创业教育、职业生涯规划实践等载体来培养自身的职业能力。

那么当代大学生如何锻炼和提升自己的职业能力呢？必须做好自身的发展规划，增加自信心，勇于实践，加强学习，从小事做起，从基层做起。总之，能适应未来激烈职场竞争的人才要具备两个基本条件：一是知道自己的价值所在；二是知道如何应用自己的价值。

因此，大学生提高自己的综合素质，培养自己的职业能力，是避免自己在未来职场中处于尴尬的有效途径。

■ 职业能力培养创新

大学生职业能力的培养要克服惯性思维的束缚，注重思维方式的创新，倡导科学思维。数学、管理学、经济学等学科提供的思维方式极为丰富，具有很高的实战参考价值。大学生在职业生涯规划中需要认真研究，积极借助。

★ 利用数学思维

数学家丘成桐说："没有数学的导入，那个领域就不能称为科学。"有人提出将数据挖掘技术应用于大学生人生规划。

(1)为大学生职业生涯规划提供决策支持。针对不同的生涯模式，提出相应的规划策略。

(2)提供个性化决策知识。从总体和不同人格类型的大学生的特点出发，可以了解大学生的潜在需求，为大学生个性化服务策略的制定奠定基础。

(3)为大学生职业生涯提供定量分析。不少大学生在规划中容易不自觉地夸大自身的优势而导致分析缺乏客观性，而采用数据挖掘技术中的决策分析法正好可以克服分析客观性的不足。

★ 利用管理学思维

管理学是一门应用性、实践性和社会性十分突出的学科。管理思维方式，就是指管理思维活动所遵循的法则和路径，具有规律性。管理思维主要有以下几种。

(1)系统的思维方式。系统思维认为，任何事物都是作为系统而存在的，都是相互联系、相互依存、相互制约的多层次、多方面，按一定结构组成的有机整体。系统思维要求人们研究和处理问题要有系统性和整体性。

(2)开放的思维方式。开放性思维从系统与环境的有机联系出发，认为一切局部性、小区域性、特殊性的规律都服从客观存在的环境的支配；要求人们在处理实际问题时不应把系统看成封闭的、单一的，不能忽视与外部环境的相互影响和相互作用。大学生在进行人生规划时要以开放姿态多方位、多视角、多元素、多层次地思考和探索问题，要博览群书，扩大知识面，注重多学科成果的应用，冲破惯性思维定势的约束，不同角度切入，形成多种解决问题的方案，找出解决问题的最优化路径。

(3)求实的思维方式。大学生应当避免以考试成绩的高低来评判自己，因为成绩或者只是实际的一部分，甚至并不反映个人实际能力。而应该从各个层面如分析问题、解决问题、沟通和组织等方面能力来综合分析自己，联系所要解决的问题，得出客观结论。

(4)精确性思维和模糊性思维的统一。大学生要养成精确性思维方式，把握科学性和客观性，强调规则和效率，培养注重实践的态度和科学解决问题的办法；另外，大学生要培养模糊性思维，把握管理的艺术性和主观性，强调人性化和情感化，学会动态管理。

(5)多元的连续性的思维方式。大学生要从多角度、多层面去思考和解决问题,注意多想几个“为什么”“怎么办”,在主动的探索中体会创新。

第五节　职业心理素质的养成

就业与创业,都需要从“心”做起。心理素质是在个体遗传的基础上,经过后天学习与生活的磨炼而形成的人的心理倾向和心理发展水平的总和,是与我们的学习和生活实践密切联系的心理品质的综合表现。它的主要特征:一是相对稳定性与可发展性。心理素质始终处于变化发展之中,具有自我延伸的功能。二是综合性。心理素质是人的个性心理品质在学习、工作和生活实践中的综合表现。三是可评价性。心理素质具有优劣高低之分,对人的活动成效有较大影响,因而具有社会评价意义。

■ 心理素质是一个人整体素质的基础,也是个人整体素质的核心

当今是信息时代,发展迅速、竞争激烈,对每个人来说,不但机遇与挑战同在,而且成功往往与挫折并存。因此,需要大学生有较强的心理适应性和心理承受力。良好的心理素质能确立稳定的自我意识,能从容应对各种危机,能克服情绪发展的危机,能克服个性发展的危机,能促进其他素质的充分发挥。所以,培养良好的心理素质,对青年大学生健全性格、早日成才,意义重大。

■ 良好心理素质的标志

智力正常;情绪稳定;意志健全;思想与行为统一协调;人际关系和谐;行为适度,遇事从容。

适应就业与创业的需要,大学生需要培养自强自信、心态积极、宽容大度、情绪良好、耐受力强的心理素质。

■ 培养良好心理素质的基本途径

★ 改变思维模式和行为方式

大学生心理、精神方面的状况与个体的思维模式有一定关系,即因固定的思维模式与行为方式所致,必须积极改变思维模式和行为方式。一是建立积极健康的心理模式,即要有正确的价值观、良好的个性特征、积极乐观的生活态度,能接受不可改变的现实,能不断学习和完善自己。二是增强思维的弹性,即增加思考的灵活性,学会客观地思考问题。三是积极的认知和评价,即知识经验丰富、个性心理特征开朗,能适应环境刺激并做出较正确的评价。

★ 寻找有利的环境支持

环境塑造人、改变人,但人又要去适应环境、改变环境,寻找有利的环境支持。大学生的环境支持主要是社会环境和人际关系,要学会改变自身的环境条件,搭建有利自身心理素质健康发展的平台。

■ 运用心理调节技术,培养良好的心理素质

★ 认知调整技术

认知理念和认知方式对人的心理和行为起着支配与调整作用。大学生要认清造成情绪困扰的不合理或非理性因素,调整歪曲的认知过程,正确地思考问题。一是无论做什么事情,不但要有成功的打算,而且要有失败的准备。一旦遇到挫折,不可自暴自弃、悲观失望,而要主动

面对。二是不能总是杞人忧天，要从今天、自我、身边做起，做行动的巨人。三是无论干什么事都有计划、目标，不达目标誓不罢休。四是人贵有自知之明，要从实际出发，给自己制定确实可行的规划。五是学会正确的归因。把成败归因于外部原因，不利于自己的进步发展；把成败归因于内部原因，则能激发人不断进步。六是用发展的客观的观点对待事物，树立正确的是非观，增强辨别是非和评价事物的能力。

★ 行为改变的技术

(1)观察与模仿学习。榜样的力量是无穷的。大学生要注意给自己寻找良好的榜样，向身边的优秀榜样学习，直至形成良好的行为习惯。

(2)放松训练技术。放松是使身体或精神由紧张状态过渡到松弛状态的过程。需要在安静的环境中按一定要求完成某种特定的动作程序，使人学会有意识地控制自己的心理活动，从而达到身心放松、防病治病的作用。

(3)疏泄疗法。当心理出现适应不良、矛盾冲突和消极情绪时，应尽早进行调整和宣泄，使压抑的心境得到缓解和减轻。常用的疏泄技术有谈话性疏泄、书写性疏泄、运动性疏泄、哭泣性疏泄，还有“宣泄靶场”“心理宣泄室”等。

第五章　职业生涯规划实操

第一节　职业生涯规划的常用办法

■ SWOT 法

S 代表 strength(优势),W 代表 weakness(弱势),O 代表 opportunity(机会),T 代表 threat(威胁)。

■ "五 What"法

◇ What are you? "你是谁?"

◇ What do you want? "你想干什么?"

◇ What can you do? "你能干什么?"

◇ What can the situation support you? "形势支持或允许你干什么?"

◇ What can you be in the end? "你最终的职业目标是什么?"

资料链接

职业生涯自我规划五步法

在许多机构和专家那里,职业生涯规划似乎非得借助他们。不可否认,这方面的研究必须有心理学等方面的知识和训练,而一个有基本人文素质的人,做职业生涯的规划,则可使用一些简单易行的方法,包括五步法——用五个问题归零思考:

1. 我是谁?
2. 我想干什么?
3. 我能干什么?
4. 环境支持或允许我干什么?
5. 我的职业目标是什么?

回答这五个问题,找到它们的最高共同点,你就有了自己的职业生涯规划,如果你有兴趣,现在就可以试试:

先取出五张白纸、一支铅笔、一块橡皮,在每张纸的最上边分别写上以上五个问题;然后静下心来,排除干扰,按照顺序,独立地仔细思考每一个问题。

对于第一个问题"我是谁",回答的要点是:面对自己,真实地写出每一个想到的答案,写完了再想想有没有遗漏,认为确实没有了,按重要性进行排序。

对于第二个问题"我想干什么",可将思绪回溯到孩童时代,从人生初次萌生第一个想干什么的念头开始,然后随着年龄的增长,回忆自己真心向往过去想干的事,并一一记录下来,写完后再想想有没有遗漏，确实没有了，就进行认真的排序。

对于第三个问题“我能干什么”，则把确实证明的能力和自认为还可以开发出来的别的潜能都一一列出来，认为没有遗漏了，就进行认真的排序。

第四个问题“环境支持或允许我干什么”的回答则要稍作分析：环境，有本单位、本市、本省、本国和其他国家，自小向大，只要认为自己有可能借助的环境，都应在考虑范畴之内；在这些环境中，认真想想自己可能获得什么支持和允许，搞明白后一一写下来，再以重要性排列一下。

如果能够成功回答第五个问题“我的职业目标是什么？”，你就有了最后答案了。做法是：把前四张纸和第五张纸一字排开，然后认真比较第一至第四张纸上的答案，将内容相同或者相近的答案用一条横线连起来，你会得到几条连线，而不与其他连线相交的又处于最上面的线，就是你最应该去做的事情，你的职业生涯就应该以此为方向，并在此方向上以 3 年为单位，提出近期、中期与远期的目标；再在近期的目标中提出今年的目标；将今年的目标分解为每季度目标、每月目标、每周目标、每天目标。这样，你每天睡觉前就可以对照自己的目标进行反省，总结当日成就与失误、经验与教训，修正明天的目标与方法，第二天醒过来后稍加温习就可以投入行动了！这样日积月累，没有不能实现的规划。

摘自王博泉，等．大学生职业生涯规划．北京：原子能出版社，2008.

第二节　职业生涯规划的基本步骤

职业生涯规划是一个周而复始的连续过程，分八个步骤，如图 5-1 所示。

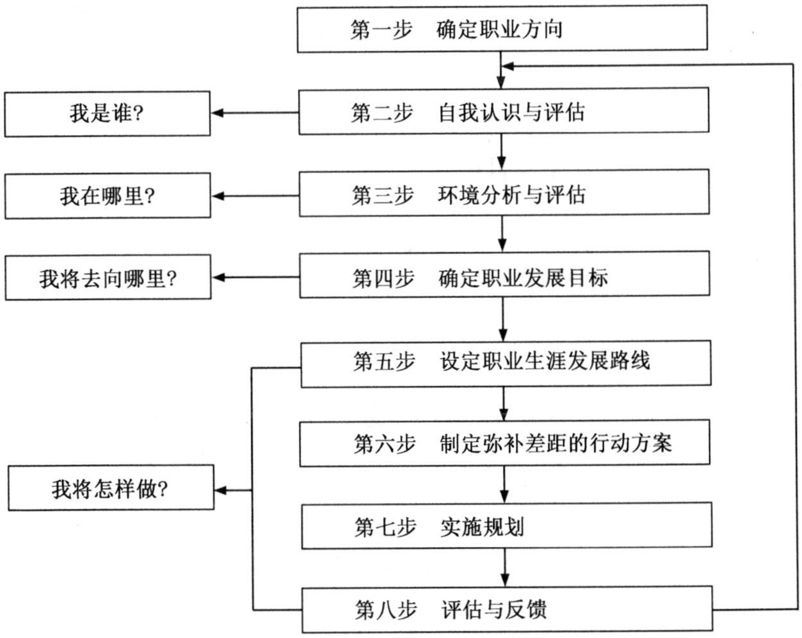

图 5-1　职业生涯规划步骤方框图

◆ 第一步，确定职业方向

志向引导人生规划。俗话说："立不立，天下无可成之事。"立志向是人生的起点，反映着一个人的理想、胸怀、情趣和价值观，影响着一个人的奋斗目标及成就的大小。世界上所有的成功者，虽然情况各不相同，但都有高度一致的共同点，那就是他们都具有明确的人生奋斗目标和积极阳光的人生态度。它是一个人发展的内驱力和原动力，能持续地激发自己内心成功的欲望和奋斗的激情。这是大学生职业生涯规划极其重要的第一步。

◆ 第二步，自我认识与评估

就是客观地对一个人内在因素的认识和评估，包括健康状况、教育背景、经济情况、兴趣爱好、心理素质、价值观、能力、个性特征等。

◆ 第三步，环境分析与评估

每一个人都处在一定的环境之中，离开了这个环境，便无法生存与成长。它对一个人的生涯发展影响重大。环境主要包括如下因素：

(1)社会环境因素。主要是政治与法律环境、文化环境、经济环境、人口环境、科技环境等各种客观因素所形成的总体氛围。社会环境对大学生职业生涯规划乃至人生发展都有重大影响。

(2)组织环境因素。指行业环境、企业环境的总和，是大学生面对的具体职场环境。行业环境，就是各个不同行业总体环境的总和。企业环境包括企业实力、企业领导人、企业文化和企业制度。

(3)个体环境因素。一是家庭背景因素，就是家庭的环境气氛、父母的教育方式、以父母为核心的族群共同体(包括父母的主要社会关系)，对儿童的成长起着重要作用；二是教育背景因素，是对个体有计划、有组织、有系统的训练，是根据一定的社会要求和教育对象的身心特点，所施加的全面的、系统的影响；性格因素，性格决定人的命运，当然也影响乃至决定人的职业行为和职业发展。

◆ 第四步，确定职业发展目标

在职业生涯规划的初期，只有制定了明确的目标以后，才能沿着已经设定的目标奋进。职业发展目标是以自己的最佳本能、最优性格、最大兴趣、最有利的环境等信息为依据而设定的。只有坚持目标的 SMART 原则：S(specific)具体性、M(measurable)可衡量、A(achievable)可完成性、R(realistic)现实性、T(time-limited)时限性，才可能实现。

把职业生涯目标先按时间分解长期目标、中期目标和短期目标，再分别写出不同职业生涯阶段的外职业生涯目标和内职业生涯目标(图 5-2)。

- 目标分解
  - 按时间分解
    - 短期目标(1～2 年)
    - 中期目标(3～5 年)
    - 长期目标(5～10 年)
    - 最终目标
  - 按性质分解
    - 外职业生涯目标
      - 工作内容目标
      - 经济收入目标
      - 工作环境目标
      - 职务目标
      - 工作地点目标
    - 内职业生涯目标
      - 观念目标
      - 心理素质目标
      - 工作能力目标
      - 工作成果目标

图 5-2 职业生涯目标分解图

案例

1984 年，在东京国际马拉松邀请赛中，名不见经传的日本选手山田本一，出人意料地夺得了世界冠军。两年后，山田本一代表日本参加比赛又获得了冠军，人们都觉得很奇怪。10 年后，这个谜终于被解开了。山田本一在他的自传中这么说："每次比赛之前，我都要乘车把比赛的线路仔细地看一遍，并把沿途比较醒目的标志画下来，比如第一个标志是银行，第二个标志是一棵大树，第三个标志是一座红房子，这样一直到赛程的终点。开始后，我就奋力地向第一个目标冲去，等到达后又以同样的速度向第二个目标冲去。整个赛程，就被我分解成这么几个小目标轻松地跑完了。起初，我并不懂这样做的道理，我把我的目标锁定在赛程的终点线上，结果我跑到十几公里时就疲惫不堪了，我被前面那段遥远的路给吓倒了。"

启示

马拉松全程是一个很大的目标，本来是很不容易实现的，可是山田本一把这个大的目标分解成为一个一个小的目标以后，在实现大目标的道路上先实现一个一个的小目标，最终实现了自己的大目标。对于我们年轻人来说，有很多人也有自己的目标，可是在实现目标的道路上却总是觉得目标很遥远，无法达到。实际上，很多时候目标不是遥不可及，而是由于我们没有进行目标分解。

◆ 第五步，设定职业生涯发展路线

一个人的发展路线主要方向，即是行政管理路线、专业技术路线和自主创业之路(图 5-3)。

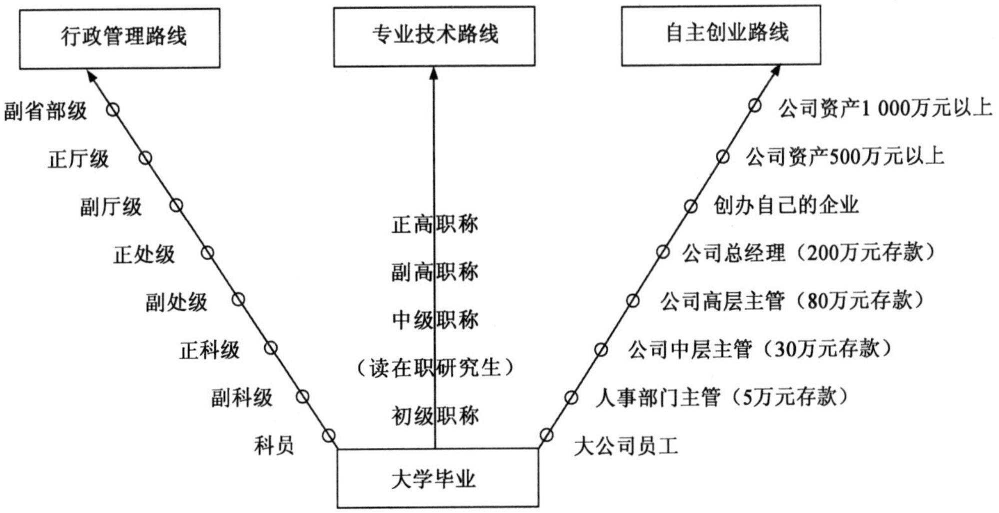

图 5-3　一个人的职业生涯发展主要方向图

不同专业、不同的人生对职业生涯发展路径都有一定的影响，每位大学生都必须根据自己的实际情况，规划设计自己的职业生涯发展路线。下面是某专业大学生个人和某企业员工职业发展路线图(图 5-4 和图 5-5)。

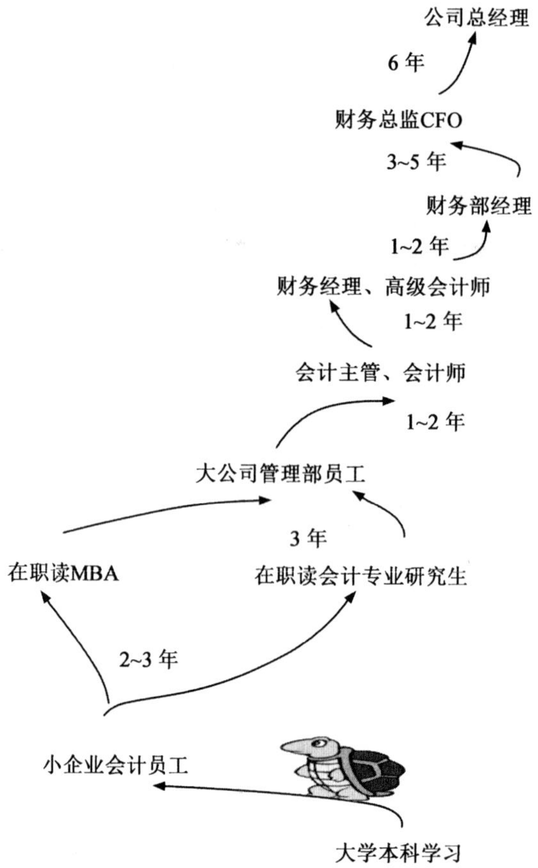

图 5-4　某大学会计专业学生职业生涯规划的发展路线图

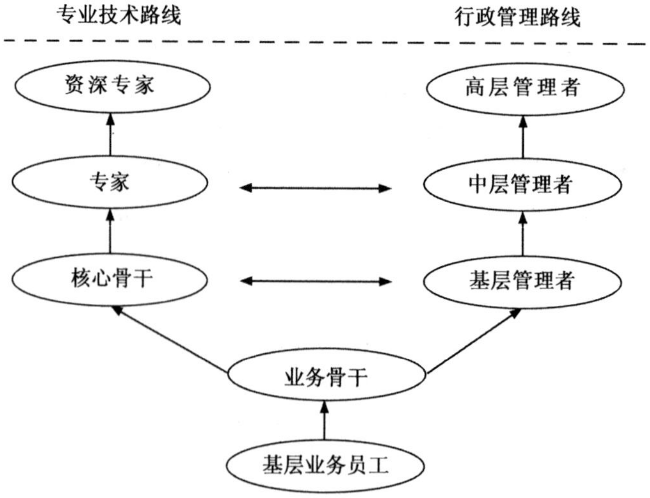

图 5-5　某企业员工职业发展路线示意图

大学生合理可行的职业发展路线，必须从以下 4 个方面认真考虑：①自己希望向哪条职业生涯路线发展；②自己适合往哪条职业生涯路线发展；③自己能够往哪条职业生涯路线发展；④选择哪条职业生涯路线发展更有可能成功。

◆ 第六步，制定弥补差距的行动方案

案例

某大学生弥补差距的行动方案（大二下学期）

具体措施	1. 早上朗读英语半小时，晚上练习听力半小时，做英语六级试题 2. 每周参加英语角活动 3. 定期看英语电影 4. 课前预习，课堂认真听讲，积极思考，课后复习整理 5. 通读专业书籍 23 本 6. 选修经济学、管理学	多与专业老师、周围同学交流
达到的效果	1. 通过 CET4、CET6 2. 提高英语听说能力 3. 每门专业课程不低于 85 分 4. 对经济学、管理学知识有初步了解	1. 提高组织管理能力 2. 与专业老师、同学建立良好关系 3. 参加社会实践，提高能力 4. 训练口头和书面表达能力

◆ 第七步，实施规划

俗话说："计划赶不上变化。"影响生涯规划实施的因素诸多，有的变化因素是可以预测的，而有的变化因素难以预测。

"心动百次不如行动一次"，规划定好固然重要，但更重要的是将规划付诸实施并取得成效。在实施的过程中，要对职业生涯规划的职业选择、生涯路线、人生目标、实施措施进行阶段性的评估与修订，从而使得规划更加符合自身情况和社会需求，让它变得更加行之有效。

◆ 第八步，评估与反馈

就个人而言，每一次经历、每一种职业体验和因年龄增长而引起的价值观和需求的变化都导致自我的重新认识。就外界环境来说，事物在不断发展，计划赶不上变化快，不断地对职业生涯规划设计进行评估、反馈和完善，是保证规划顺利实施的重要步骤。

第三节 大学生职业生涯规划表

■ 大学期间生涯规划表(表 5-1)

表 5-1 大学期间生涯规划表

<table>
<tr><td rowspan="5">一般情况</td><td>姓名</td><td></td><td>性别</td><td></td><td>年龄</td><td></td><td>政治面貌</td><td></td></tr>
<tr><td>就读学校</td><td colspan="3"></td><td>院、系</td><td colspan="3"></td></tr>
<tr><td>所学专业</td><td colspan="3"></td><td>感兴趣的专业</td><td colspan="3"></td></tr>
<tr><td>起止时间</td><td colspan="7"></td></tr>
<tr><td>年龄跨度</td><td colspan="7"></td></tr>
<tr><td>规划总目标</td><td>就业</td><td></td><td>考研</td><td></td><td>留学</td><td></td><td>创业</td><td></td></tr>
<tr><td>具体方向</td><td colspan="8"></td></tr>
<tr><td rowspan="9">自我分析(包括现状分析以及发展潜能)</td><td rowspan="6">认识自我</td><td colspan="3">我的气质</td><td colspan="4"></td></tr>
<tr><td colspan="3">我的性格</td><td colspan="4"></td></tr>
<tr><td colspan="3">我的能力</td><td colspan="4"></td></tr>
<tr><td colspan="3">我的兴趣</td><td colspan="4"></td></tr>
<tr><td colspan="3">我的职业价值观</td><td colspan="4"></td></tr>
<tr><td colspan="3">我心中理想的职业</td><td colspan="4"></td></tr>
<tr><td rowspan="3">角色转变目标</td><td colspan="3">从依赖到独立的转变</td><td colspan="4"></td></tr>
<tr><td colspan="3">从被动学习到主动学习的转变</td><td colspan="4"></td></tr>
<tr><td colspan="3">从未成年人向成年人的转变</td><td colspan="4"></td></tr>
<tr><td rowspan="4">环境因素分析</td><td rowspan="2">学校学习、生活等环境分析</td><td colspan="3">本专业的课程设置(可另附表)</td><td colspan="4"></td></tr>
<tr><td colspan="3">与未来职业发展有关的课程设置(可另附表)</td><td colspan="4"></td></tr>
<tr><td colspan="4">行业发展趋势与就业环境分析</td><td colspan="4"></td></tr>
<tr><td colspan="4">国家相关政策法规、经济形势分析</td><td colspan="4"></td></tr>
<tr><td rowspan="5">我的现状与规划成功目标之间的匹配分析</td><td rowspan="5">我的优势</td><td colspan="7"></td></tr>
<tr><td colspan="7"></td></tr>
<tr><td colspan="7"></td></tr>
<tr><td colspan="7"></td></tr>
<tr><td colspan="7"></td></tr>
</table>

续表 5-1

	我的不足	
征求意见	家长意见	
	老师意见	
	同学意见	
	朋友意见	
大学生生涯规划目标分解	大一的目标	学业规划目标
		生活成长规划目标
		社会活动规划目标
	大二的目标	学业规划目标
		生活成长规划目标
		社会活动规划目标
	大三的目标	学业规划目标
		生活成长规划目标
		社会活动规划目标
	大四的目标	学业规划目标
		生活成长规划目标
		社会活动规划目标
大学生期间生涯规划目标组合	学习目标	专业学习目标
		与职业相关的学习目标
	生活成长目标	体魄健康
		心理健康
		学会理财
		学会管理时间
		正确交友
	社会实践目标	参加社团目标
		见习、实习目标
		假期社会实践目标

续表 5-1

<table>
<tr><td rowspan="10">大学生期间生涯规划成功目标</td><td rowspan="2">学习生涯成功目标</td><td>专业学习成绩优良</td></tr>
<tr><td>与总目标相关的学习成绩优良</td></tr>
<tr><td rowspan="5">生活成长成功目标</td><td>体魄健康</td></tr>
<tr><td>心理健康</td></tr>
<tr><td>会理财</td></tr>
<tr><td>会管理时间</td></tr>
<tr><td>人际交往能力强</td></tr>
<tr><td rowspan="3">社会实践成功目标</td><td>积极参与社团活动，成为社团骨干</td></tr>
<tr><td>见习、实习成绩优良</td></tr>
<tr><td>认识社会与职业</td></tr>
<tr><td rowspan="5">找出差距</td><td colspan="2"></td></tr>
<tr><td colspan="2"></td></tr>
<tr><td colspan="2"></td></tr>
<tr><td colspan="2"></td></tr>
<tr><td colspan="2"></td></tr>
<tr><td rowspan="5">缩小差距的方案</td><td colspan="2"></td></tr>
<tr><td colspan="2"></td></tr>
<tr><td colspan="2"></td></tr>
<tr><td colspan="2"></td></tr>
<tr><td colspan="2"></td></tr>
</table>

注：在制订出大学期间的规划之后，还要进一步根据规划制订出按学期、月、周、日的实施方案，并在实施过程中，及时进行评估、总结实施的效果，必要时对方案进行修正。

■ ×××大学期间生涯规划××(阶段)实施、评估与修正表(表 5-2)

表 5-2　×××大学期间生涯规划××(阶段)实施、评估与修正表

<table>
<tr><td rowspan="4">一般情况</td><td>姓名</td><td></td><td>性别</td><td></td><td>年龄</td><td></td><td>政治面貌</td><td></td></tr>
<tr><td>就读学校</td><td colspan="3"></td><td>院、系</td><td colspan="3"></td></tr>
<tr><td>所学专业</td><td colspan="2"></td><td colspan="2">感兴趣的专业</td><td colspan="3"></td></tr>
<tr><td>起止时间</td><td colspan="7"></td></tr>
<tr><td>总目标</td><td colspan="8"></td></tr>
<tr><td colspan="2" rowspan="2">××阶段分目标</td><td colspan="2">学习目标</td><td colspan="3">生活成长目标</td><td colspan="2">社会实践目标</td></tr>
<tr><td colspan="2">1. 专业学习成绩优良
2. 与总目标相关的学习成绩优良</td><td colspan="3">1. 体魄健康
2. 心理健康
3. 学会理财
4. 学会管理时间
5. 人际沟通能力增强</td><td colspan="2">1. 积极参与社团活动，成为社团骨干
2. 见习、实习成绩优良
3. 认识社会职业</td></tr>
</table>

续表 5-2

实施（具体方案）	1. 制订的实施方案应该详细、可以量化 2. 应该便于评估 3. 必须围绕阶段目标制订	1. 文化基础课程考核成绩优良（门数：××门） 2. 相关专业课程考核优良（门数：××门） 3. 选修课程考核优良（门数：××门）	1. 每天坚持体育锻炼××小时 2. 坚持心理素质训练 3. 每月收支平衡 4. 时间安排合理	1. 参加了××社团，每周参加社会活动××次 2. 参加社会公益活动 3. 实习成绩优良
评估（内容）	1. 达到规划标准的情况 2. 未达标的情况 3. 找出差距并分析原因	1. 达标的地方 2. 未达标的地方 3. 差距 4. 原因	1. 达标的地方 2. 未达标的地方 3. 差距 4. 原因	1. 达标的地方 2. 未达标的地方 3. 差距 4. 原因
修正（内容）	1. 目标过高过大，不切合实际，需修订目标 2. 实施方案不符合实际，需要调整 3. 执行方案不力，应加强实施			

注：在制订出大学期间的规划之后，还要进一步根据规划制订出按学期、月、周、日的实施方案，并在实施过程中，及时进行评估、总结实施的结果，必要时对方案进行修正。

■ 大学生毕业后职业生涯发展规划表（表 5-3）

表 5-3 大学生毕业后职业生涯发展规划表

<table>
<tr><td rowspan="5">一般情况</td><td>姓名</td><td></td><td>性别</td><td></td><td>年龄</td><td></td><td>政治面貌</td><td></td></tr>
<tr><td>就读学校</td><td colspan="3"></td><td>院、系</td><td colspan="3"></td></tr>
<tr><td>所学专业</td><td colspan="3"></td><td colspan="2">感兴趣的专业</td><td colspan="2"></td></tr>
<tr><td>起止时间</td><td colspan="7"></td></tr>
<tr><td>年龄跨度</td><td colspan="7"></td></tr>
<tr><td>规划总目标</td><td colspan="8"></td></tr>
<tr><td>具体方向</td><td colspan="8"></td></tr>
<tr><td rowspan="3">职业方向</td><td>职业方向一</td><td colspan="7" rowspan="3"></td></tr>
<tr><td>职业方向二</td></tr>
<tr><td>职业方向三</td></tr>
</table>

续表 5-3

自我分析（包括现状分析以及发展潜能）	认识自我	我的气质	
		我的性格	
		我的能力	
		我的兴趣	
		我的职业价值观	
		我心中理想的职业	
环境因素分析	学校学习、生活等环境分析	本专业的课程设置（可另附表）	
		与未来职业发展有关的课程设置（可另附表）	
	行业发展趋势与就业环境分析		
	国家相关政策法规、经济形势分析		
我的现状与规划成功标准之间的匹配分析	我的优势		
	我的不足		
征求意见	家长建议		
	老师建议		
	同学建议		
	朋友建议		
生涯规划目标分解	第一阶段目标（××年至××年）		
	第二阶段目标（××年至××年）		
	第三阶段目标（××年至××年）		
	第四阶段目标（××年至××年）		

续表 5-3

生涯规划目标组合	人生目标	职业目标	
		财富目标	
		家庭目标	
		社会价值目标	
	长期目标	职业目标	
		财富目标	
		家庭目标	
		社会价值目标	
	中期目标	职业目标	
		财富目标	
		家庭目标	
		社会价值目标	
	学习生涯成功目标	专业学习成绩优良	
		与总目标相关的学习	
		成绩优良	
生涯规划成功标准	职位目标成功标准		
	家庭目标成功标准		
	财富目标成功标准		
	社会价值成功标准		
找出差距			
缩小差距的方案			

注：在制订出大学期间的规划之后，还要进一步根据规划制定出按学期、月、周、日的实施方案，并在实施过程中，及时进行评估、总结实施的效果，必要时对方案进行修正。

第四节　职业生涯规划书撰写

职业生涯规划书是对大学生职业生涯规划的书面化呈现，它不仅能体现大学生的宏观职业规划，还能对具体的学习和工作起引导作用。撰写职业生涯规划书时，目标不能过于理想化，思路必须具体、清晰，还必须拟订详细的执行方案和时间限制，防止大而空。

■ 职业生涯规划书模板

（封面）

姓名、学院、班级

（扉页）

参赛人资料

真实姓名：×××

笔名：×××

性别：×

年龄：××

身份证号码：××××××××××××××××××

所在学院：××××学院

班级及专业：××××级×××专业

学号：××××××××××

联系地址：××××××××××××××××

邮编：××××××

联系电话：×××××××××××

E-mail：×××××××××

（正文）

引言

一、自我分析

（对自己进行全方位、多角度的分析）

1. 职业兴趣——喜欢干什么；
2. 职业能力——能够干什么；
3. 个人特质——适合干什么；
4. 职业价值观——最看重什么；
5. 胜任能力——优劣势是什么。

自我分析小结：

二、职业分析

（对影响职业选择的相关外部环境进行较为系统的分析）

1. 家庭环境分析。如经济状况、家人期望、家族文化等及其对本人的影响。

2. 学校环境分析。如学校特色、专业学习、实践经验等。

3. 社会环境分析。如就业形势、就业政策、竞争对手等。

4. 职业环境分析。

行业分析（如××行业现状及发展趋势，个人与行业匹配分析）。

职业分析（如××职业的工作内容、工作要求、发展前景，个人与岗位匹配分析）。

企业分析（如××单位类型、企业文化、发展前景、发展阶段、产品服务、员工素质、工作氛围等，个人与企业匹配分析）。

地域分析（如××工作城市的发展前景、文化特点、气候水土、人际关系等，个人与城市匹配分析）。

职业分析小结：

三、职业定位

综合第一部分（自我分析）及第二部分（职业分析）的主要内容得出本人职业定位的SWOT分析：

内部环境因素：优势因素（S）弱势因素（W）

外部环境因素：机会因素（O）威胁因素（T）

结论：

职业目标：将来从事（××行业的）××职业

职业发展策略举例：进入××类型的组织（到××地区发展）

职业发展路径举例：走专家路线（管理路线等）

具体路径举例：××员——初级××——中级××——高级××

四、计划实施

计划实施一览表

计划名称；时间跨度；总目标分；目标；计划内容。

（参考）策略和措施

（参考）备注

短期计划

（大学计划）20××—20××年如大学毕业时要达到……如大一要达到……大二要达到……或在××方面要达到……，如专业学习、职业技能培养、职业素质提升、职业实践计划等。如大一以适应大学生活为主，大二以专业学习和掌握职业技能为主……，或为了实现××目标，我要……大学生职业规划的重点。

中期计划

（毕业后五年计划）20××—20××年如毕业后第五年时要达到……，如毕业后第一年要……第二年要……或在××方面要达到……，如职场适应、三脉积累（知脉、人脉、钱脉）、岗位转换及升迁……大学生职业规划的重点。

长期计划

（毕业后十年或以上计划）20××—20××年，如退休时要达到……如毕业后第十年要……第二十年要……。如事业发展，工作、生活关系，健康，心灵成长，子女教育，慈善……方向性规划。

详细执行计划如下：

本人现正就读大学×年级，我的大学计划是……

五、评估调整

职业生涯规划是一个动态的过程，必须根据实施结果的情况以及变化进行及时的评估与修正。

1. 评估的内容

职业目标评估（是否需要重新选择职业？）假如一直……，那么我将……

职业路径评估（是否需要调整发展方向？）当出现……的时候，我就……

实施策略评估（是否需要改变行动策略？）如果……，我就……

其他因素评估（身体、家庭、经济状况以及机遇、意外情况的及时评估）。

2. 评估的时间

一般情况下，我定期（半年或一年）评估规划；

当出现特殊情况时，我会随时评估并进行相应的调整。

3. 规划调整的原则

六、结束语

■ 职业生涯规划书撰写的注意事项

（1）职业生涯规划是建立在对自己的兴趣、特长、能力、社会需要等各方面全面了解评估的基础上的，进行目标设定时一定要结合自身特点和情况，不能完全脱离现实。要认清兴趣与能力，能力与社会需求都是存在一定差异的，我们所要做的是要在这诸多因素中找一个结合点，将自己的经历经验、专业技能、兴趣特长都有机地结合起来，这样的职业目标才会有生命力。

（2）人才素质测评是了解自我的理论依据之一，有的同学在撰写报告书时，对自我的分析仅凭自我认识及他人评价，这是不全面的，也缺乏足够的理论依据。正确的做法是将个人认识、他人评价和人才素质测评结果有机结合，形成一个较为全面的自我认知，据此设定的目标可信度才较高。当然，由于人才素质测评的效度和信度也不是绝对的，所以也不可完全根据测评结果设定职业目标。

（3）措施要有可行性。针对职业目标制定的措施一定要具有可行性，这是评价报告书的一个重要部分。最好制订出长期、中期、短期计划，并拟订详细的执行方案和时间限制。高年级的同学可将重点放在就业 35 年内的职业规划；低年级的同学可将重点放在大学生涯的规划上，但都应突出为职业发展所做的准备工作。

（4）报告书应有自己的风格和特色。无论是行文的风格、叙述的方式、文案的设计，还是职业目标的选择、职业路线的设计等，不同的见解和风格才是最吸引裁判眼光的地方，想要出色，就要力争做到创新，要彰显自己的个性与特色。

（5）撰写报告书还有几忌。忌大，忌空，忌记流水账，忌条理不清，忌文法不通、错别字连篇，忌过于煽情、没有理性分析，忌死气沉沉、没有朝气。

大学生就业指导篇

第六章　大学生就业形势与政策

从2019年底起，新型冠状肺炎病毒席卷全球，全世界经济严重衰退，我国经济同样受到较大影响。大学生就业难的呼声高涨，受全球经济发展情况的影响，目前我国大学生的就业形势不容乐观。为拓展大学毕业生就业渠道，各级政府都出台了一系列推动大学生就业的政策和规定，促使大学毕业生充分就业，破解当代大学生就业难就业质量不高的难题。

第一节　大学生就业形势

■ 大学生就业形势仍然严峻

近年来，国内连续扩大高校招生规模，毕业生总量大、增幅高，社会需求有限。广东省近几年高校未就业率达到5.9%，每年都有2万多名毕业生等待就业，就业形势不容乐观。

★ 历年招生人数

高等教育划分为3个阶段：精英教育阶段，适龄青年上大学的毛入学率<15%；大众化教育阶段，15%≤毛入学率≤50%；普及教育阶段，毛入学率>50%。1999年，我国适龄青年上大学的毛入学率只有8%，2002年毛入学率为15%，高等教育迈进“大众化”教育阶段。2014年，全国毛入学率已达到37.5%，广东毛入学率也达到30.5%。2019年全国毛入学率51.6%，我国高等教育开始迈进普及教育阶段；广东省毛入学率超过46%。

2001—2009年大学招生情况如图6-1和图6-2所示。在给更多的适龄青年提供高等教育机会的同时，也为大学毕业生的就业带来了新的压力和挑战。

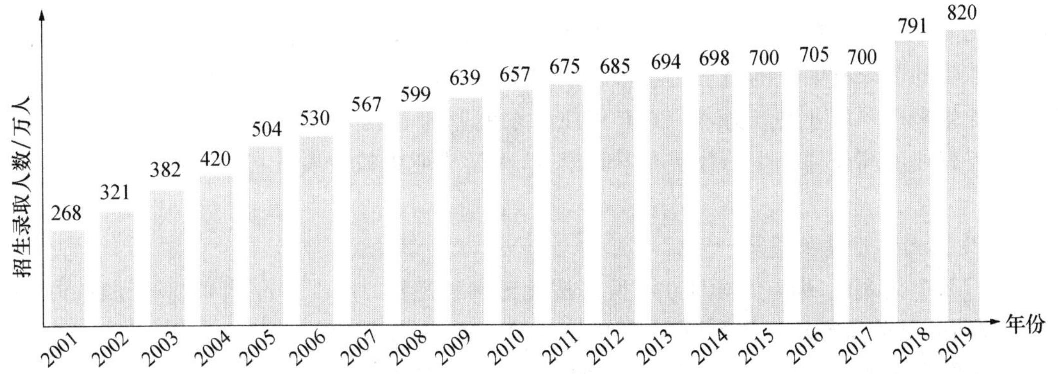

图6-1　全国2001—2019年招生录取人数示意图

★ 历年毕业生人数

从2002年起，全国每年的毕业生人数逐年攀升，已从2002年的145万人增加到2010年

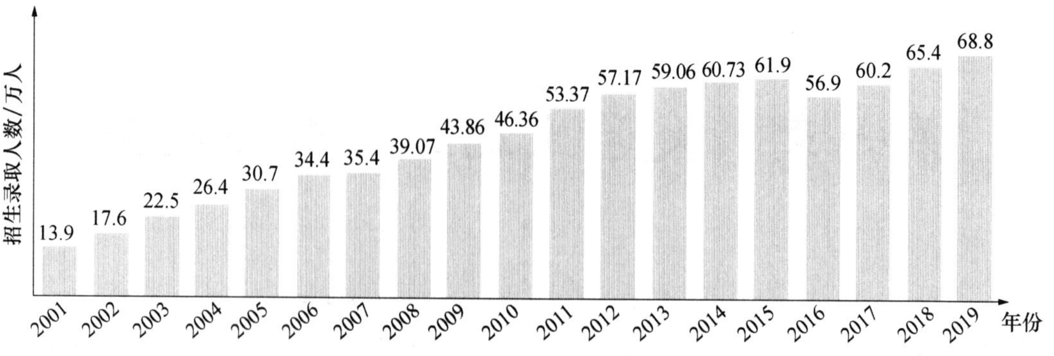

图 6-2 广东省 2001—2019 年招生录取人数示意图

的 630 万人，2020 年毕业生人数达到 874 万人；广东省也从 2002 年的 9.1 万人增加到 2010 年的 33.24 万人，2020 年毕业生达到 60.3 万人，2015—2020 年的毕业生人数见表 6-1 和表 6-2。

表 6-1 全国近几年高校毕业生人数表 万人

年度	总数	年度	总数
2015	749	2018	820
2016	765	2019	834
2017	795	2020	874

表 6-2 广东省近几年高校毕业生人数表 万人

年度	总数	全国在广东就业的毕业生
2015	51.9	80
2016	53.5	80
2017	52.86	80
2018	57.14	82
2019	57.2	83
2020	60.3	87

从图 6-1、图 6-2 和表 6-1、表 6-2 可看出：虽然从 2011 年起，随着经济的复苏，社会用人单位对毕业生的需求有明显的增加，但是，广东省除了本省高校毕业生就业之外，还要承担外省高校毕业生来广东就业的压力，如 2020 年在广东就业的高校毕业生达 87 万人之多。近几年在广东省就业的高校毕业生的数量在不断攀升，大学毕业生就业质量有待提高，就业形势仍然严峻。

★ 中国大学生并不过剩

美国 2.7 亿人口，拥有大学 4 000 所。按此比例和规模，中国 13 亿人口需要 20 000 所大学；若按韩国目前高等教育的规模水平，中国也要 10 000 所大学。

而中国目前才 1 000 多所普通高校，即使算上成人和民办高校，也不过 3 000 多所，怎么能说多呢？蒋国华先生认为，中国即使在未来 10 年、15 年内，大学在校生达到 3 000 万人也不为多。但问题是：既然大学生数量从总体上还是缺乏的，为什么又会出现目前全国大学生就业难的局面？

★ 大学生就业的结构性矛盾十分突出

从地区看，北京、上海等东部发达地区需求较旺，需求总量大于当地的生源数。中西部不少省区虽然有较大的用人需求，面临的问题是工作和生活条件艰苦，往往招不到合格的人才，出现了“有地方没人去，有人没地方去”的现象。在一些西部经济不发达地区，当前就业岗位相当有限，难以吸纳本地毕业生。

从院校类别看，教育部直属高校毕业生就业情况较好，初次就业率为 85%，部门高校次之，地方院校较差。从学历看，用人单位对学历高的毕业生需求高于对学历低的毕业生需求。研究生供需比约为 1∶2.6，本科生约为 1∶1.3，专科（高职）生约为 1∶0.4。从专业看，一些紧缺专业如计算机、通信、电子、土建、自动化、机械、医药和师范等科类的毕业生需求旺盛，毕业生供不应求，而一些专业如哲学、社会学、经济学、法学等科类的毕业生需求较少。

■ 大学生就业形势严峻透析

造成目前大学生就业难现状的原因有很多，既有主观因素也有客观因素，具体可概括为以下几方面内容。

★ 大学生就业观念存在偏差

（1）“铁饭碗”的就业观念。长期的应试教育和就业由国家“统、包、管”的分配体制，造成了“毕业即就业”的局面，大学生毕业就意味着端上了“铁饭碗”。但是随着就业市场化的到来，有的大学生还存在着“等、靠、要”的思维模式，认为“进了大学就进了保险箱，只要拿到毕业证书就可以就业”，于是就在大学里“混日子”，不管以后的出路如何。

（2）“精英化”的就业观念。长期以来我国的高等教育规模是相当小的，大学毕业生是一种非常稀罕的资源，就业层次一直比较高。随着高等教育大众化的到来，若学生的就业观念仍停留在“精英”上，对自身的定位过高，认为只有在比较高的就业层次，留在大城市才能体现自己的人生价值，才能实现自己的理想和抱负，他们将面临“毕业即失业”的困境。

（3）“学而优则仕”的就业观念。由于几千年传统的封建思想的影响依然存在，一部分学生认为只有在公、检、法和一些党、政部门工作，才能被人瞧得起，才能实现自己的人生价值。在当代社会，他们仍改变不了“只往高处走”的传统观念，放不下架子，不愿意去一些普通而平凡的岗位。

（4）“博弈”心理。毕业生求职时，会综合各种因素形成一个就业期望值。我们不妨设定一个毕业生的期望值为 100，当 A 单位招聘提供的待遇为 90 时，由于博弈心理的存在，他认为以后还会出现待遇高于 90 的单位，所以即使 A 单位愿意要这个学生，该学生也不会与这个单位签约。在以后的日子里，如果没有单位能提供的待遇超过 100，且这个毕业生又不愿意降低自己期望值的话，他就会处于失业的状态中。

★ 用人单位不合理的用人机制

（1）用人单位的期望值越来越高。随着经济、科技的发展，大学生不仅要有宽博扎实的基础知识，而且还要有各种各样的综合技能。这固然是世界发展的必然趋势，但目前许多单位盲目地提高对大学生的要求，条件越来越苛刻，把英语、计算机等级证书、普通话合格证书都列入基本的条件之中，并且对应届大学毕业生要求有实践经验。殊不知大学生在校期间能有多大的精力。甚至还有的把身高、长相、气质都作为选拔的条件，造成很多优秀的大学生都被拒之门外。

（2）用人单位的高学历现象严重。随着高等教育大众化的普及，众多本科生、研究生走上社会，出现了就业市场的供大于求的现象，毕业生处于买方市场，很多用人单位不愁招不到人，致使有些单位就出现了盲目攀比的状况。为了提高自己企业的知名度和社会影响力，就盲目地提高对应聘者的学历要求，而不管自己需不需要。

而事实上有些适于专科生的职位却被本科生占据，有些适于本科生的职位却被研究生所占据，造成严重的学历浪费现象。事实证明，高学历的人在同一职位上的工作能力并不一定比低学历的要高。

★ 社会就业服务欠佳

★ 社会中介机构或学校的服务不够

在就业日益市场化的今天，社会上的中介机构和学校没有跟上时代的变化而建立起与时代相适应的服务机制，缺乏对毕业生的信息服务和就业指导。

此外，关于大学生就业的相关政策支持力度还不够，高校的就业及创业教育人力和财力投入不足也是造成大学生就业难不可忽视的原因。

■ 解决大学生就业难的对策

★ 大学生需做的努力

(1)转变思想，树立正确的就业观。在大众化教育的时代，当代大学毕业生最重要的就是要树立正确的择业观和职业观，转变传统的就业观。①要破除旧的"精英化"就业观念，树立"大众化"的就业观；打破旧的"正式编制"和"铁饭碗"的就业观，树立起市场经济条件下新的就业理念；从被动就业转向主动就业。②要树立自主就业和多元化的就业和择业，摒弃从众、博弈、攀比、依靠等心理。要从自身情况出发，根据自身的兴趣和爱好准确地给自己定位，客观地看待地区和基层单位的工作，实现自我价值和社会价值的统一。要树立"先就业，后择业"的就业观，要有勇于放下身份到适合自己的岗位上去工作的心理，要有到祖国最需要的地方去就业的意识。

(2)努力提高自身的综合素质。随着社会的发展，就业市场供求关系的不平衡，社会对大学生的要求也越来越高，就业单位对毕业生的期望值也水涨船高。这种情况下大学生要通过各种途径努力提高自己的综合素质，增强自身竞争力。①在校期间，大学生在努力学好本专业的同时，应努力培养自己的各种能力，包括人际交往能力、社会适应能力、组织管理能力、决策能力、团队合作能力、开拓创新能力等。这些都是企业对人才要求的必备条件。②要学会利用学校提供的各种机会，同时要努力利用各种条件来自觉培养自己的自主创业意识。这样既能为自己未来的工作创造有利条件，又能带动其他同学一起开展就业和创业尝试。

★ 高校需做的努力

(1)加强大学生的就业指导工作。①由于毕业生是高校产出的最终"产品"，其就业率与就业层次的高低是衡量一所大学办学质量好坏的一个重要指标，也会影响到学校的招生和发展，因此高校必须加强大学生的就业指导，把该工作作为高校工作的一个重要组成部分，作为学校发展的生命线。②必须用市场营销的策略来做好"产品"的推销工作，尤其要发挥好高校共青团组织的优越性。学校应建立就业指导中心，配备专职人员，加强就业信息网络的建设，通过各种渠道加强宣传。加强与用人单位和社会的联系，掌握第一手就业信息，并及时提供给毕业生。③帮助学生了解市场需求，学会写求职简历，加强求职技巧等技能的培训，并开展心理咨询和指导工作，帮助学生培养健康的心理素质，引导大学生正确认识自我，提高抗挫折能力和自我调节能力。

(2)实施积极的奖励和激励机制。合理的激励能帮助大学生树立正确的职业观和就业观。面对大学生“孔雀东南飞”的现象,以及其他一些不良的就业观念,高校要适时地采取一些鼓励和激励的引导措施。①对志愿到西部和基层就业的学生要实行一定的奖励制度,比如考研奖励、跟踪服务以及颁发奖励证书等一系列的物质和精神奖励。这样既能激发学生到西部就业的积极性,也能在一定程度上缓解高校毕业生就业难的问题。②对自主创业的大学生提供广泛的政策性优惠,大力鼓励在校大学生和应届毕业生自主创业,这不仅为他们本人解决了就业问题,而且也为他人提供了就业机会。

★ 政府需做的努力

(1)构建高校毕业生就业政策新体系。政府作为宏观调控的重要部门,应从战略的高度来认识大学毕业生就业的重要性,应该采取相关的政策措施,形成有力的政策导向体系。①建立财政性支持政策,引导毕业生到非公有制单位就业;扶持大学生自主创业,设立大学生自主创业基金和贷款制度;建立待就业毕业生社会保障和就业工作保障体系;深入改革劳动用工及户籍管理等相关制度;完善并严格执行职业资格准入制度。②参照西方发达国家经验,建立培训机制,给就业中处于劣势或暂时找不到工作的毕业生提供一个重新学习的机会,把他们组织起来,根据就业市场的需求和学生的特点补缺,以利于他们重新就业。

(2)建立完善的就业市场机制。针对目前市场不健全、秩序混乱的局面,政府应采取措施,加强宏观调控,建立完善的毕业生就业市场新体系。①进一步规范人才市场的管理和建设,加大执法力度,加强毕业生就业市场良好环境的建议;建设并完善以高校为基础的毕业生就业市场,政府主管部门要建立常设性毕业生就业市场,规范各种性质的招聘会,提高就业服务的效率。②建立并规范全国联网的毕业生与用人单位双方的资源信息库,实现全国性的网上信息资源共享;各地政府劳力保障部门要借鉴外国经验,系统发布往年毕业生工作指导性薪酬,给供需双方的工资约定水平提供相关信息。

★ 社会需做的努力

主要是加强中介机构的职业指导和服务意识,因为中介机构能在学校、毕业生和用人单位之间起着桥梁的作用,能为学校和毕业生提供丰富的就业信息,也能为单位提供丰富的毕业生信息,加强双方的透明度,对有效地缓解毕业生就业难的问题起着重要作用。

例如,在美国就有一些非营利性机构,在学校中发挥了重要作用。如全美高校和雇主协会,该协会每年为一百多万大学生提供就业服务,每年出版定期刊物,对就业市场现状和市场需求进行调查分析。

同时,日本社会上也有数十家经营各种信息情报的专业公司或团体,毕业生就业信息是其主要的经营业务。除了为广大的毕业生提供书面的就业信息外,还可以通过“招聘专业网”向毕业生提供各种信息。

第二节 我国大学生就业政策

为了缓解大学生就业难,中央和地方政府对大学生就业十分关注,近几年先后出台了促进大学毕业生充分就业的种种优惠政策。作为大学毕业生,我们应该学好用足各级政府的政策和法规,帮助自身顺利就业,为我国社会主义建设贡献力量,在推进社会主义现代化的奋斗实践中建功立业，书写美好的人生。

■ 我国就业政策介绍

★ 我国积极的就业政策

我国积极的就业政策可概括为：五大支柱、六个领域、六大优惠。这些就业政策将对我国就业产生深远影响，了解国家这些政策可从宏观上更好地指导我们当前的学生就业工作。

◇ 五大支柱

(1)经济拉动。提高经济增长对就业的拉动能力。保持较高经济增长速度，调整产业结构、所有制结构、企业结构等，扩大就业总量。

(2)政策扶持。运用优惠政策杠杆，将所创造的岗位优先用于吸纳下岗失业人员再就业。

(3)市场服务。实现劳动力供求合理匹配。通过强化就业服务和职业培训，帮助劳动者了解需求信息，提高就业能力。

(4)政府调控。通过严格规范企业减员、建立预警制度等措施，尽量减少失业，减轻社会失业压力。

(5)社会保障。既能有效地保障下岗失业人员基本生活，又能积极促进再就业。通过完善社会保障体系，消除下岗失业人员的后顾之忧。

资料链接

大学生就业市场

大学生就业市场是大学生找工作、用人单位选人才的场所，是毕业生就业所涉及的各种关系的总和，其主体是毕业生和用人单位。主要有以下几种形式：

- 高等学校举办的毕业生就业市场
- 学校联办的毕业生就业市场
- 分科类毕业生就业市场
- 区域性毕业生就业市场
- 行业性毕业生就业市场
- 企业毕业生就业市场
- 无形的就业市场

◇ 六个领域

(1)中小企业。调整企业结构，发展有市场需求的中小企业，继续发展劳动力就业服务企业。

(2)第三产业。调整产业结构，大力发展第三产业，尤其是积极开发社区服务业和旅游业的就业岗位，积极发展商业、餐饮等传统服务业。

(3)多种经济。调整所有制结构，鼓励发展就业容量大的集体、个体、私营、外商投资、股份合作等多种所有制经济。

(4)劳动密集。充分发挥劳动力资源优势，积极发展具有比较优势和市场需求的劳动密集型产业和企业。

(5)灵活就业。适应企业用工需求和就业方式的变化，鼓励下岗失业人员从事非全日制、临时性、季节性、弹性等灵活多样的工作。

(6)劳务输出。面向国内、国外两个市场,对内鼓励跨地区劳务协作,对外实施“走出去”的战略。

◇ 高校毕业生就业六大优惠政策

国务院办公厅下发了《关于加强普通高等学校毕业生就业工作的通知》(国办发〔2009〕3号,以下简称《通知》),要求把高校毕业生就业摆在当前就业工作的首位,采取切实有效的措施,拓宽就业门路,鼓励高校毕业生到城乡基层、中西部地区和中小企业就业,鼓励自主创业,鼓励骨干企业和科研项目单位吸纳和稳定高校毕业生就业。并提出了一系列政策措施。

一、鼓励和引导毕业生到城乡基层就业的政策措施

到城乡基层一线工作,既能实现就业,又能得到锻炼,是大学生就业的大方向。为鼓励高校毕业生参加社会主义新农村建设、城市社区建设和应征入伍,《通知》提出实行四项具体鼓励政策:

第一,基层社会管理和公共服务岗位就业补贴政策。其中涉及两项补贴政策:一是对到农村基层和城市社区从事社会管理和公共服务工作的高校毕业生,符合公益性岗位就业条件并在公益性岗位就业的,按照国家现行促进就业政策的规定,给予社会保险补贴和公益性岗位补贴。二是对到农村基层和城市社区其他社会管理和公共服务岗位就业的,给予薪酬或生活补贴,所需资金按现行渠道解决,按规定参加有关社会保险。

所谓基层社会管理和公共服务岗位,包括村官、支教、支农、支医、乡村扶贫以及城市社区的法律援助、就业援助、社会保障协理、文化科技服务、养老服务、残疾人居家服务、廉租房配套服务等岗位。其中,公益性岗位,是指全部由政府出资开发,以满足社区及居民公共利益为目的管理和服务岗位,优先安排困难人员或重要群体,并从就业专项资金中给予社会保险补贴和岗位补贴;其他基层社会管理、公共服务岗位,是指在街道社区、乡镇等基层开发或设立的相应的社会管理和公共服务岗位。部分由政府出资,或由相关组织和单位出资。所安排使用的人员按规定享受相关补贴。

第二,学费和助学贷款代偿政策。对到中西部地区和艰苦边远地区县以下农村基层就业并履行一定服务期限的高校毕业生,以及应征入伍服义务兵役的高校毕业生,实施相应的学费和助学贷款代偿。

第三,选聘招录优惠政策。对有基层经历的高校毕业生在研究生招录和事业单位选聘时实行优先,在地市以上党政机关考录公务员时进一步扩大对其招考录用的比例。

第四,继续实施和完善面向基层就业的专门项目,扩大项目范围。主要内容包括4个方面:一是2009年中央有关部门和地方基层就业专门项目要鼓励更多的大学生参加。二是要制定各项目待遇政策衔接的办法。三是对参加项目的毕业生给予生活补贴,参加有关社会保险。四是与项目相对应的自然减员空岗要全部聘用那些项目结束后留在当地就业的高校毕业生。

二、鼓励高校毕业生应征入伍服义务兵役

高校毕业生应征入伍服义务兵役,除享有优先报名应征、优先体检政审、优先审批定兵及其他优待安置政策外,还享有以下优惠政策:

第一,由政府补偿学费,代偿助学贷款;

第二,在选取士官、考军校、安排到技术岗位等方面优先;

第三，退役后参加政法院校为基层公检法定向岗位招生考试时，优先录取；

第四，具有高职（高专）学历的，退役后免试入读成人本科；或经过一定考核，入读普通本科；

第五，退役后报考硕士研究生初试总分加10分；荣立二等功及以上的，退役后免试推荐入读硕士研究生。

三、鼓励毕业生到中小企业、非公有制企业就业的政策

目前，70%以上的大学生去中小企业和非公有制企业就业，这已成为大学生就业的主要渠道，但这一渠道还不够通畅，相关制度和政策有待进一步完善，《通知》提出了完善落实相关制度和政策的工作要求，主要包括3个方面：

第一，清理影响就业的制度性障碍和限制。主要是在档案管理、人事代理、社会保险办理和接续、职称评定以及权益保障等方面，要认真清理现行制度，简化手续，做好服务工作，形成高校毕业生到企业就业的有利环境。

第二，取消落户限制。对企业招用非本地户籍的普通高校专科以上毕业生，各地城市应取消落户限制（直辖市按有关规定执行）。

第三，落实就业扶持政策。企业招用符合条件的高校毕业生，可享受相应的就业扶持政策。所谓符合条件的高校毕业生主要指就业困难人员，扶持政策包括对企业的社会保险补贴，以及定额税收减免政策；劳动密集型小企业招用登记失业的高校毕业生达到规定比例，可享受高至200万元的小额担保贷款。

四、鼓励骨干企业和科研项目单位积极吸纳和稳定高校毕业生就业的政策

为提高骨干企业人力资源质量和科研项目质量，对于有技术专长、优秀高校毕业生等，要采取相应的鼓励政策。《通知》提出3项措施：

第一，鼓励企业更多吸纳高校毕业生。国有大、中型企业特别是创新型企业要更多地吸纳有技术专长的毕业生。高新技术开发区、经济技术开发区和高科技企业要集中吸纳高校毕业生。高校毕业生掌握现代化知识和技术，符合这类单位的用人需求，因此《通知》提出要鼓励吸纳以加强人才培养使用和储备。各地、各有关部门要根据实际情况制定具体的鼓励措施。

第二，鼓励困难企业更多保留高校毕业生。在当前应对国际金融危机实施企业减负稳岗措施中，支持困难企业更多地保留大学生技术骨干，按规定给予社会保险补贴、岗位补贴或职业培训补贴。人力资源社会保障部、财政部、税务总局《关于采取积极措施减轻企业负担稳定就业局势有关问题的通知》（人社部发〔2008〕117号）对此项政策有具体规定。

第三，鼓励科研项目聘用高校毕业生。承担国家和地方重大科研项目的单位要积极聘用优秀毕业生参与研究。一是给予其劳务性费用和有关社会保险费补助，由项目经费列支。二是参与项目期间，毕业生户口、档案可存放在项目单位所在地人才交流机构。三是聘用期满，可续聘或到其他岗位就业，聘用期间工龄、社会保险缴费年限连续计算。这条是新政策。高校毕业生参与科研项目，既可以促进科研的发展，又可以延长毕业生学习和研究时间，对缓解当前就业压力有积极作用。

五、鼓励和支持高校毕业生自主创业的政策措施

自主创业是大学生就业的重要增长点。据有关调查，目前应届毕业生中自主创业的比例仅为0.3%。创业难度很大，潜力也很大，今后需要加大政策扶持和服务力度，鼓励大学生自主创业。《通知》对此提出4个方面的工作要求：

第一，鼓励高校积极开展创业教育和实践活动。

第二，税费减免和小额贷款。对毕业生从事个体经营符合条件的，三年内免收行政事业性收费；按规定落实残疾人就业、下岗失业人员再就业以及中小企业、高新技术企业发展等现行税收政策和创业经营场所安排；登记失业高校毕业生可申请小额担保贷款，合伙经营和组织起来就业的，适当扩大贷款规模，从事微利项目的享受贴息扶持。

第三，创业服务。对有创业意愿的高校毕业生参加创业培训的，给予职业培训补贴；强化高校毕业生的创业指导服务，提供"一条龙"创业服务。建设完善一批大学生创业园和创业孵化基地，给予相关政策扶持。

第四，鼓励支持高校毕业生灵活就业。鼓励高校毕业生从事灵活就业，符合就业困难人员条件的可享受社保补贴政策。

六、对困难毕业生的就业援助措施

《通知》要求强化对4类困难毕业生的就业援助：

第一，对困难家庭毕业生，高校可根据情况给予适当的求职补贴，公务员考录、事业单位招聘时免收报名费和体检费。

第二，对离校后未就业回到原籍的毕业生，各地要摸清底数，免费提供政策咨询、职业指导、职业介绍和人事档案托管等服务，并组织其参加就业见习、职业技能培训等促进就业活动。

第三，对登记失业的高校毕业生，各地要纳入当地失业人员扶持政策体系，抓好政策落实。

第四，对就业困难和零就业家庭的高校毕业生，要实施一对一职业指导、向用人单位重点推荐、公益性岗位安置等帮扶措施，按规定落实社会保险补贴、公益性岗位补贴等就业援助政策。就业困难人员的标准，由省级人民政府规定。

★ 劳动合同制、社会保障体系改革

◇ 主要内容

(1)企业全体职工都要在平等、自愿、协商一致的基础上，与企业签订劳动合同，明确双方的责、权、利。

(2)在企业内部取消不同身份界限，企业全体人员统称企业职工或企业员工。

(3)实行双向选择。

案例

劳动合同，决不言弃

小卫毕业后的第一次遭遇是：经过不懈的努力，终于找到了一份照明电器厂做外贸业务员的工作。上班的第三天，他就想起了关于劳动合同的事，找到部门主管，怯怯地打听什么时候签合同。主管愣了一下，含含糊糊地说，等试用期过了再说吧。但第二天，小卫就被通知以后不用再来了。小卫知道自己没有做错什么，就向对方提出了质问。主管冷冷地说："本公司只

负责发工资，那些社会保险、人身保险、失业保险之类一概免提。”

过了不久，小卫再一次到人才市场应聘，结果被一家企业看中，职务是外贸业务员，工资是每月 2 500 元。小卫又提出签劳动合同的事，老板说三个月试用期一过马上签。小卫见老板一脸的诚意，也就不好再说什么了。上班后，小卫就获悉公司要扣押一个月工资作为保证金，他并不以为然，很快就投入了工作，为公司制作网页、建立网站、搜寻客户、翻译资料，心里盼着第二个月的发薪日快点到来。可是，到了发薪的时候，同时到来的还有一份解雇通知书，他看清楚工资结算表才发现，他要求的工资大打折扣，月薪只有 1 000 元，他去质问老板，回答说这是公司的规定，试用期一律每月 1 000 元。小卫明白都是自己当初太相信老板的话了，以致上当受骗，心想如果有一纸劳动合同就可以到劳动部门投诉。

经过这两次教训后，小卫逐渐看清楚了，身为打工者，幸运与灾难关键在于遭遇什么样的老板，必须自己保护自己。从此，他只要认为合理的就干，不合理的就再见，再也不争什么了。

后来，小卫再次来到人才市场应聘的职位是一部门经理。上班的第一天，老板就通知他来到经理室，递给他一纸合同让他签，小卫吃惊不小，多年来自己就是寻求劳动合同的保护，这次来这个公司也做好了提出签订劳动合同的准备，没想到一上班，一纸劳动合同就摆在眼前，看来机遇来了。他有点不相信事情来得这么顺畅，怀疑合同有问题。于是逐字逐句看了起来。当他坚信这不是一个陷阱时，飞快地在合同书上写上自己的名字后，还不踏实地问了老板一句。老板说：“签订合同，既保护公司也保护你自己，你不签这合同，我还不敢让你上班呢！”小卫这才真正意识到，这是一家值得信任的公司，自己几年来追求要签订劳动合同是对的，要保护自己的权益只有靠劳动合同。小卫终于寻求到这家能发挥自己才华的单位，使自己和公司的权益都有了保障。

摘自张继栋．放飞的故事——大学生就业案例分析．北京：高等教育出版社，2002.

★ 广东省实施高校毕业生择业期政策

2019 年 3 月广东省教育厅、广东省公安厅、广东省人力资源和社会保障厅发布了《关于实行广东省普通高等学校毕业生就业择业期政策（试行）的通知》。广东省高校毕业生择业期政策从 2019 年 4 月 8 日开始正式实施。同时，取消暂缓就业政策。广东省普通高等学校毕业生就业择业期政策适用对象，包括在广东省内就读的普通高等学校毕业生、在广东省外就读回粤就业的广东省生源普通高等学校毕业生以及出国（境）留学回粤就业的广东省户籍高校毕业生。其中，硕士研究生、本科生和专科生的择业期为毕业 2 年内，博士研究生为毕业 5 年内。择业期从毕业证书落款日期起算。符合以上政策适用对象的毕业生，在择业期内与应届毕业生享有就业、升学同等“待遇”，执行应届毕业生就业、升学、劳动及人事相关法律法规政策。例如，在择业期内，可以参加面向应届毕业生的升学考试（如专插本考试），也可以参加面向应届毕业生的公务员、事业单位、国企等单位的招考。

毕业生离校后在择业期内落实或变更就业去向的，可按照现行改派的有关规定进行多次改派，但同时必须先征得原工作单位的同意。改派后仍在择业期内的学生，仍然享有与应届毕业生同等的就业、升学待遇。毕业生就业后辞职（退）的，如仍在择业期限内，也可继续参照应届毕业生享有就业、升学同等待遇。

毕业生离校前尚未落实就业去向的，按照政策规定，档案、党（团）组织关系、户口迁回生源地。档案由学校负责转回生源地毕业生档案接收相关部门；党（团）组织关系由学校开出介绍信转回生源地街道(村委)党支部;户口迁移需要向当地公安部门领取户口迁移证,再凭迁移证和毕业证书到拟落户地去办理入户手续,办理户口迁移不再需要提供报到证。

资料链接

《广东省普通高等学校毕业生就业择业期政策(试行)》

为全面贯彻党的十九大精神,以习近平新时代中国特色社会主义思想为指导,深入贯彻习总书记重要讲话精神,努力实现我省高校毕业生更高质量和更充分就业,结合我省就业形势和政策,现在我省实行普通高等学校毕业生就业择业期(以下简称择业期)政策,同时取消暂缓就业政策,现将相关事项通知如下:

一、目的意义

为高校毕业生营造宽松的就业环境,给予高校毕业生与用人单位更多双向选择的机会,吸引更多优秀人才来粤工作,促进高校毕业生更高质量和更充分就业。

二、适用对象

(一)在广东省内就读的普通高等学校毕业生。

(二)在广东省外就读的回粤就业广东省生源普通高等学校毕业生。

(三)出国(境)留学回粤就业的广东省户籍高校毕业生。

三、适用期限

(一)硕士研究生、本科生和专科生的择业期为毕业两年内。

(二)博士研究生的择业期为毕业五年内。

择业期从毕业证书落款日期起算。

四、政策和待遇

(一)择业期内的毕业生在广东省就业、升学方面享有与应届毕业生同等的待遇,执行应届毕业生就业、升学、劳动及人事相关法律法规政策。

(二)毕业生离校前尚未落实就业去向的,按照政策回生源地派遣,档案、党(团)组织关系迁回生源地;毕业生离校后在择业期内落实或变更就业去向的,可办理调整改派,按照应届毕业生办理就业报到、档案、党(团)组织关系迁移等手续。

(三)毕业生就业后辞职(退)的,如仍在择业期限内,可选择继续参照应届毕业生,享受前述(一)、(二)项的相关待遇。

(四)有关毕业生就业创业其他优惠扶持政策仍按相关文件规定执行。

五、其他事项

(一)委培生和定向生按委培、定向协议执行。

(二)自择业期政策实施起,《广东省普通高等学校毕业生暂缓就业档案户口管理暂行规定》(粤教毕〔2001〕10号)中规定的暂缓就业政策取消,已办理暂缓就业手续的毕业生仍按当年文件执行。择业期政策实施前已毕业仍符合文件第三点“适用期限”的毕业生也可享受择业期的各项优惠政策。

（三）入学时已将户口迁入学校的毕业生，在毕业时领取《户口迁移证》，毕业生凭毕业证、户口迁移证将户口迁回生源地或拟就业地。入学时未将户口迁入学校的毕业生，就业时可按就业地的落户条件向拟就业地申请迁入户口。

（四）出国（境）留学回粤就业的广东省户籍高校毕业生按照留学回国人员规定办理有关手续。

本政策 2019 年 4 月 8 日起开始实施，有效期 3 年。

■ 就业程序介绍

★ 就业管理部门的一般工作程序

(1)教育部对年度国民经济发展和国家重点建设工程情况开展调查研究，制定相应的政策，从而确定年度的高校毕业生就业工作意见。然后，各省市、各高校按照文件精神制定具体的实施意见。

(2)各高校对毕业生就业意向进行调研，并开展就业指导和创业教育。

(3)各省市、各地市和各高校的就业管理机构在每年的 12 月份至翌年的二三月份，举办各种类型的"高校毕业生供需见面会"，开拓就业市场，为毕业生求职择业创造条件，提供服务。

(4)各高校收集毕业生就业信息并与毕业生签订《全国普通高等学校毕业生就业协议书》(一式三份)。

(5)各高校在每年的 5 月底至 6 月初向省高校毕业生就业指导中心报送就业指导方案。在完成全部教学计划后，按照国家统一要求，一般从 7 月 1 日开始根据计划派遣毕业生。

(6)6 月下旬，各高校到省高校毕业生就业指导中心领取《就业报到证》和办理毕业生离校手续。

★ 学生自身的就业程序

(1)参加就业指导课程学习，了解有关就业政策。

(2)收集处理就业信息。

(3)做好求职简历及心理准备。

(4)应聘和签约。

(5)领取《就业报到证》，办理离校手续，到工作单位报到。

★ 毕业后应注意的事项

(1)试用期。订立劳动合同时，规定试用期，这是许多用人单位的做法。试用期对劳动合同双方都有意义。对用人单位来说，可通过试用期考察职工是否符合招工条件；对试用人员来说，也可以在试用期内考察用人单位原来介绍的劳动条件是否符合实际情况。在试用期内，劳动合同当事人双方均可解除劳动合同。

(2)报到后。毕业生应按时到单位报到，确因特殊原因不能按时去报到者，应主动向用人单位联系并说明情况。个别单位要求毕业生去上级部门报到，遇到这种情况，需听从用人单位的吩咐。报到时应衣帽整洁、态度谦虚、诚恳有礼。报到后，即已成为该单位的正式职工，应按其规章制度严格要求自己，服从组织工作安排，按时上下班。

★ 实习协议与就业协议的区别

大学生毕业前后往往要签署三份协议：实习协议、就业协议、劳动合同，更要正确了解和区分这三份协议的特点和效力，有利于顺利就业和公务员、“三支一扶”等方面的报考。首先，让我们了解一下实习协议与就业协议的异同：

(1)定义不同。实习协议是指在校学生通过参加实习单位的实际工作进行实践学习，明确双方权利义务的协议；就业协议是指在校学生毕业前与学校、用人单位三方签订的协议，目的在于约束学生和用人单位在毕业后建立劳动关系。但实习协议、就业协议的本质都是平等主体之间的民事合同关系，双方发生纠纷应直接诉请到法院，法院处理的依据是合同法及其他民事法律，不适用劳动法，不受劳动法的特别保护。

(2)用途不同。毕业前，学生有意实习，单位接纳实习，双方可签订实习协议，进入实习阶段，而实习阶段的主要目的是实践学习，仅是发挥自身才能，供双方加深了解的机会，并不代表未来会建立劳动关系。如果双方有意建立劳动关系，则签署就业协议，除非一方毁约，否则就业协议的归宿就是劳动合同。在实习期间学生并不能享受到工资、最低工资、工伤、社会保险等劳动法法定的保障，双方权利义务基本靠实习协议来自行约定，受教育法规及民事法规的保护。而就业协议指向未来劳动合同，所列明的未来劳动合同内容不得违反劳动法，但为保障劳动关系的建立则可约定违约金，如学生未到单位报到则应支付违约金并签署解约协议以便于下一次就业。

(3)签订注意事项不同。实习协议往往被大家认为可签可不签，但事实上签订是有必要的。对于学生而言，实习协议不仅是要向学校陈述实习体验的依据，更是证明实习期间是学习的一个阶段，有关纠纷可按协议约定来合理处理而且得到学校的支持；而对于用人单位而言，可以确定学生实习期间的工作是实习，而不是劳动用工。而就业协议签订的注意事项：应关注报到日期、未来劳动合同的期限、试用期、薪酬、岗位、福利、违约金等，这些都是未来劳动合同的主要内容，涉及双方根本利益。

★ 就业协议与劳动合同的区别

就业协议与劳动合同均为用人单位录用毕业生时所订立的书面协议。在就业过程中，准确理解两者的异同，把握细节，有利于就业。

◇ 主体不同

(1)就业协议适用于应届毕业生与用人单位、学校三方之间，学校就是就业协议的鉴定方，就业协议对用人单位的性质没有规定，适用于任何单位。

(2)劳动合同只适用于劳动者与用人单位之间，与学校无关。

◇ 内容不同

(1)就业协议主要是毕业生如实介绍自身情况，愿意到用人单位就业，用人单位愿意接收，学校同意推荐同学的方案，不涉及毕业生到用人单位后所享受的权利和应尽的义务。

(2)劳动合同涉及劳动报酬、劳动保护、工作内容、劳动纪律等多方面。

◇ 时间不同

(1)就业协议在毕业生毕业之前签订。

(2)劳动合同到用人单位报到后签订。

◇ 目的不同

(1)就业协议是毕业生对用人单位的基本条件及即将签约的劳动合同的部分基本内容的大体认同。

(2)就业协议是编制毕业生就业方案和双方订立劳动合同的依据。

◇ 适用法律不同

(1)就业协议发生争议,主要根据协议内容和毕业生就业政策以及法律对合同的一般规定来加以解决。

(2)劳动合同发生争议,应根据《劳动法》来解决。

★ 签订合同时应注意的事项

大学生与用人单位签订劳动合同是取得的阶段性成绩,但大学生与用人单位在经验和掌握专业知识程度等方面的不对称性,使他们明显处于劣势,因此签订劳动合同时一定要慎之又慎,不可大意。

◇ 签的合同须合法

依法签订劳动合同是其产生法律约束力的前提。如果签订的劳动合同不合法,那么求职者的权益保护会遇到困难。为此,求职者一定要先确认自己签订的劳动合同是否具备产生法律约束力的条件,包括:用人单位这一劳动合同主体须符合法定条件,用人单位应当依法成立,能够依法支付工资、缴纳社会保险费、提供劳动保护条件,并能够承担相应的民事责任。双方签订的劳动合同内容(权利与义务)必须符合法律、法规和劳动政策,不得从事非法工作。此外,签订劳动合同的程序、形式必须合法,如经协商一致、书面形式等。

◇ 关注内容应仔细

按照《劳动法》的要求,劳动合同的必备内容包括:(一)劳动合同期限;(二)工作内容;(三)劳动保护和劳动条件;(四)劳动报酬;(五)劳动纪律;(六)劳动合同终止的条件;(七)违反劳动合同的责任。

如劳动合同期限与试用期对应关系的规定有:“劳动合同可以约定试用期。劳动合同期限在 6 个月以内的,试用期不得超过 15 日;劳动合同期限在 6 个月以上 1 年以内的,试用期不得超过 30 日;劳动合同期限在 1 年以上 2 年以内的,试用期不得超过 60 日;劳动合同期限在 2 年以上的,试用期不得超过 6 个月。试用期包括在劳动合同期限内。”

求职者提出在劳动合同中约定工资的标准,应注意知己知彼。知己就是应结合自身的条件,包括学历、技能和身体素质等;知彼就是应掌握人力资源市场供求状况、劳动力市场价位等。对于试用期、培训、竞业禁止的补偿、补充保险和福利待遇等求职者希望在劳动合同中体现的内容,当事人应提出在劳动合同中写明要求。

◇ 相关知识不能少

求职者在签订劳动合同之前,最好应该认真学习和了解一些劳动法律和法规方面的知识,例如双方的权利义务,劳动合同的订立、履行、变更、终止和解除,法律责任等规定,这样有利于求职者争取一些对自己有利的权利和义务,或者一旦日后用人单位违反合同规定,求职者就可以利用法律武器来维护自己的权益。掌握了用人单位违反有关规定后,求职者有权利要求用人单位改正。

◇ 劳动合同及时签

劳动合同应在求职者上岗、试用前与用人单位签订,而不是试用合格后。求职者若是通过熟人牵线,碍于情面关系,只是简单地达成了口头协议,虽然有对求职者不利的因素,但因无字据为证,增加了解决劳动争议的困难。对于随意解除劳动合同的用人单位,求职者可以依据有关规定维护自身权益。用人单位与劳动者存在劳动关系未订立劳动合同,劳动者要求签订劳动合同的,用人单位不得解除劳动关系,并应当与劳动者签订劳动合同。

◇ 对合同文本要细推敲

签订劳动合同前，应仔细阅读关于岗位的工作说明书、岗位责任制、劳动纪律、工资支付规定、绩效考核制度、劳动合同管理细则和有关规章制度，不管这些用人单位的文件是否作为劳动合同的附件。因为，这些文件中会涉及求职者多方面的权益。遵守用人单位的劳动纪律和规章制度是职工的法定义务，当其作为劳动合同附件时，与劳动合同具有同样的法律约束力。当劳动合同涉及数字时，应当使用大写汉字。劳动合同至少一式两份，双方各执一份，求职者应妥善保管。用人单位事先起草了劳动合同文本，要求求职者签字时，一定要慎重，对文本仔细推敲，发现条款表述不清、概念模糊的，及时要求用人单位进行说明修订。

第三节　我国大学生就业有关规定

■ 普通高等学校毕业生就业工作暂行规定

资料链接

《普通高等学校毕业生就业工作暂行规定》

第一章　总则（略）

第二章　职责分工（略）

第三章　毕业生就业工作程序

第十一条　全国高等学校毕业生就业工作程序和时间安排由国家教委统一部署，各部委和地方应按照统一部署具体指导所属院校毕业生的就业工作。

第十二条　毕业生就业工作程序分为就业指导、收集发布信息、供需见面及双向选择、制订就业计划、进行毕业生资格审查、派遣、调整、接收等阶段。

第十三条　毕业生就业工作一般从毕业生在校内的最后一学年开始。

第十四条　用人单位一般应每年 11—12 月向主管部门及有关高校提出下一年度毕业生需求计划，11 月至翌年 5 月与毕业生签订录用协议。

第十五条　毕业生的就业活动不得影响学校正常的教学秩序和学生的学习。毕业生联系工作时间应安排在 1—5 月，春季毕业研究生可适当提前。

第四章　毕业生就业指导与毕业生鉴定

第十六条　毕业生就业指导是高校教学工作的一个重要组成部分，是帮助毕业生了解国家的就业方针政策，树立正确的择业观念，保障毕业生顺利就业的有效手段。

第十七条　毕业生就业指导重点进行人生观、价值观、择业观和职业道德教育，突出毕业生就业政策的宣传。

第十八条　毕业生就业指导要理论联系实际，注重实效，可采用授课、报告、讲座、咨询等多种形式。

第十九条　毕业生就业指导要与毕业教育相结合，教育毕业生以国家利益为重，正确处理国家利益与个人发展的关系，自觉服从国家需要，到基层去，到艰苦的地方去，走与实践相结合的成才之路。

第二十条　高等学校要按照国家教育《普通高等学校学生管理规定》《高等学校学生行为

准则(试行)》和《研究生学籍管理规定》的要求,实事求是地对毕业生作出组织鉴定。

第二十一条　毕业鉴定主要包括毕业生在校期间德、智、体等各方面的基本情况,这些基本情况要按照档案管理的有关规定,认真核对无误后归档。档案材料应在毕业生派遣两周内寄送毕业生报到单位。

第五章　供需见面和双向选择活动

第二十二条　供需见面和双向选择活动是落实毕业生就业计划的重要方式。各部委、各地方主管毕业生就业工作部门负责管理举办本部门、本地区的毕业生就业供需见面和双向选择活动,其他部门不得举办以毕业生就业为主的洽谈会或招聘会。举办省级上述活动要报国家教委备案,跨省区、跨部门的有关活动须报国家教委审批。

第二十三条　有条件的高等学校要举办或校际联办毕业作供需见面和双向选择活动。高等学校在毕业生供需见面和双向选择活动中起主导作用。

第二十四条　经供需见面和双向选择后,毕业生、用人单位和高等学校应当签订毕业生就业协议书,作为制订就业计划和派遣的依据。未经学校同意,毕业生擅自签订的协议无效。

第二十五条　供需见面和双向选择活动要在国家就业方针、政策指导下,有组织、有计划、有步骤地进行,时间应安排在节假日。

第二十六条　供需见面和双向选择活动,不得以盈利为目的向学生收费,不得影响学校正常的教学秩序和学生的学习。

第六章　就业计划的制订

第二十七条　国家教委直属学校毕业生面向全国就业,其他部委所属学校毕业生主要面向本系统、本行业就业,地方所属学校主要面向本地区就业。根据招生“并轨”改革的进程,有关部委和各省、自治区、直辖市可根据本部门、本地区的实际情况确定所属高校毕业生的就业范围。

第二十八条　制订就业计划的原则:

1. 遵循国家有关毕业生就业的方针、政策和规定;
2. 依据国民经济和社会发展的需要;
3. 优先保证国防、军工、国有大中型企业、重点科研和教学单位的需要;
4. 来源于边远省区的本、专科毕业生,只要是边远省区急需的,原则上回来源省区就业;
5. 师范类毕业生原则上在教育系统内就业;
6. 定向生、委培生按合同就业;
7. 实行招生“并轨”改革学校的毕业生在国家就业政策指导下,在一定范围内自主择业;
8. 毕业研究生在国家规定的服务范围内就业;
9. 其他类型毕业生按国家有关规定就业。

第二十九条　本、专科毕业生就业计划每年编制一次,毕业研究生就业计划分为春季和暑期两次编制。就业计划按部委、地方和高校各自的职责分工经上下结合,充分协商形成;有关部委和地方审核、汇总所属学校毕业生就业建议计划,并按时报送国家教委;国家教委审核、编制全国普通高等学校毕业生就业计划。

第三十条　毕业生就业计划经国家教委审核下达后,各部委、地方、高等学校和用人单位必须严格执行。

第七章　调配、派遣工作

第三十一条　地方主管毕业生调配部门和高等学校按照国家下达的就业计划派遣毕业生。派遣毕业生统一使用《全国普通高等学校毕业生就业派遣报到证》和《全国毕业研究生就业派遣报到证》(以下简称《报到证》),《报到证》由国家教委授权地方主管毕业生就业调配部门审核签发,特殊情况可由国家教委直接签发。

第三十二条　国家招生计划内招收的自费生(含电大、函授等普通专科班)毕业后自主择业,在规定时间内找到单位的由地方主管调配部门开具《报到证》。

第三十三条　对于华侨和来自港澳台地区的毕业生愿意留大陆工作的,学校可根据国家有关规定提供必要的帮助。

第三十四条　免试推荐和考取硕士、博士研究生的毕业生,在学校就业计划上报后提出不再攻读的,应回家庭所在地就业。

第三十五条　符合国家规定申请自费留学的毕业生,要在学校规定的期限内提出申请并按规定偿还教育培养费,经批准后,学校不再负责其就业。派遣时未获准出境的,学校可将其档案、户粮关系转家庭所在地自谋职业。

第三十六条　对残疾毕业生学校应帮助其就业,确有困难的,按有关规定由生源所在地民政部门安置。

第三十七条　学校应在派遣前认真负责地对毕业生进行健康检查,不能坚持正常工作的,让其回家休养。一年内治愈的(须经学校指定县级以上医院证明能坚持正常工作的)可以随下一届毕业生就业;一年后仍未治愈或无用人单位接收的,户粮关系和档案材料转至家庭所在地,按社会待业人员办理。

第三十八条　结业生由学校向用人单位推荐或自荐,找到工作单位的,可以派遣,但必须在《报到证》上注明“结业生”字样;在规定时间内无接收单位的,由学校将其档案、户粮关系转至家庭所在地(家居农村的保留非农业户口),自谋职业。

第三十九条　全国普通高等学校要在 7 月 1 日后派遣毕业生(春季毕业研究生例外)。

第四十条　在派遣过程中出现特殊情况需要调整改派的,按下列原则办理:

在本省、自治区、直辖市辖区内用人单位之间调整的,由地方主管毕业生调配部门审批并办理改派手续;跨部委、跨省(自治区、直辖市)调整的,由学校主管部门审核同意后,统一报国家教委审批并下达调整计划,学校所在地方主管毕业生调配部门按照调整计划办理改派手续;毕业生调整改派须在一年内办理,逾期不再办理有关调整改派手续。毕业生就业后的调整按在职人员有关规定办理。

第八章　接收工作及毕业生待遇

第四十一条　毕业生持《报到证》到工作单位报到,用人单位凭《报到证》予以办理接收手续和户粮关系。凡纳入国家就业计划的毕业生,地方政府不得征收其城市增容费。

第四十二条　毕业生报到后,用人单位应根据工作需要和毕业生所学专业及时安排工作岗位。

第四十三条　按国家计划派遣的毕业生,用人单位不得拒绝接收或退回学校。

第四十四条　毕业生报到后,发生疾病不能坚持正常工作的,按在职人员有关规定处理,不得把上岗后发生疾病的毕业生退回学校。

第四十五条　毕业生就业后,其工资标准和福利待遇按国家有关规定执行,工龄从报到之日计算。

第四十六条　到非公有制单位就业的毕业生，其档案按国家有关规定进行管理，工资待遇由毕业生与用人单位协商确定，但工资标准原则上应不低于国家规定。

第九章　违反规定的处理

第四十七条　有以下情形之一的部委、地方和学校就业部门，要通报批评，情节严重的，建议主管部门对有关责任人员给予行政处分：

1. 不按要求和时间报送生源、需求计划的；

2. 不按国家的有关规定派遣毕业生的；

3. 其他违反毕业生就业工作规定的。

第四十八条　对违反就业协议或不履行定向、委托培养合同的用人单位、毕业生、高等学校按协议书或合同书的有关条款办理，并依法承担赔偿责任。

第四十九条　对擅自拒收、截留按国家计划派遣毕业生的用人单位，由其主管部门责令改正，并对有关负责人员给予行政处分。

第五十条　有下列情形之一的毕业生，由学校报地方主管毕业生调配部门批准，不再负责其就业。在其向学校缴纳全部培养费和奖(助)学金后，由学校将其户粮关系和档案转至家庭所在地，按社会待业人员处理：

不顾国家需要，坚持个人无理要求，经多方教育仍拒不改正的；自派遣之日起，无正当理由超过三个月不去就业单位报到的；报到后，拒不服从安排或无理要求用人单位退回的；其他违反毕业生就业规定的。

第五十一条　对利用职权干涉毕业生就业或在毕业生就业工作中徇私舞弊的工作人员，由主管部门或同级纪检、监察部门依法处理；情节严重、构成犯罪的，依法追究其刑事责任。

第十章　附则

第五十二条　本规定中普通高等学校毕业生系指按照国家普通高等学校招生计划和研究生计划招收的具有学籍、取得毕业资格的本、专科生(含招生并轨招收的学生和招生并轨前招收的国家任务生、定向生、委培生、自费生及电大、函授普通专科班学生)和硕士、博士研究生(含统分生、定向生、委培生、自筹经费生)。

第五十三条　各有关部委和地方可根据本规定制定实施细则并报国家教委备案。

第五十四条　本规定由国家教育委员会负责解释。

第五十五条　本规定自发布之日起执行。

■ 就业派遣

根据教育部的规定，地方主管毕业生调配部门和高等学校按照国家的有关政策派遣毕业生，派遣毕业生统一使用《全国普通高等学校毕业生(毕业研究生)就业报到证》(以下简称《报到证》)，《报到证》由教育部授权地方主管毕业生就业调配部门审核签发。广东省毕业生就业主管部门为广东省高等学校毕业生就业指导中心(以下简称“省就业指导中心”)。

随着高等教育大众化以及高等毕业生就业市场化，就业派遣的内涵除了报到证的打印和签发之外，还包括对就业政策的理解、就业信息的收集和报送、对毕业生的就业指导、就业率的统计等。就业派遣与毕业生的切身利益紧密相关，以广东省为例，对有关毕业生就业派遣工作流程进行说明(图 6-3)。

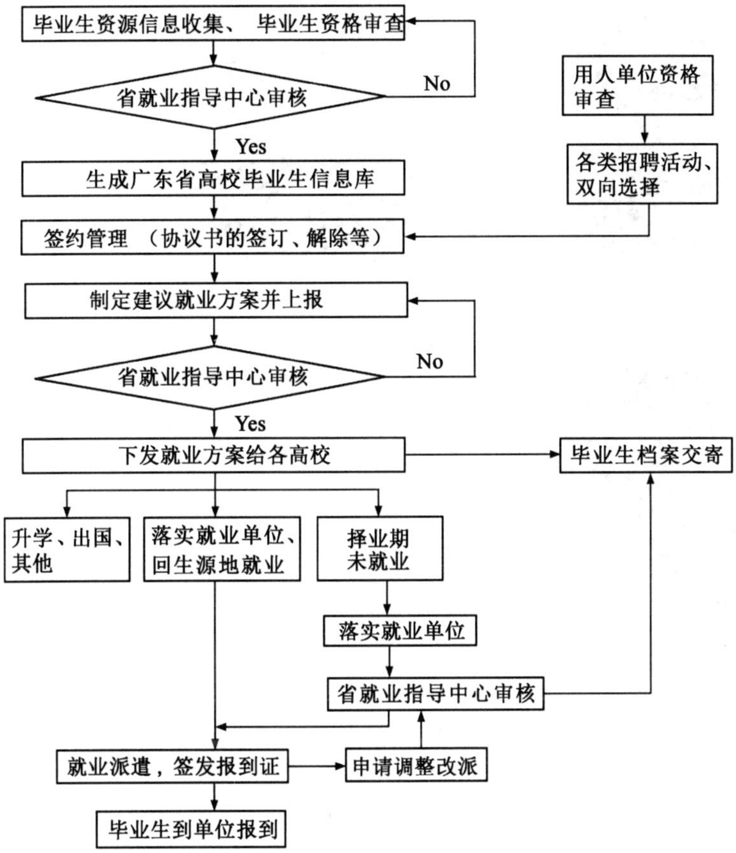

图 6-3　广东省有关毕业生就业派遣工作流程

■ 高校毕业生就业创业智慧服务平台

从 2019 年 5 月开始，各省份陆续推出高校毕业生就业创业智慧服务平台，使毕业生可线上办理各种就业创业事项，进一步简化毕业生就业手续，缩短办事流程，为毕业生和高校减负。下面以“广东高校毕业生就业创业智慧服务平台”为例进行介绍：

2019 年 5 月 28 日，广东省高校毕业生就业创业智慧服务平台正式上线发布。毕业生登录广东省高等学校毕业生就业指导中心网站、关注“广东大学生就业创业”微信公众号或“粤省事”小程序等，通过实名认证后，一网在线办理电子就业报到证、档案去向查询、生源上报、派遣方案上报、改派方案申请及就业创业信息上报等就业手续全流程。加盖电子签章的电子报到证和纸质版报到证具有同等的法律效力，可自行下载或打印，毕业生凭电子报到证即可办理有关就业报到手续。有关网址、二维码如下：

1. 省高等学校毕业生就业指导中心网站：http://job.gd.gov.cn

2.“广东大学生就业创业”微信公众号、小程序二维码

3."广东教育"微信公众号

4."粤省事"葵花码

■ 高校毕业生求职补贴

根据国家政策,我国从 2013 年开始,对享受城乡居民最低生活保障家庭毕业年度内高校毕业生,给予一次性求职补贴。2015 年,求职补贴调整为求职创业补贴,并将对象范围扩展到已获得国家助学贷款的毕业年度高校毕业生。不同省份的补贴范围和标准都不尽相同。根据广东省有关政策,广东省高校毕业生求职补贴发放对象:在毕业年度内有就业意愿并积极求职的城乡困难家庭(指持有城乡低保证、五保供养证、特困职工证、扶贫卡和零就业家庭证明等的家庭)高校毕业生、残疾高校毕业生、已获得国家助学贷款的高校毕业生。

资料链接

《人力资源社会保障部教育部财政部关于做好高校毕业生求职补贴发放工作的通知》

为落实《国务院办公厅关于做好 2013 年全国普通高等学校毕业生就业工作的通知》(国办发〔2013〕35 号)要求,从 2013 年起,对享受城乡居民最低生活保障家庭的毕业年度内高校毕业生给予一次性求职补贴。现就有关问题通知如下:

一、发放对象。在毕业年度内有就业意愿并积极求职的享受城乡居民最低生活保障家庭的高校毕业生。

二、发放原则。坚持自愿申请、公开公正、属地管理、专款专用的原则。

三、申领发放程序。各高校应组织符合条件的高校毕业生在离校前集中申请一次性求职补贴。申请材料应附:高校毕业生所在家庭享受城乡居民最低生活保障的证明、本人身份证件复印件、个人银行账户等。各高校要对申请材料进行初审,并将初审通过的申请补贴人员名单在校园内公示。各高校将公示无异议的申请补贴人员名单及申请材料汇总报送高校所在地人力资源社会保障部门。人力资源社会保障部门应及时对申请材料进行审核,审核通过后将补贴发放人员名单报送高校所在地同级财政部门。财政部门将补贴资金支付到高校毕业生在银行开立的个人账户。

四、补贴标准及列支渠道。补贴标准由省级财政、人力资源社会保障部门会同有关部门根据当地实际制定。2013 年,各地发放的一次性求职补贴列入政府收支分类科目第 2080799 项“其他就业补助支出”科目。2014 年起按政府收支分类科目规定的科目列支。

五、工作要求。各有关部门、各高校要高度重视,明确任务分工,加强协调配合,扎实做好补贴发放工作。高校所在地人力资源社会保障部门和高校要设立并公布监督举报电话。对相关举报投诉,人力资源社会保障部门要会同有关部门、高校认真核查,对经查实虚报冒领求职补贴的高校毕业生,责令退回补贴资金,并由高校将不良记录记入本人学籍档案。高校毕业生家庭所在地民政部门、有关高校出具虚假证明,骗取、套取补贴资金的,对有关责任人要依法依纪严肃处理。

第四节 广东省大学生就业相关政策

广东省政府对毕业生就业十分重视,省领导要求切实把南粤高校毕业生就业推进行动摆在当前就业工作的首位,全力以赴抓好“岗位拓展计划”“创业引领计划”“就业服务与援助计划”三项计划落实,推动广东省高校毕业生就业工作迈上新台阶。

一是紧紧围绕转变经济发展方式,在推进“三促进一保持”中实施岗位拓展计划。要把提高自主创新能力与促进毕业生就业结合起来,按照全省培育自主创新 100 强的要求,对其进行重点扶持,发挥其吸纳毕业生就业的作用。要把传统产业转型升级与促进毕业生就业结合起来,把建设现代产业体系与促进毕业生就业结合起来,大力发展现代服务业尤其是服务外包企业,做优做强先进制造业,拓展大学生就业渠道。

二是充分激发高校毕业生的创造活力,在发展市场经济大潮中推进创业引领计划。要加强创业孵化基地和创业园建设,加大创业扶持力度,注重营造良好的创业氛围。

三是鼓励高校毕业生到企业和农村建功立业,在基层广阔天地的实践中落实就业服务与援助计划。要把引导高校毕业生面向基层就业与解决基层人才匮乏问题结合起来,把待遇留人与事业留人结合起来,把高校人才培养工作与基层人才实际需要结合起来。要引导大学生树立行行建功、处处立业的观念,继续精心实施“三支一扶计划”“一村一大学生”和“医学专业毕业生到乡镇卫生院从医”等专项计划,做好基层就业扶持政策的落实。

四是加强组织领导,建立健全促进高校毕业生就业的长效机制。

资料链接

《广东省支教、支农、支医和扶贫高校毕业生管理暂行办法》

第一条　为加强对到农村基层从事支教、支农、支医和扶贫(以下简称“三支一扶”)服务的高校毕业生的管理,保障其合法权益,促进“三支一扶”高校毕业生管理工作的规范化、制度化、科学化建设,根据中央和省委、省政府关于引导和鼓励高校毕业生面向基层就业的有关文件精神,制定本办法。

第二条　“三支一扶”高校毕业生管理工作在党委、政府领导下,以省、市、县(市、区)三级分级实施。省、市“三支一扶”工作领导小组和工作协调管理办公室及县(市、区)政府人事部门负责实施“三支一扶”高校毕业生管理工作。

第三条　省“三支一扶”工作领导小组负责全省“三支一扶”高校毕业生管理工作的总体规划、协调和指导工作。

省人事厅和省“三支一扶”工作协调管理办公室(以下简称省“三支一扶”办)负责全省“三支一扶”高校毕业生管理政策的制定;负责组织“三支一扶”高校毕业生的招募和派遣工作;负责“三支一扶”高校毕业生的生活补贴、交通和医疗补贴等经费的发放和管理。

省教育厅负责指导省内高校做好“三支一扶”高校毕业生的招募及体检工作。

省财政厅负责“三支一扶”高校毕业生的生活补贴、交通补贴、医疗费补贴和人身意外伤害、住院医疗保险等经费及“三支一扶”专项工作经费的落实。

省教育厅、卫生厅、农业厅、扶贫办负责指导、督促、检查本系统落实“三支一扶”高校毕业生管理工作相关政策。

团省委负责指导在乡镇团委岗位上服务的高校毕业生开展青年团工作。

第四条　地级以上市“三支一扶”工作领导小组和“三支一扶”工作协调管理办公室(地级以上市“三支一扶”工作协调管理办公室,以下简称市“三支一扶”办)负责指导、协调、督促、检查辖区内“三支一扶”高校毕业生管理工作;负责“三支一扶”高校毕业生的报到、派遣及岗前培训等具体事宜。

县(市、区)政府人事部门负责指导、协调服务单位落实服务岗位并提供住宿、安全、健康、卫生等后勤保障,并对服务单位的日常管理工作进行监督和检查;负责对“三支一扶”高校毕业生进行考核。

第五条　服务单位负责为“三支一扶”高校毕业生安排工作岗位,提供必要的生活条件,承担日常管理工作。

第六条　参加“三支一扶”的高校毕业生应具备以下条件:

(一)政治素质好,热爱社会主义祖国,拥护党的基本路线和方针政策。

(二)省内高校应届或暂缓就业的毕业生(其中,外省生源毕业生具有本科以上学历和学士以上学位),省外高校应届或暂缓就业的广东生源毕业生,以及高校往届毕业但尚未就业的广东生源毕业生。

(三)学习成绩合格,具有相应的专业知识。

(四)具有敬业奉献精神,遵纪守法,作风正派。

(五)身体健康。

(六)专科、本科毕业生年龄不超过 25 周岁,毕业研究生不超过 27 周岁。

第七条　“三支一扶”高校毕业生的服务期限为2年。

第八条　“三支一扶”招募工作于每年4—6月进行，具体办法、步骤按照省“三支一扶”办制定的年度工作方案执行。

第九条　经省“三支一扶”办核准参加“三支一扶”的高校毕业生在指定期限内持《广东省参加“三支一扶”大学生核准通知书》到各地级以上市人事局报到并参加培训。逾期未报到的，视为放弃参加“三支一扶”服务。

第十条　“三支一扶”高校毕业生在服务期间其户口及档案按以下规定办理：

（一）省内高校广东生源的应届及暂缓就业毕业生，由省教育主管部门开具毕业生报到证回生源所在地级以上市政府人事部门，其档案和户口一并转移回生源地。

（二）省内高校外省生源的应届及暂缓就业毕业生，其报到证暂不开出，户口不迁移，档案留在省高校毕业生就业指导中心。

（三）省外高校应届或暂缓就业的广东生源毕业生，将档案和户口转移回生源地。

（四）高校往届毕业但尚未就业的广东生源毕业生，户口留在原地不迁移，其档案由原管理部门管理。

第十一条　“三支一扶”高校毕业生服务期间，党团组织关系转至服务单位。

第十二条　“三支一扶”高校毕业生在服务期间，服务地区和单位原则上不予调整。确有特殊原因的，经本人申请，县（市、区）政府人事部门同意，可在本县（市、区）范围内予以调整。需在市内调整的，经本人申请，市“三支一扶”办同意，可在本市范围内调整。

服务地区和单位有调整的，市“三支一扶”办应及时将调整名单上报省“三支一扶”办备案。

第十三条　“三支一扶”高校毕业生在服务期间享受“三支一扶”政策规定的生活补贴、交通补贴、医疗费补贴、住院医疗保险和人身意外伤害保险等。

第十四条　“三支一扶”高校毕业生在服务期间享有国家相关法律、法规规定的休息（假）权。

第十五条　“三支一扶”高校毕业生在服务期间可参加执业资格考试、公务员考试及事业单位公开招聘，也可参加专升本或研究生考试，但要向服务单位书面报告。

在服务期间参加上述考试的，不享受粤人发〔2007〕141号文件规定的优惠政策。

参加我省专升本或研究生考试被录取的，可以由学校为其保留学籍至服务期满。由于上述求学或就业考试被录取而需要脱产学习或就业的，自然终止“三支一扶”服务。用人单位应及时逐级将终止服务人员名单报省“三支一扶”办备案。

第十六条　“三支一扶”高校毕业生在服务期间，可以向服务单位及其主管部门和各级政府人事部门提出工作意见和建议。意见和建议被采用并产生良好效果的，给予适当奖励。

第十七条　“三支一扶”高校毕业生在服务期间，除因本《办法》规定的事由，不被终止服务资格。

第十八条　“三支一扶”高校毕业生在服务期间应当遵纪守法，按照“三支一扶”的政策规定及服务单位的要求认真履行岗位职责，努力完成工作任务。

第十九条　“三支一扶”高校毕业生在服务期间，因违反法律法规、规章规定及服务单位规章制度，确不适宜继续从事“三支一扶”服务的，经市“三支一扶”办书面报省“三支一扶”办同意，可终止其“三支一扶”服务资格。

第二十条　“三支一扶”高校毕业生在服务期间请假应提交书面申请(因病请假需提供镇以上医院证明),并按以下规定办理:

(一)请假 3 日以内的,经服务单位同意后报县(市、区)政府人事部门备案。

(二)请假 3 日以上 7 日以内的,经服务单位同意后报县(市、区)政府人事部门审批。

(三)请假 7 日以上的,经服务单位同意并逐级上报,由市“三支一扶”办审批。

事假 1 次原则上不超过 15 日,1 年内累计不超过 20 日。

第二十一条　服务单位如发现“三支一扶”高校毕业生擅自离岗或请假逾期不归,且 2 日内无法与本人取得联系的,应及时上报县(市、区)政府人事部门。

第二十二条　“三支一扶”高校毕业生在服务期间擅离服务岗位或请假逾期不归达 15 日以上的,视为终止服务资格。用人单位应将此情况在 2 日内上报县(市、区)政府人事部门,县(市、区)政府人事部门再将情况逐级上报省“三支一扶”办。

第二十三条　“三支一扶”高校毕业生在服务期间如出现重大疾病,按以下规定办理:

(一)根据二甲及二甲以上医院证明,经县(市、区)政府人事部门同意并报市“三支一扶”办批准,可暂停服务。

(二)在半年内治疗痊愈的(二甲及二甲以上医院出具证明),经县(市、区)政府人事部门同意并报市“三支一扶”办批准,可返回服务岗位。

(三)在半年内无法治愈或治愈后不适宜继续“三支一扶”服务的(二甲及二甲以上医院出具证明),经省“三支一扶”办批准,应当终止服务。

第二十四条　“三支一扶”高校毕业生在服务期间终止“三支一扶”服务的,从省“三支一扶”办批准或确认终止服务的下一个月起,停发生活补贴、交通补贴及医疗费补贴。

第二十五条　“三支一扶”高校毕业生在服务期间因病住院治疗,或发生人身意外伤害,有关保险事宜根据省“三支一扶”办与保险公司签订的保险合同办理。县(市、区)政府人事部门、市“三支一扶”办应当协助毕业生做好理赔工作,并将有关情况及时报省“三支一扶”办备案。

第二十六条　“三支一扶”高校毕业生在服务期间如出现安全或健康等方面的重大事件,服务单位、县(市、区)政府人事部门应及时处理并在 2 个工作日内同时报市“三支一扶”办,市“三支一扶”办将处理情况及时报省“三支一扶”办。

第二十七条　“三支一扶”高校毕业生服务期满后应与服务单位做好交接工作,填写《广东省“三支一扶”服务考核鉴定表》(由省“三支一扶”办统一制作),并经服务单位、县(市、区)政府人事部门填写考核鉴定意见后通过机要件转移至“三支一扶”毕业生档案管理部门存入个人档案。

“三支一扶”服务期满的应届及暂缓就业毕业生可以按照应届毕业生身份参加省内公务员招考或者企事业单位招聘,被录取的办理公务员录用或者企事业单位接收毕业生手续,凭县(市、区)以上政府人事部门的录(聘)用通知或者就业通知办理户口和档案的转移手续。

“三支一扶”服务期满未就业的外省生源毕业生,由省教育主管部门开具毕业生报到证回生源地,其户口和档案一并转移。

第二十八条　服务期满、考核合格的“三支一扶”高校毕业生,由市“三支一扶”办颁发《广东省“三支一扶”合格证书》(由省“三支一扶”办统一制作),“三支一扶”高校毕业生凭证享受相关优惠政策。

第二十九条　本办法由省“三支一扶”办负责解释。

第三十条　本办法自颁布之日起执行。

注：按照广东省普通高等学校毕业生就业择业期政策，本规定中有关“暂缓就业”，应由“择业期”来代替。

■ 广东省高校毕业生创业扶持政策

★ 税收优惠

持人社部门核发《就业创业证》（注明“毕业年度内自主创业税收政策”）的高校毕业生在毕业年度内（指毕业所在自然年，即1月1日至12月31日）创办个体工商户、个人独资企业的，3年内按每户每年8 000元（各地区的金额有差异）为限额依次扣减其当年实际应缴纳的营业税、城市维护建设税、教育费附加和个人所得税。

★ 免收有关行政事业性收费

毕业2年以内的普通高校毕业生从事个体经营（除国家限制的行业外）的，自其在工商部门首次注册登记之日起3年内，免收管理类、登记类和证照类等有关行政事业性收费。

★ 创业培训补贴

具有创业要求和培训愿望并具备一定创业条件的高校毕业生，参加创业培训并取得合格证书的，可给予创业培训补贴，其中创办企业培训每人最高1 000元。创业培训机构向当地人力资源社会保障部门办理开班申请，经批准同意组织学员免费创业培训并取得培训合格证书后，向当地人力资源社会保障部门提出补贴申请。

★ 一次性创业资助

在校及毕业5年内高校毕业生成功创业（在本省领取工商营业执照或其他法定注册登记手续，本人为法定代表人或主要负责人）的，正常经营6个月以上，可申请5 000元的创业资助。符合条件人员只能享受一次创业资助。符合条件的人员向创业所在地人力资源社会保障部门提出申请，并提交规定的材料。

★ 租金补贴

在校及毕业5年内高校毕业生创办初创企业并担任法定代表人或主要负责人的，可申请租金补贴，珠三角地区每年最高6 000元、其他地区每年最高4 000元，补贴期限累计不超过3年，租金补贴直接补助到所创办企业。

★ 创业带动就业补贴

初创企业吸纳就业并按规定缴纳社会保险费的，按其吸纳就业（签订1年以上期限劳动合同）人数（法定代表人或主要负责人除外）给予创业带动就业补贴。招用3人（含3人）以下的按每人2 000元给予补贴；招用3人以上的每增加1人给予3 000元补贴，总额最高不超过3万元。

★ 创业担保贷款

劳动者创办初创企业（国家限制行业除外）自筹资金不足的，可申请创业担保贷款（小额担保贷款），其中个人贷款额度最高20万元，合伙经营或创办小企业的可按每人不超过20万元、贷款总额不超过200万元的额度实行“捆绑性”贷款；符合贷款条件的劳动密集型和科技型小微企业，贷款额度不超过300万元。在规定的贷款额度内，个人贷款和捆绑性贷款可按照贷款基准利率最高上浮3个百分点据实给予贴息；劳动密集型和科技型小微企业贷款，按贷款基准利率的50%给予贴息。

★ 优秀创业项目资助

被省级人力资源和社会保障部门评定为省级优秀创业项目的，可享受5万～10万元资助。优秀项目可通过以下三种途径产生：

(1)大赛选拔。在广东省人力资源和社会保障厅牵头举办的创业创新大赛获得特定奖项的优秀项目。

(2)落地注册。获得省级以上创业创新大赛前三名，并于获奖后两年内在广东省行政区域内登记注册的优秀项目。

(3)社会征集。通过公开征集、社会推荐、专家评审等方式确定的优秀项目。省人力资源和社会保障厅每年6月底前根据年度预算和工作计划，确定当年度优秀项目产生途径(可采取第二条规定的一种或一种以上途径)、重点行业和评审标准等相关事宜。

第七章　大学生如何做好就业的准备

第一节　认识求职

求职择业，是人生必经的一个门槛。渴望有一个好的职业，充分发挥自己的聪明才智，成就一番事业，这是每一个有进取心的毕业生梦寐以求的事情。

从社会学角度看，职业是一个人为了不断取得收入而连续从事的具有市场价值的特殊活动，这种活动决定着从事它的那个人的社会地位。职业最基本的功能是作为人们谋生的手段，是个人发挥才能和获得发展的条件，是人们为社会做贡献的途径。劳动者要实现自身的社会价值，就必须选择一份能够发挥自己作用的工作。而当他在这个工作岗位上施展自己才华的时候，也就为社会做出了贡献。

在人漫长的一生中，人的职业生活是人一生的主题，是人生旅程中最关键、最辉煌的阶段。人一生的成就，基本上都是在青壮年时期的职业生活中取得的，人生的目的、追求、奋斗、归宿，也都体现在其职业生涯之中。

■ 求职择业必须具有的三大要素

★ 必须决定要为这个世界做些什么

这包括识别你的天分和技能。将喜欢施展的技能按照重要性优先次序加以排列。一旦了解了自己的技能，就能够定义出自己喜欢的工作职位。

★ 必须决定想在哪里施展自己擅长的技能

这包括明确自己喜欢的专业或者兴趣，以及地理偏好，你可以通过互联网和书本研究并通过亲自面谈获得信息。

★ 必须寻找你最感兴趣的工作，先不要顾忌它们是否有职位空缺

第二节　思想上的准备

■ 毕业生求职常见的矛盾

★ 有远大的理想，但往往不能正视现实

经过充实而丰富的大学生活，大学生知识的羽翼已渐丰满。他们豪情满怀，准备搏击一番。然而，由于接触社会较少，理想往往脱离客观现实。如许多大学生都想成为老板、大款，想走商业巨子之路。但是，在择业中并未深入地思考自己的知识、能力、性格、爱好、气质等是否适合从商，未慎重考虑所选择单位是否有利于自己的发展，以致出现了理想自我膨胀和现实萎缩之间的矛盾。

★ 想做一番事业，但缺乏艰苦创业的心理准备

在择业中，大部分的大学生都愿意从专业出发选择职业，实现自己的人生价值，不愿意庸庸碌碌，无所作为。但同时，他们缺乏艰苦创业的思想准备，想走捷径，涉足层次高、工作条件好的单位，希望一举成名，一蹴而就。不愿到艰苦的地方去，不愿到边远地区去，不愿到基层去。

★ 有较强的自我观念，但缺乏把握自我的能力

在择业中，大学生意识到自己作为人才，迫切需要社会的承认。但是，由于他们社会经验不足，自我意识还不完善，还不能正确地认识自我和评价自我。以致出现期望过高或过低的现象。在面对择业现实时，有时又不能把握自我，遇到顺利的事，忘乎所以、狂喜狂欢；遇到挫折时，烦躁苦闷、自暴自弃，不能冷静地理智地对待现实，缺乏驾驭自我的能力。

案例

患得患失　心理失衡

小汪是某大学国际经济与贸易专业的高才生，中共党员，在校期间曾多次获得各项奖学金，一直担任校学生会干部，是老师和同学心目中的佼佼者。大家都认为找个好工作对小汪来说是不成问题的。随着学校上报就业方案的截止日期一天一天逼近，早该名花有主的小汪还在翘首以待，等着心目中好工作的到来。小汪纳闷着，他的心像初夏的天气，开始燥热。小汪觉得自己的心态在患得患失中失去了重心，开始茶不思、饭不想，夜不能寐，觉得自己在学校无脸见老师、同学，回家无颜见江东父老，整天神情恍惚，最后只好求助于心理医生。在心理医生的耐心开导下，小汪道出了心声："其实说到底是我自己的心理素质有问题，对自我缺乏一个准确的定位，这山望着那山高，箩里挑花，越挑越花。我一直一帆风顺，几乎没怎么遇到过挫折。择业过程中总在考虑哪一家单位才能让我的自身价值得到最充分的承认和实现，老是在担心自己会吃亏。可是时过境迁，我开始怀疑起自己了。"

自打上学开始，小汪一直挺优秀，他对自己也充满了信心。对于求职择业他也从未想过失败，自择业开始，他就为自己未来的工作画了一个圈：北京、上海或深圳，国际、国内有一定影响力的跨国公司，年薪 5 万元以上，要有个人发展的机会和空间。在学校组织的人才招聘会上就有好几家单位向他抛来了"绣球"，希望能与他进一步接触和交谈，那几天的小汪可真有些应接不暇。小汪曾参加过几家单位的面试，第一家单位是北京的某企业，人事处的处长亲自面试，当场拍板，解决进京指标，希望签约并许诺要对小汪进行重点培养，但小汪认为这"馅饼"来得也太容易了，何况这是一家国有企业，不符合自己的要求，第二天就打电话婉言谢绝；第二家单位是深圳的保险公司，公司待遇不错，但小汪认为该公司规模较小，在市场中缺乏竞争力；第三家单位是上海的某公司，基本符合小汪的条件，小汪却在第二轮面试时被淘汰。面对失败，小汪有些怅然，他哼着"我爱的人已经飞走了，爱我的人却还没有来到"的曲子等着下一次机会的到来。小汪有些按捺不住，论人品、学历、专业、能力，自己都不比别人差，怎么就会找不到理想的工作呢？突然一下子没有了目标，小汪就变得慌乱不已了，于是免不了开始手忙脚乱投简历。之后，他又联系了几家单位，或是嫌公司规模小，或是觉得单位地理位置不理想，或是觉得单位薪水太低，均未能与单位达成协议，随便找家单位签了，心不甘，情不愿；不签吧，学校要把自己的关系转回生源地。早知如此，何必当初。

摘自张继栋．放飞的故事——大学生就业案例分析．北京：高等教育出版社，2002.

★ 渴望竞争,但缺乏竞争的勇气和能力

就业制度的改革,为大学生择业提供了公平、平等的竞争环境。大多数学生对此渴望已久,并且已经认识到,在商品意识广泛渗透到社会生活的各个方面,一个人如果没有强烈的竞争意识,就不可能成就事业。但是,当真正面对竞争机会时,许多大学生又顾虑重重,缺乏勇气,有的怕丢了面子,有的怕伤了和气。他们把不愿参与竞争的原因都归结到外界,其实,真正的原因是他们自己缺乏实践的能力和勇气,尤其是一些学生在择业中遇到困难时,不善于调整目标、调整自己,而是自己给自己打退堂鼓,自己拱手让出竞争的权利。

★ 鱼和熊掌,不可兼得,难以决断

择业过程中,往往会遇到多种选择的境遇。每种选择各有千秋,倘若犹豫不决,往往坐失良机。

★ 因为过去事事顺利,认为择业也依然会顺利

现在的大学生大都在顺境中成长,从家门到校门,没有经受过大的坎坷和复杂的经历,更没有经受过真正的挫折。一些学生就认为,既然我过去事事顺利,这次择业依然应当顺利。因此盲目乐观,过于自信,不做认真的心理准备,结果往往在择业中碰壁,于是意志消沉,一蹶不振。

★ 认为大多数人钟情的工作一定是好工作

一部分学生选择工作单位,自己毫无主见,总是随波逐流,看大多数人选择哪里,自己就选择哪里。结果,盲目跟着大多数人走,忽视了自己的特长,丧失了最能发挥自己特长的机会。

★ 选择的自由度越大越好

一部分学生认为,现在是社会主义市场经济,就业政策就应该是完全的市场政策,供需双方完全可以自由交易、自由成交。自由度越大,毕业生与用人单位“双向选择”的空间就越大,他们埋怨“一定范围内的双向选择”实际是给人限定了框框,他们期望一种无拘无束的选择空间。然而,就业制度的改革是要和劳动人事制度、招生制度和户籍制度的改革配套进行的,是逐步推进的,需要经过一个历史过程。即使这个过程已经完成了,也并非“自由度越大越好”。

★ 就业一定要一步到位

这种误区产生的原因是受传统择业观的影响,认为首次择业就已注定一生的前途和命运,没有看到许多人才通过多次择业,才找到适合自己施展才华的岗位。

★ 选择单位只注重经济待遇

这种误区产生的原因是把经济收入、工资高低作为衡量工作单位好坏的唯一标准。眼睛只盯着外贸、金融、保险和邮电等经济效益好的部门,很少问津企业、科研、教育等更能发挥才能的部门。其实,选择一个理想职业关键在于看其是否适合自身的发展,是否能够实现人生价值。

★ 认为企业规模越大越好

这种误区产生的原因在于一些大学生认为规模大的企业,其经营失利或倒闭的可能性小,实际上,企业规模大小与企业经营好坏的关系并不是绝对的。因此,择业时,应综合考虑,同时也应看到与自己专业的关系。

★ 认为没有“后门”,很难找到理想的职业

有些大学生认为,好的职业与部门只是吸收一些关系生,现实并非如此,在社会主义市场经济条件下,更重能力与敬业精神的竞争,而不完全是“关系”的竞争。

★ 彼此嫉妒,好胜虚荣

大学生参加大规模的洽谈会中衡量事物,评价自己的价值能否得到承认,互相攀比,比周围的同学哪个选择了知名度高、效益好的单位,哪个同学去了大城市或高层次部门。结果,不从实际出发,延误了时机。彼此嫉妒、好胜虚荣是一种不健康的心理状态,应及早调整。

★ 一定要去大城市工作

大部分学生在择业时一定要去沿海或大城市。在他们看来,沿海可以挣到大钱,到大城市一定会有更多的发展机会。他们很少考虑自己事业的发展和能力的发挥,更少考虑国家的需要。

★ 认为择业果断就是少加思索,不要多虑

在择业中不要顾虑太多,然而欠思索并不等于果断。

★ 过于自赏,过分坚信"天生我才必有用"

在择业中孤芳自赏,过高地估价自己,傲气十足是十分有害的。纠正的最好办法是客观地认识和评价自我。

■ 准备良好的求职心态

每一位毕业生在毕业前都必须做好各种思想准备,以利于走上工作岗位后能尽快适应新环境,打开新局面。

★ 职业理想与择业现实差异的思想准备

★ 艰苦奋斗面向基层的思想准备

★ 超越所学专业的思想准备

★ 做好竞争的思想准备

★ 挫折与成功的心理准备

★ 长远心理准备——理想的确立

★ 近期心理准备——树立自信心

提示

大学生如何具备良好的心理素质

1. 掌握知识,开发智力

作为一个大学生,不仅要掌握尽可能多的知识,更重要的是应该掌握用于创造更多、更新的知识的智力。

2. 开发智力,就要努力培养以下几种能力

◇ 观察力　◇ 注意力

◇ 记忆力　◇ 想象力

◇ 思维能力　◇ 创造力

3. 培养非智力因素

◇ 培养良好的情绪情感　◇ 培养良好的性格

◇ 培养坚强的意志　◇ 培养积极正确的价值观

4. 维护和增强心理健康

◇ 科学用脑　◇ 自觉控制和调节情绪　◇ 提高耐挫折的能力

就业须知

决定你一生成就的几个信念

※我是最棒的，我一定会成功
※把自己的工作作为事业来做
※过去和现在都不等于未来
※机会只垂青有准备的人
※成功一定有方法
※胜利者找方法，失败者找借口
※每天进步一点点
※遇到失败，只是成功暂时没有到来
※信念乃人生最大的能量供应站
※坚持就是胜利
※立即行动

摘自陈锟，方拥政，舒天戈．打造明天的金领生涯．北京：中国青年出版社，2003.

■ 保持积极求职心态的方法

★ 保持良好心态的方法

◇ 保持正确的世界观
◇ 保持较浓厚的学习兴趣
◇ 保持正确的自我意识
◇ 能有效地调节和控制情绪
◇ 具有较强的适应环境的能力
◇ 具有坚定的信念与顽强的毅力

★ 调试求职心态的方法

◇ 磨炼个性品质，增强“免疫”力
　※ 树立正确的人生价值观和择业观
　※ 学会评价自我，合理定位
　※ 提高自身的抗冲击力和诱惑力
◇ 在实践中学会调节情绪，处理心理矛盾
　※ 改变认识，自我安慰
　※ 合理宣泄，松弛自我
　※ 让非理性情绪向理性情绪转化
◇ 寻求必要的关心和帮助
　※ 主动地向老师和同学请教
　※ 积极地向社会寻求关心
　※ 积极地参加心理咨询活动，接受心理咨询人员的帮助

提示

你的心态至关重要

好的心态表现能帮你快速找到好工作吗?

很简单,要保持快乐,即使别人做不到这一点时。大多数人喜欢和那些享受生活而不是忍受生活之苦的人交往。求职过程中保持乐观心态的人更容易得到决策者的合作、建议和帮助。

但是要记住:你在求职过程中遇到的障碍都是所谓的"纸老虎",你完全可以化挑战为机遇,并借机展示你在遭遇困境时良好的驾驭能力以及紧急情况下保持头脑冷静的素质。

如果你因此而一蹶不振,你的消极反应就可能延缓你求职成功的时间甚至最后失败。

如果你被老板拒绝,你要避免陷入窘迫或自责的境地。相反,你应当报之以真诚的微笑,毫不气馁,权作他们说"现在不行,谢谢你,下次努力。"因此,要与老板坦诚交谈,并礼貌地告诉他或她不久以后你会再次与他们联系,看情况是否有所改变。

如果老板对你的求职申请的回答是"现在不行,谢谢你,下次努力,"你不要反问"那么,什么时间呢?"相反,你应不卑不亢,真诚地报之一笑,说"我会的。"然后10天后再打电话联系。

有一首乡村歌曲告诉你不要因为缺钱而停止歌唱。在你计划加速求职进程时,这种乐观的情绪应该指导你的每一个行动。老板们倾向于雇佣那些不太看重金钱的人(而且,还会有奖励——通常老板们会付给他们较高的薪水)。

摘自布朗顿·特瑞帕夫. 找工作技巧. 徐少辉,译. 北京:中国劳动社会保障出版社,2001.

第三节　知识上的准备

■ 知识的运用决定命运

知识就是力量。当今社会是知识竞争时代,一切的竞争归根结底都有赖于知识的运用,所以,大学生一定要扎扎实实地学习,为未来的职业生涯做好充分的知识准备,大学生基本应涉及以下几方面知识:

(1)专业知识。专业知识是创业者们在自己所熟悉的领域内开拓和发展事业的通行证。

(2)哲学社会科学知识。必要的哲学社会科学知识会使我们更加睿智和理性。

(3)外语、电脑与网络知识。它们是跨时空、跨文化交流的必备工具,优秀的电脑与网络知识无疑将会起到如虎添翼的作用。

(4)政治法律知识。它是规范人们行为,保护自身权益的一把利剑。

(5)社会交往知识。人际关系是成功的又一重要指标。

■ 知识准备的现代要求

★ 宽厚扎实的基础知识

宽厚扎实的基础知识是攀登科学高峰的基石。

这包括人文社会科学基础知识、自然科学基础知识、基础技术知识。

★ 广博精深的专业知识

专业知识是人才知识构成的核心和特色部分,合理的专业知识结构应是广博与精深的统一，不能把两者割裂开来，对立起来，要做到专博相济，专深博广，专而不死，博而不滥。

★ 现代管理和社会知识

掌握一定的现代管理和社会知识，对拓宽自己的知识面，不断增加对社会和现代管理科学的了解，不断提高自己的能力至关重要。大学生要掌握的常用的基本管理知识有：

◇ 经济管理基本知识

◇ 人力资源管理知识

◇ 公共事业与行政管理知识

◇ 现代市场营销知识

◇ 危机管理知识

◇ 前沿性的新知识

信息社会瞬息万变，新知识层出不穷，这对大学生知识准备提出了更高更严的标准。它要求：

◇ 内容新

知识结构中应以反映当今科技发展的新知识、新信息为主。

◇ 实用性强

大学生要根据自己的特点，把优化知识结构同社会需要紧密联系起来。

第四节　能力上的准备

■ 当今形势对大学生能力的要求

毕业生就业面临多个层面的问题：有的专业设置不合理，知识面狭窄，学生毕业后对工作的适应期过长；招生和毕业生就业脱节，一些长线专业盲目招生，有的用人单位无法全面了解毕业生。学生对就业的期望值过高，对创业缺乏信心和思想上的准备等都使得高校毕业生就业形势不容乐观。但是，应当坚信，只要你具备足够的知识和能力，就一定能在激烈的人才竞争中取胜。

大学毕业生无疑具有了相当的知识积累，但并不等于有了较强的实际工作能力。知识并不能简单地与能力画上等号。在一定意义上说，能力比知识更重要。因此，一名优秀的大学毕业生应把建立合理的知识结构、培养科学的思维方式和锻炼较强的实际工作能力统一起来，这样才能在择业、从业过程中立于不败之地。

■ 大学生就业应具备的基本能力

★ “三个一”能力

“三个一”是指一支笔杆赢天下、一根舌头打天下、一台电脑闯天下，即书面表达能力、演讲与口才、计算机应用技能对一个人建功立业极其重要，是毕业生能力的重要体现。

★ 外语应用能力

★ 思维方式与思维能力

一般来讲，科学的思维方式具有集中性与分散性、灵活性与敏捷性、独立性与批判性和理性思维的特征等。

★ 创新与发现的能力

培养提出问题的能力关键在于:在工作、学习、生活当中多问几个为什么。而如何解决问题是创造力的直接体现。用陈旧的方法解决问题是难以有所创新的。

★ 组织管理能力

大学生平时要训练和培养自己的决策能力,从小事做起,养成多谋善断的习惯,不断提高自己的决策能力。要培养自己的组织能力,就应多实践、多组织、多参加集体活动,调动各方面积极性,发挥集体智慧,以不断提高组织能力。

★ 应对困难与危机的能力

求职择业过程不可能是一帆风顺的,这要求大学生要有一定的承受能力和一定的忍耐力,常言道:镇定是力量的源泉,急躁是无能的表现。成功的第一步是临危不惧、遇难不退,用镇定法去承受困难与危机并赢得时间,用忍耐去迎接机会的来临。

★ 人际沟通能力

大学生自觉培养良好的人际交往能力非常重要,要在学会竞争的同时,学会与人相处。要有同情心和责任心,能容忍别人与自己的一些差别,善于听取别人的意见,欣赏他人,讲究团体协作精神。

下面是某中外合资公司企业面试专家所设计的面试提问表,其特点是将面试提问与面试观察、面试评价 3 个环节形成一个连续性统一体,并综合表现在一张纸上,具有直观性、针对性、可操作性等特点。它对于我们大学毕业生来说有着很高的参考价值,能从用人单位角度体现毕业生应从哪些方面提高自己。

就业须知

面试记录表

要素	观察内容	提问项目	评价要点
礼仪风度	• 仪容、衣着 • 行为举止 • 敲门、走路、坐立的仪态 • 口语(礼貌用语)		• 穿着整齐、得体 • 沉着稳重大方 • 走路敲门坐立有礼节 • 口语文雅礼貌
		• 选择本公司的原因 • 对本公司的了解	• 是否以企业发展为目标,兼顾个人利益 • 是否有说服力
表现力、语言表达能力	• 将自己表达内容有条理、准确地传递出来 • 谈话的姿态表情	• 谈谈你自己 • 据你自我分析,最适合你的工作	• 语言连贯 • 逻辑清楚 • 是否有说服力
社交能力和人际关系		• 介绍你的家庭 • 希望在什么样的领导下工作 • 交友时最注重什么	• 自我认知 • 交往能力

续表

要素	观察内容	提问项目	评价要点
判断力、情绪稳定性	· 准确判断面临状况 · 处理突发事件 · 处理难堪问题的反应	· 假如两个公司同时录用你，你怎么办 · 你好像不太适合于本公司工作	· 理解问题的准确性、迅速性 · 自我判断力 · 有自己的独立见解
行动与协调能力、工作经验	· 对自己认定之事能否坚持进行 · 集团工作的适应性 · 组织领导能力 · 能否更多地从他人的角度解释问题	· 从事过何种勤工俭学工作 · 参加过何种组织活动 · 有过何种研究 · 论文写作过程	· 表现力 · 考虑对方处境和理解力 · 实践能力 · 交往能力
责任心、纪律性	· 负责的精神 · 对工作的坚持 · 令人信服地完成工作 · 考虑问题是否偏激	· 对委任的任务完成不了时如何处理 · 对学校的规章制度的看法	· 自信力 · 纪律力 · 意志力
个人性格品质	· 有无不良性格 · 有无偏激观点 · 回答问题是否认真、诚实 · 掩饰性	· 你认为现在社会中一个人最重要的是什么 · 你能否“受人之托忠人之事”	· 诚实真诚 · 人生观 · 信用
专业技能和学识	· 对专业知识的了解 · 成绩 · 对所要从事的工作的认识	· 你为何选择该专业 · 有何特长和资格 · 从事该工作的优势	· 专业学识是否符合工作要求 · 有无特殊技能
总评价	· 面试结束后你的评价	· 经过上述面试，请你对你面试结果作初步评价，说明为什么	· 综合、全面评定 · 尽量减少误差影响

摘自万启，赵燕．职场三篇：求职　就业　72行．北京：中国盲文出版社，2003．

案例

业余爱好　成全期望

小华是内地某普通本科院校的毕业生，大学期间主修的专业是焊接工艺及设备，属于既不冷门也不热门的专业，在行业内找个工作是没有问题的。他本人对专业不是特别感兴趣，专业学习不好也不坏。在课余时间里，他更喜欢看一些有关新闻专业与行政管理方面的书籍。大学二年级起开始写新闻稿，从此一发不可收拾。加入了学校的校报编辑部，在外面的杂志社做兼职，他几乎将专业学习之外的所有热情都投注在这上面。短短两年时间在国家、省级、市级的20多家报刊上发表新闻作品300余篇。毕业后当一名报社记者，哪怕是一家小报的记者，这成了小华的择业理想。

学校在年底举办了“双向选择”招聘会，班里有近60%的同学都有了归宿。小华也接到几家业内单位的面试通知，但他决定放弃。小华权衡了一下自己的实力：学了四年的焊接，比起那些科班出身的新闻专业的毕业生，似乎并没有多少优势，感觉心中底气不足，但回顾自己在校报编辑部，在外面的杂志社做兼职的经历和怀里揣着的厚厚的一摞作品，小华开始了源于兴趣和追求的求职之路。

小华联系的第一家报社是他生源所在地的一家商业的报社，当时正好是学校放寒假，接待他的是报社的副总编，副总编看了他的求职材料便马上决定让小华实习一段时间再说。实习不久，小华就发了4篇新闻稿，其中有2篇还在读者中引起强烈的反响，社里的一名老编辑夸奖他是个"快枪手"。短短的十天时间给予他的是更多的自信。最后，小华决定北上京城去闯一闯。接下来的日子，小华的足迹遍布了京城的许多大报社，先后有《中国青年报》《中国建设报》《中国经济时报》《北京科技报》《科学时报》等报社都向他寄来了接收函。但是外地学生进京存在一个进京指标的问题，可以聘用，但无法解决正式编制和户口。小华并没有放弃，而是一边兼职，一边继续寻找机会。任劳任怨地干好每一件事，认认真真地写好每一篇稿子。功夫不负有心人，最后，《中国建设报》报社专门为小华申请了一个进京指标，小华终于成为《中国建设报》的一名记者。

摘自张继栋．放飞的故事——大学生就业案例分析．北京：高等教育出版社，2002.

■ 获得社会经验的几种方法

经验不是天生的，而是在实践生活中一点一滴积累起来的。许多招聘广告上大都有一条共同的要求，那就是有经验者优先，从事过类似行业者优先，甚至某些职位还有特殊的年数经验限制，这些都说明有经验将是择业成功的一道门槛。

当然，大学生在校期间不可能有什么过于丰富的社会经验，这就需要你立刻开始积累，抓住机会，为以后顺利就业奠定良好基础。

★ 参加社会实践活动

可以利用寒暑假时间参加一些科技活动或社会活动，从而提高工作能力。

★ 适当兼职打工

课余时间兼职可以看作社会实践活动经常化的一种尝试，它对学生认识社会，锻炼和发挥才能大有好处，通过打工可以积累丰富的经验。打工应围绕自己的就业目标进行，以便积累经验。

★ 重视毕业实习环节

通过实习阶段可积累大量经验，一方面锻炼和培养工作能力；另一方面还可接触社会，发挥自己的专长，为未来的职业生涯作重要的经验准备。

第五节 做好求职准备

■ 做好物质上的准备

★ 通信设施

现在手机是不能缺少的通信工具。你可以很方便地去联络他人，也可让别人随时能告诉你信息。

★ 设立一个电子邮箱

能发送和接收邮件比其他方式更方便,快捷。

★ 其他物品

◇ 个性化的信笺或资料袋

◇ 业务名片及通讯录(PDA)

◇ 一个体面的公文包

◇ 一个袖珍录音机(主要是用于检测自己的表达能力)

◇ 一些办公用品(纸、笔)

★ 得体的服装

■ 人际交往网的准备

★ 构建稳固的核心关系网

★ 为人要慷慨大方

★ 掌握人际关系的维护技巧

★ 建立人际交往网应注意的几个问题

◇ 关系网成员不要个个都像你

◇ 不要以为你有权从中发号施令(关系网中人人平等)

◇ 不要小气。当某位朋友帮了你的忙时,你一定要真诚地表示感谢或帮个忙来回敬对方

◇ 小小的付出往往令你得到意想不到的回报。其实,很多时候,买单却总是对方

◇ 不要忘了及时回电话。如果继续保持,就应尽快回复电话

◇ 不可低估私人接触的价值,要时时感谢别人

◇ 不要敷衍别人问你的问题,应当诚实相告

■ 记住,健康是众多准备的基础

案例

健康体魄 事业之舟

小孙是某高校应用数学专业的毕业生,也许是“穷人的孩子早当家”,耳濡目染了父老乡亲面朝黄土背朝天的艰难,身体力行地感受到稼穑的不易。他是靠希望工程的捐助来上大学的,小孙学习特别刻苦,成绩优异,他为人淳朴踏实,乐于帮助别人,在同学中享有很高的威信,毕业前夕被评为省级优秀毕业生。拿小孙自己的话说:“我的背后有这么多的人在支撑着我,从我跨进大学的那一天起便认识到自己没有理由不好好努力。我希望有朝一日能学有所用,报答国家和社会。”小孙的择业过程非常顺利,几乎没费什么周折就与一家大型的民营企业签了协议。这家公司的薪酬和待遇不错,但工作压力却很大。小孙听说该公司每年从各个高校招收的博士、硕士生就达 1 000 余人,本科生的资历毫无优势可言,已经签约的小孙依然勤奋努力,图书馆里经常出现他那羸弱的身影。唯有通过自己的实力才能创造机遇,因此他更加珍惜在学校的每一天。

在临近毕业前,小孙觉得自己的精神压力很大,经常感觉疲劳,精力不能集中,间或出现失眠、厌食等症状。在老师和同学的建议下,小孙去学校医院检查身体,结果是慢性肝炎,GPT值已超过 300,医生建议立即住院治疗。小孙看着毕业离校的日子和去公司报到的期限一天天临近,不知自己能否如约前去公司报到。老师和同学都为他感到惋惜,小孙也后悔地说:“我

过去只知道拼命地学习和工作，对自己的身体关心很少。大学一二年级有体育课，有时还跑跑步、打打球、大三以后没有体育课了，就几乎不锻炼身体。身体真是很重要，它是学习和工作的资本。”

许多大学生对思想道德素质、专业素质和文化素质的重要性有着较为深刻的认识，但往往忽视了自己的身体健康。身体素质在人的综合素质中居于基础地位。

身体素质是大学生在学习、工作和生活等社会活动中表现出来的体质、体能等方面的能力，是大学生生活、学习和工作的物质基础和基本保证。大学生应坚持体育锻炼，既可提高身体素质，又能培养大学生的灵活性和机敏性，增强大学生的毅力、耐力、适应能力以及战胜困难的信心，养成良好的意志品质。但现在有相当数量的大学生对身体素质并不注意，有报道表明，部队从高校招收毕业生时发现最大的问题就是毕业生身体素质不符合要求。这应该引起大家的普遍重视。道德、知识、技能是重要的，但载知识之舟出了故障，又如何能驶向彼岸？一位身体素质差的大学生，经常受疾病折磨，又怎么能全心全意地投入到事业中去呢？

摘自张继栋．放飞的故事——大学生就业案例分析．北京：高等教育出版社，2002.

第八章　大学生择业心理

随着“双向选择，自主择业”的就业政策不断推进，许多大学生不能正确把握自我与社会的需求，心理上产生种种矛盾与冲突，在求职择业时感到焦虑、灰心、无奈、迷茫等。因此，良好的择业心理是大学毕业生必备的求职素质，你准备好了吗？

第一节　择业心理调节

大学生择业中出现的心理障碍多属适应过程中的轻度心理障碍，是由心理压力和心理承受力相互作用，使人失去了应有的心理平衡的结果。

■ 大学生择业心理障碍主要表现

★ 焦虑心理

过度的焦虑表现为干扰人的正常活动，易导致较严重的心理障碍或疾病。引起毕业生焦虑心理主要是：

◇ 自己的理想能否实现

◇ 能否找到一个适合自己专业特长又环境优越的单位

◇ 用人单位能否选中自己；屡屡被用人单位拒之门外怎么办

◇ 自己看中的单位，父母、恋人不赞同怎么办

◇ 选择单位失误，造成“千古恨”怎么办

◇ 不能及时找到工作怎么办

◇ 到单位后不能胜任工作怎么办

大学生择业中焦虑心理的一种特征就是急躁：有的恨时间过得太慢，怨用人单位优柔寡断；有的希望谈判桌前就一锤定音，期望无须经过周折就能如愿以偿；有的反映在选择单位上，在对用人单位信息掌握较少或不完全了解用人单位的工作性质的情况下，就匆匆签约。一旦发现未能如愿，又后悔莫及。尤其是在规定的期限内未落实单位的一些学生，心理更为急躁。急躁是一种不良心境，和冷静是对立的。急躁时，缺乏自我控制，过于急躁，会导致事倍功半甚至事与愿违。

心理调适：要克服焦虑的心理，主要是要更新观念，打破中国传统的事事求稳、求顺的思想，树立市场竞争的新意识。

(1)确立竞争意识。有竞争必定会有风险和失败的可能性，确立了竞争意识，不怕风险和挫折，焦虑的心理必定得到缓解或克服。

(2)切忌急于求成。要克服择业心切、急于求成的思想，否则容易使择业失败，失败的体验又会强化沮丧、忧虑的情绪。

(3)客观地分析自己。合理地设计求职目标,尽量减少挫折,增强求职的勇气,也会减轻心理焦虑的程度。

★ 自卑心理

缺乏自信的求职者,往往给面试官缺乏生气、能力低下、适应性差的感觉,从而导致面试失败。

心理调适:天生我材必有用。一个人的行为取决于自己的信心,如果我们想改变自己,就应改变对自己的看法,正确评价自己、扬长避短、表现自信。

◇ 正确评价自己

人贵有自知之明。不仅指善于发现自己的短处,还指善于发现自己的长处。自卑感的产生多是由于崇拜别人或害怕别人而或多或少地看不起自己而造成的。

◇ 以勤补拙,扬长避短

知道自己在某方面有缺陷,就努力去弥补。这就是所谓"笨鸟先飞"。在成长的道路上,"失之东隅,收之桑榆"的情况是屡见不鲜的。我们阅读许多名人传记,可以发现他们的优秀品格和一生的辉煌成就,从某种意义上说反而是他们的个人缺陷促成的。所以说,只要下定决心,依循科学的方法,选择适合自己的奋斗目标,自卑的人会逐渐变成自信的人。

◇ 要有自信

自卑感往往产生在自我表现的过程中,要克服自卑感就必须学会怎样恰如其分地表露自己的才能。不妨多做一些较有把握的事情,因为任何成功都会使人信心加强。如果你在求职面试中感到信心十足,在日常交往中不妨试着从以下几方面来强化自己的信心,为成功的面试做准备。

对视对方说话,如果对方回避你的目光,说明你比他坚强;如果对方声音超过你,你可以突然把声音变轻,这样会使对方更想仔细地听你的叙述;保持与对方谈话中的沉默间隔,不要过于急躁;人各有所长,都存在着有求于人和被人所求的可能,不能因为有求于别人就感到自己低人一等,也不能因为被人所求而趾高气扬;在陌生人面前,你不了解对方,而对方也不了解你,要充分意识到自己的有利条件,不可妄自菲薄。

★ 怯懦心理

不少大学生在求职择业过程中过于怯懦,有一种"丑媳妇怕见公婆"的心理表现。有的在谈判桌前不是面红耳赤,就是语无伦次、张口结舌、支支吾吾、答非所问。辛辛苦苦准备的"台词"、腹稿,一急之下,忘得一干二净。有的谨小慎微,生怕一句话说错、一个问题回答不好会影响自己在用人单位代表心目中的形象,以致不敢放开说话,该表达的未能表达。这些学生渴望公平,但在机遇到来时却手忙脚乱,局促不安。他们盼望竞争,然而在机遇到来时却未能发挥自己的才能,在"自我推销"中败下阵来。过于紧张或异常胆怯、谨小慎微,都会影响水平的正常发挥。

案例

我曾为一家中型企业担任面试评委。虽然入选名单上有很多人,而且都被预约面试,但很快就有一位候选者从他们当中脱颖而出。这位候选人是因为原来岗位的人员过剩而放弃那份工作的,所以站在评委们的角度上,很自然地认为这位候选人会急于得到这份工作。在整个面试过程中,这位候选人都表现得毕恭毕敬。

接下来的步骤中，有一个通知，评委主席告诉这位候选人："由于另外一名候选人不能在今天接受面试，所以通知日期可能会稍微推迟一下。"这位候选人很有礼貌地说："我很理解你的困难，但另一家很有吸引力的公司已经给我发来了录用通知，所以希望您能尽快给我答复。"

在这位候选人走出面试房间后，评委会陷入了紧张的状态。"我们必须得到他。怎样阻止他接受另一份工作呢?"很快评委们就决定让剩下的一位候选者提前面试。最后，那位杰出的候选人就被录用了。他的优势被无限地扩大，因为他对另一家公司也有吸引力。在这里，所有的理由都是因为另一家公司也对候选人感兴趣。

面试不是你接受审判的法庭，也不是被敌人俘虏要接受严刑拷打。相反，面试是你和未来老板间进行的一次对双方都具有探险意义的谈话。

★ 怕苦心理

现代大学生没有经过艰苦生活的磨炼，普遍缺乏艰苦奋斗的创业精神。在大学生求职过程中，普遍存在着攀高的心理，理想职业的选择标准是"三高、六个一点"，即起点高、薪水高、职位高；名声好一点，牌子响一点，效益高一点，工作轻一点，离家近一点，管理松一点。

心理调适：

◇ 要从思想上认识到能吃苦是一个人最基本的能力，不能吃苦就不会事业有成

◇ 最艰苦的环境，最容易锻炼人，成功的机会也较大

要克服怕苦心理，培养自己艰苦奋斗的作风，更需要实践，大学生要在日常的工作学习中有意识地做好吃苦耐劳的思想准备，这对求职成功会大有益处。

案例

世界大富翁、世界级企业家美国的哈默博士，他在23岁时已是百万富翁，他完全可以在美、英这些发达国家发展自己的事业，但是在第二次世界大战结束后，他勇敢地到百废待举、千疮百孔的苏联，在那里他住的是从未见过的污秽的房间，与臭虫、老鼠为伴，没有洗澡间，没有水，没有面包。在这种艰苦的环境下他做了石棉、铅笔、毛皮、古董等多项生意，他的事业取得了巨大的成功。

也曾有位农村的大学生毕业时学校准备让他留校工作，这是农村学生求之不得的结局，但他谢绝了学校的好意，毅然回到故乡，5年过去了，他已在农村成家立业，用他自己的话说，"我的选择是正确的"。

★ 孤傲心理

孤傲心理是缺乏客观地自我分析和自我评价的表现。一旦有了这种心理，很容易脱离实际，以幻想代替现实，使自己的择业目标和现实产生极大的反差。倘若未能如愿，则情绪会一落千丈，从而产生孤独、失落、烦躁、抑郁等心理现象。

★ 冷漠心理

当一些大学生因在择业中受到挫折而感到无能为力、失去信心时，他们自认为看破了红尘，听天由命，任凭自然发落。冷漠是遇到挫折后的一种消极的心理反应，是逃避现实、缺乏斗志的表现。这种心理是与就业的竞争机制不相适应的。

■ 产生心理障碍的主要原因

客观原因：

★ 社会为大学生提供的工作岗位有限

★ 多数家庭对子女所寄的期望较大

★ 学校认为学生到不了高层单位有失学校声誉，有失学校身份

★ 学生的虚荣心，互相攀比，互相模仿

主观原因：

★ 学生不善于平衡心理，不善于调整应激，不善于运用自我调节功能克服“危机”

第二节　择业挫折应对

■ 择业挫折类型

★ 损失性挫折

这是指一直得到满足的需要骤然不能满足时，在心理上所引起的感受。一些品学兼优的学生就业前总是比较沉闷，在求职择业时由于种种原因而不被用人单位接纳所引起的沮丧、失意、不满和焦虑的紧张情绪，就属于这一种。

★ 障碍性挫折

是指受到外界力量的阻止和干扰而使自己所追求的目标不能实现时所引起的挫折。一些同学千辛万苦找到了自己称心的岗位，但是由于时间、政策、经济、人事等方面的规定，不能如愿以偿的焦躁愤怒、无可奈何的心理体验。

★ 缺乏性挫折

由于自己长期得不到外界的支持、关心和帮助，使积聚在内心的需要无法满足时所引起的挫折。不能及时得到择业的社会信息、政策要求，不能及时地得到择业指导，还有一些得不到使他感到满意的支持、帮助也会产生这种体验。

★ 缺陷性挫折

由于自身生理上的缺陷或疾病等而引起的挫折。身材胖瘦、高矮、长相、口吃等缺陷或其他生理条件，在比较中相形见绌的人所产生的心理体验。有的学生忽然在临毕业时生了大病，使学业和工作都受到影响，这时的体验就是缺陷性的。

■ 战胜挫折的办法

(1)在努力提高自己竞争能力的同时，合理地认识自己已经取得的成就。不要把学校、家庭、亲友所给予的尊重、爱戴和关心当成社会给予的最终认可，从而成为向社会索取的条件。

(2)要学会按事务处理要求办事，不能只顾自己的需要而不顾家庭和社会的需要，否则会导致障碍性挫折，而且极易丧失求职择业的时机。

(3)求职择业既要克服依赖心理，又要力争他人的支持和帮助。要主动与老师、家长和社会相配合，避免缺乏性挫折，保持择业的良好状态。

■ 面对挫折自我调适的方法

★ 自我转化法

有些时候，不良情绪是不易控制的。这时可以采取迂回的办法，把自己的情感及注意力转

移到其他活动中去。如一种新知识技能的学习，参加有兴趣的活动，利用假日郊游，接受大自然的熏陶等，使自己没有时间和可能沉浸在不良情绪中，以求得心理平衡，保护自己。

★ 自我适度宣泄法

因挫折造成焦虑和紧张时，消除不良情绪最简单的方法莫过于“宣泄”。切忌把不良心情强压于心底。忧虑隐藏得越久，受到的伤害就越大。但是，宣泄一定要注意场合、身份、气氛，注意适度，应是无破坏性的。

★ 自我慰藉法

自我慰藉法就是自我安慰法，实质是自我辩解。人不可能事事皆顺心、处处是英雄。择业中遇到困难和挫折，已尽了主观努力仍无法改变时，可说服自己适当让步，不必苛求，找一个自己可以接受的理由承认并接受现实，让自己保持内心的平静。

★ 松弛练习法

松弛练习法也叫放松练习，是一种通过练习学会在心理上和躯体上放松的方法。放松训练可帮助人们减轻或消除各种不良的身心反应，如焦虑、恐惧、紧张、入睡困难、血压增高、头痛等症状，且见效迅速。

★ 理性情绪法

要消除人的不良情绪，就要设法将人的非理性观念转化为理性观念。大学生运用理性情绪法时，应首先分析自己有哪些消极情绪，从中分析、综合、抽象、概括出相应的非理性观念，并对其进行挑战、质疑和论辩，同时对比两种观念状态下个人的内心感受，鼓励自己向理性观念方面转化，从而有利于排除不良情绪。

自我调适最主要的还是要树立远大的理想，树立正确的人生观、价值观，平时注意培养良好的品质，磨炼坚强的意志，开放各种感官接触社会，多方面体验，培养乐观豁达的生活态度。

第三节　如何克服面试时的胆怯

■ 造成胆怯心理的原因

从现象上看，怯场往往是不适应、担心、害怕的结果。在不同的场合下，怯场的原因是不一致的。运动员可能在面对很强的竞争对手时怯场，歌手、演员可能会因不适应新的演出环境而怯场，而面试者一般是由于缺乏经验、害怕失败而怯场。下面是造成怯场心理的主要原因。

★ 成熟程度

不同年龄阶段的求职者，在面试时的焦虑程度高低有别，它表现出应试者的生理和心理成熟对考试焦虑程度的影响。伴随着年龄的增长，焦虑程度显著上升。特别是求职者，由于已踏入人生的“十字路口”，能充分意识到面试成绩对自己职业生涯的影响，因此，焦虑程度会显著地上升。

★ 认识评价能力

面试焦虑与个人的认识能力息息相关。如果求职者把面试视为关系自己终身前途的关口，一旦失败，什么前途、理想、荣誉、幸福都将付诸东流，其面试焦虑程度必然提高。其实，这种认识是片面的。

★ 知识经验

求职者知识经验的多寡及提取的难易会直接影响面试时的焦虑程度。当由于知识经验欠缺而对面试有较大障碍时，有些人会坐卧不安、焦躁不已；另一些人可能在面试前充满信心，但一到考场，发现自己已有的知识结构实在不足以应付面试要求，也难免会惊慌失措。

★ 应试技能

训练有素的求职者，对解题思路、答题要点、要求等心中有数，在考场上得心应手、处之泰然，分轻重缓急，井然有序地回答问题。平时缺乏训练、没有良好知识积累的人则会在面试时心里一片慌乱。

■ 如何应对临场心理的消极状态

"怯场"的状态在面试中处于临场心理的消极状态，会严重影响水准的发挥。下面，我们就几种常见的消极状态加以分析。

★ 面试恐惧心理表现

(1)群体恐惧。当你去面试时，发现面试室中已经有许多人。见你一进去，众人的目光似乎都投向你，这时，你有可能会产生紧张情绪，很不自在。因为对方是一群人，而你却只身一人，自然而然地你就产生了一种群体恐惧。这时，你要在头脑中反复提醒自己：我是来求职的，说不定他们正需要像我这样各方面都不错的新人，我会成为他们的合格人选，他们以后都是我的同事。

(2)陌生恐惧。一见到陌生人就紧张，感到浑身不自在，这便是陌生恐惧。其实，面试官与应试者之间的陌生是相互的，你大可不必因此而恐惧。

(3)异性恐惧。有的人与同性打交道还可以，一旦主试者是异性，便会变得很慌张或特别拘谨。特别是有些女性求职者，说话时细声细气，不敢正视面试官，面目表情很不自然，面试结果可想而知。

(4)高位恐惧。如果面试官是著名企业的老板，一些求职者被他们的名气所吓倒，一见面心中便忐忑不安，生怕别人看穿自己的弱点，这就是高位恐惧。其实，名气越大的人，越不摆架子，言谈举止均和蔼可亲。况且他们也是人不是神，所以你不必注重他们的头衔。从人格上讲，每一个人都是平等的。

★ 消除面试怯场方法

(1)深呼吸。在面试前进行深呼吸，有助于缓解你紧张的心情，不仅会轻松许多，而且勇气倍增。此外，握拳头、放松，如此反复几次，也有助于情绪的稳定。

(2)穿上有相当品味的服装，提高自信心。即使你应征的是初阶的职位，不必穿太高级的服装，也应注意服装品位，穿得整洁大方，与对方建立起平等关系。

(3)亲切地与对方进行目光交流，消除紧张情绪。面试中最重要的就是要尽量建立平等的关系。当你觉得心里害怕时，不妨干脆说出自己的感受。自嘲可以缓解紧张的情绪，使自己轻松起来，也能得到主试者的谅解，或许他还可以说些幽默的话来帮你放松。

■ 预防怯场的三大训练阶段

★ 松弛神经

◇ 呼吸

首先调整好你的呼吸。感受到较大压力时，我们会很紧张，呼吸变得浅而急促。这很不好控制，经常会产生吞咽或者战栗的结果。

◇ 3 分钟呼吸训练

站直身体，把双手放在腰上部约 1 英寸处的隔膜上，使手指尖刚好能互相接触，双手自然下垂，缓慢地吸气感觉到气流在隔膜上涌动。如果做法正确的话，你两手的指尖会分开大约 1 英寸。接着缓慢而悠长地用嘴呼气，要做到呼气的时间明显比吸气的长一些。不要强行为之，要做到自然而然，这样重复呼吸约 3 分钟。

如果这样做后你还很紧张，试试一些辅助措施：在吸气时，缓慢地对自己说："我很——"；在呼气时，用更慢的速度说："放松——"。

★ 稳定心情

◇ 默想

这又是一种有用的技巧，也是确信紧张不会破坏你的工作机会的最好的方法之一。这种技巧被运动员和其他体育活动者广泛运用，在重大赛事中屡屡奏效。

◇ 成功想象

用至少 20 分钟时间到一个很安静的地方待一会儿，回想一个你特有自信又能控制自如的场景，确认这个场景后，想象自己正坐在一个大屏幕前审视着你自己，看见你自己的穿戴和你的坐或站立的姿态以及房间里的一切，重现房间里的各种声响，呈现其他应聘者脸上的表情，这时牢牢记住你的心里感觉和身体上的感受以及其他类似的东西。这个过程一般会需要至少五分钟的时间，注意控制时间。

一旦你有了这种想象和所有相应的声音、感受，尽力使它们在你心中完整地重现。现在锁定你的想象，使它成为一幅静止的画面，同时把你的食指和大拇指紧捏在一起，使它成为一种触发行为。多练习几遍，使自己能熟练掌握这种技巧。当你参加面试时，使用触发行为把你的食指和拇指捏在一起，唤起前面的自信想象，让想象中的场景里那种自信挥洒自如的感觉一直伴随着你。

★ 成功预演行动

◇ 精神预演

欧美国家对考试怯场的治疗十分重视，治疗方法不断改进。但俗话说"心病还需心药医"，我们在这里提出一些有效易行的建议：

※ 正确看待面试，即使面试失败，也要心存"榜上无名，脚下有路"之念

※ 努力形成考前的良好竞技状态，养成必要的运动、休息、文化娱乐的习惯

※ 掌握正确的应试方法，熟悉不同量刑的要求和回答技巧

※ 面试时略微提早到场，在场外安静地休息，放松自己

※ 看到你自己充满自信地走进房间，以笑容向评委们致意

※ 观察到你自己保持警觉而又不拘束的坐姿

※ 听你自己对实际面试中可能问到的所有问题应答如流

※ 注意到评委们对你肯定的表示

※ 看到你自己离开，知道你很好地表现了自己

◇ 有辅助的精神预演

另一种应用这种技巧的方法是让一个同学或朋友帮你，与上次不同的是，这次你要让你的朋友帮助你进入一种轻微的恍惚状态，在这种状态中，无意识的你更能很好地接受建议。

※ 留出一段时间确保你不被打扰，最好能调暗灯光

※ 把左栏的“脚本”给你的伙伴或朋友，让他们用一种安静连贯的语调缓慢地对你念出来

※ 留些时间给面试的“提问”环节，告诉你的拍档这时最好不要出声

※ 闭上你的双眼。集中精神到每一句话上，同时唤起这句话所引起的想象、声音和感觉

※ 最后，让你的朋友说：“现在，睁开你的双眼”，你慢慢回到现实中来

■ 如何消除“怯场”时身体的紧张感

把精力集中在观众身上是向战胜“怯场”迈出的一大步。在讨论其他的演练技巧之前，我们先简要概括一下为了确保你自信、沉着、出色地接受面试须采取的关键步骤：

★ 突出你的基本技能

记住要展现的技能并练习如何展现这些技能，直到自己能够从容地回答问题而且掌握了娴熟的表现技巧为止。

★ 让你展示的技能在不同面试场合各有特色

应该对你的面试官进行调查了解，从而使自己每次展现的技能都有特色。

★ 集中注意于你的观众

需关注你的技能如何使你的观众受益。不要关注你自己，或者操心自己看上去是多么的不完美。

就业须知

对于应届毕业生来说，在参加面试时应该着重展现他们能胜任工作的技能。如果能按以下的提示来做，那会让你了解到任何事情都有它的应对方法，这将帮助你克服面试的紧张感：

• 练习详尽阐述自己具备的与工作有关的技能与知识

• 叙述经历——准备好能说明你的技能的具体事例。这些事例中有一半应该来自校内，另一半则应来自校外

• 练习谈论你很强的适应能力、良好的学习能力、充沛的精力以及勤奋工作的热情

• 无需强调你是个新手，或者因自己缺乏经验而向对方表示歉意——雇主已经知道你缺少经验

• 不要因为光谈论你的大学教育而使你显得缺少足够的竞争力——仅仅靠大学教育是不能把自己推销出去的

• 你应当把面试看成是一次具有冒险性的挑战，而不是一次专考你台词背诵能力的令人焦急不安的考试

■ 提前训练，避免面试中出现“怯场”

克服面试中的“怯场”，最好的办法是提前训练，在未参加面试之前，多争取机会磨炼自己在众人面前宣讲的胆量，这样才能应备战时之需。

★ 放下浑身不自在的初次体验

初次体验时所感到的不安，是由我们对即将面对的事情的相关知识、情况知道甚少或是全然不知，这时你所要做的就是调整二者平衡度，了解你所不熟悉的该事物。要想下次战胜恐惧，必须放下“初次”的心理负担。

★ 从“想讲”开始

当我们长期受到“不擅讲话”的困扰，就要从“想讲”开始，对众发言。在学习“讲话”时，要

不断改正自身原有的一些错误认知，否则学习就很难持续下去，更谈不上学会“讲话”了。

★ 放下“不要出丑”的思想包袱

任何人都希望自己以最佳形象立于人前，大概没有人不期望自己具备高超的讲话能力吧！在人前讲话，确实是谁都可以做到的，但那不是从最初开始，而是必须经过无数次的挑战，累积大量经验，才有可能向自己的理想形象靠近。所以请放下“不愿失败”“不想出丑”的思想包袱。

★ 紧张不一定是坏事

紧张不一定是坏事，只要积累经验，习以为常，就可以消除过度的紧张，愉快地迎接紧张感的到来，不怕失败，拿出勇气立于人面前，试着讲话，这就是想要成为能在人前畅所欲言者学习过程中的最重要一步。

就业须知

如何消除面试中的紧张情绪

★ 准备工作

• 了解你的长处，因为长处可以弥补你的短处

• 面试前先对该单位进行一番研究

• 将你所具有的技能与具体的空缺职位联系起来

★ 改变思路

• 设法从不同的角度审视一下你的学历和工作经历

• 设法从另一个角度来看待问题：如果你是招聘者，怎样才能说服你

★ 敢于面对恐惧心理

• 面试中可能会发生的最糟糕的事情是什么？“我年龄太大。”“他们不愿要我。”

• 最不理想的结果是什么？“我不得不到那里去干活，拿一份较低的薪水。”

• 你有什么机会？“不要考虑年龄，多想想自己的经验。我的关系可以帮你打开产品的销路。”

★ 敢于推销自己

• 让他们明确地知道为什么要聘用你

• 让他们看到你可以为公司带来的好处

• 设法解除他们的思想顾虑（你完不成任务，需要很长时间你才会熟悉工作，会引起麻烦，制度，待不长，等等）

如何在面试中吸引听众

我们平常说话，是否能让听者正确理解，只要一听就明白。但当众发言则不行，所以要使用听众能理解的语言，就要把发言简单易懂化，让大部分听众都能跟着你的思路联想。因此，尽量采用具体的表现方法便是重点。

★ 抽象的表现不易理解

抽象表现的用词，都比较空洞，应该从具体的内容、实体着手。

★ 使用相应的数字和数据

在当众发言时，务必注意避免模棱两可的语言出现。加入正确的数字以及详细的数据，可有效地加强自己发言的说服力。

★ 不宜使用专业用语

语言应尽量简单易懂，不要用让人感到生疏的专业术语，内容说明等，发言的用词应从听者的立场出发。

★ 使用固有名词

不要仅用他、她、有人等词，而应添加使用一些固有名词来加强发言效果。使用时务必注意到要扣住话题要点。

★ 把想讲的话保留两分

把想讲的话控制在八分左右，留下两分给读者发挥他们的想象力，因为没有人喜欢被人完全地说教。只要能巧妙地利用听众的思想和感情，就很容易使你和听者之间产生共鸣。

★ 以听众的兴趣为轴

发言中有一定的深度的技巧，那就是将听众的兴趣融入自己发言构成中的主轴，亦即透过回忆自己遇到某事时思考的顺序，考虑怎样才能诱发出听众的兴趣。

摘自马修·J. 德卢克．求职面试——201个常见问题巧答．孙康琦，王文科，译．上海：上海译文出版社，2000.

第四节 面试官的12种个性类别

面试官在面试内容上大同小异，目的性也十分明确，但由于每个主考官的性格各异，兴趣不同、处世方式大相径庭，使我们面对的问题变得格外复杂起来。我们必须学会快速评估主考官，把握主考官的类型，了解主考官的说话、思维方式，这样，我们应对起来就顺利得多。

■ 阅读以下面试官的12种个性类别

喜欢与自己相似的人是人的本性。你不妨主动试着使自己的形象与面试官相吻合。如果以此策略为鉴，在面试中你就更有可能与对方建立起一种良好和谐的关系。

1. 少年得志的面试官

特征：年纪20多岁，脸相稚嫩、着装保守，看上去很像是大学人才交流会上常见的预科生；易受摆布；举止开朗；相当友好。

自我调整：用家一般的温暖对待这类面试官，他们比较容易跟着你的思路走。你可以将话题引向大学课外活动，彼此共同的爱好，领导职位的情况，对公司的仰慕之情，以及种种令人激动的事情，但是也别谈论太久。

这类面试官经验极其有限，甚至完全空白。为了得到工作，你必须侧重展示能使“少年得志者”产生共鸣的有关自我的个性、技能、目标和经历。

2. 认真务实的面试官

特征：头发灰白，一副成功人士的形象，极可能穿着微皱但昂贵的服装；女士出现的概率比男士低；举止严肃认真，表现出公事公办的样子。

自我调整：用自信、谦逊的态度接近这一类面试官，同时让他们知道你愿意一步一个脚印走向成功的顶峰。展现你在学业上或工作上的成就，说明你严肃的工作道德观、对目标坚定不移的追求精神以及各种各样的领导才能，令他们明白你对该单位了解甚广。

让这类面试官控制整场面试。为了得到录用，你得明白无误地向对方展示你能给单位带来的技能以及你能如何将这些技能运用于你所申请的职位。

注意：大多数“认真务实一族”都态度友好，但有一些可能相当危险。对这一类你得提高警惕，他们会通过制造紧张气氛以及提问不相干的问题为难你。

3. 城府深的面试官

特征：没有统一的形象；与“认真务实者”有相似之处；通常是部门经理，其聘人的目的是要找个帮手；表现为认真务实。

自我调整：为了辨认出这一类面试官的实质，你可以直接问对方是否是你未来的直接顶头上司，可询问他（她）有关管理原则的问题。然后，描述自己的能力与这一原则相一致。

此类面试官看重的是常识、工作经验以及积极向上的态度，讨厌的则是自傲与幼稚。你应以头脑清醒的务实精神接近这一类人，并且让他们控制整场面试。

4.“谦虚”的面试官

特征：多属常识家。他们表面看来谦虚可亲，易打交道，可内心严谨，有严格的戒律，拥有卓越的洞察能力。但是，在表达方式上永远让你感到舒心可贴。他们多用赞同的方式和你交谈，又会巧妙地运用你的话加入他的思想。

他们在心理上毫无遗漏地掌握着应聘者，就考生某些优点，予以夸奖，缓冲考生的警戒心理，他们让应聘者充分地表达，而加以诱导。他们不管看中没看中你，都会以贬低公司或工作来使你感到安慰。他们用谨慎、恳切、言之有据的谈话方式，使你信以为真。

自我调整：面对这种类型的主考官，必须保持高度的警觉，第一要紧的事是：诚心诚意、老老实实地谈出自己的想法。不要一味地去迎合主考官，也不要妄自尊大，以为自己有什么了不起。主考官表面谦虚，内心却被优越的地位所包裹，妄自尊大最令他反感。所以，他谦虚，你最好比他还谦虚。

5. 冷冰冰的面试官

特征：通常出现于注重实际的场合，服装合适但毫无特色；不收藏个人物品；喜欢独处；办事说话准确无误、井井有条，以工作为重；神情安静、自足。

自我调整：这一类面试官善于分析、十分挑剔。接近他们的时候必须留有余地、充满自信。话别说得太多，回答的内容要有针对性，别啰啰唆唆谈些不相干的东西。

同时必须提供足够的信息让他们回味；他们喜欢细节，喜欢分析。因此提供的技能、成就以及经验方面尽可能详细，作为他们进行分析的丰富材料，他们也会因此倍感满意。

6. 闷不作声的面试官

特征：好像天生的哑巴，闷头坐在那里，只等你自我介绍，亲切寒暄，寻找话题，谈天说地。最后他还是没什么话可说，谈话就到此结束了。

自我调整：这类面试官虽不爱言语，却善于察言观色。他们一言不发，静观应聘者如何在这需要发挥的场合展露自己的才能。诚惶诚恐，战战兢兢，如履薄冰很容易被淘汰。必须善于应对，不怵不惧，善于改变局面，录用机会便增大。

7. 热情糊涂的面试官

特征：毫无威胁、态度友好；办公室拥有几样个人物品；通常同时处理几件事情；经常微笑且笑容真诚；态度关切、周到、令人自在。

自我调整：这一类人在面试开始以前就想着如何使你欢心愉快。事实上，他们一直都在花费大量的时间关照你，以至于你根本就没有得到正儿八经的面试。

面试开始的时候先与对方建立一种亲切的关系，然后将面试引向更加严肃的方面。这类面试官容易跟着你的指挥棒走，他们不擅长作决定。所以你得准备将一切有关自身资历的材料展示出来。

8. 漫不经心的面试官

特征：形态不一，肤色不同，高矮胖瘦也不一样——在各种场合都能见到；糟糕的面试技巧是他们共同的标签——举止各异。

自我调整：如果你的面试者问的问题显得不着边际，或者你发现所问的问题与道德不符或与工作无关，或者一句话也不让你说，为了能安然无恙地脱险同时又尽可能给对方留下美好的印象，你必须优雅地掌握局面，通过重复对方的提问抓住重点，同时提出一些能展示你在某一特殊领域的能力或知识的问题。保持镇静，主动将谈话引向你的能力及其在你所求职位上的运用。不过，不要过高估计这些面试官会发现你的潜能的可能性。

9. 态度傲慢的面试官

特征：着装无可挑剔，喜欢贵重、古典的装饰，因循守旧；办事干净利落、有条不紊；以工作为重；从不迟到，保守、挑剔，同时具有奉献精神。

自我调整：接近这一类考官时必须认真谨慎。喋喋不休、虚情假意会把他们吓跑。他们完完全全是为了工作，因此别为了营造愉快的气氛而浪费时间，尽量简单明了、直奔主题。

不论你怎么做，千万别让这一类面试官发现你的担心和畏惧。如果是这样的话，他们会一脚将你踢开，然后急着去进行下一个面试。

10. 职业型的招聘面试官

特征：文雅、专业、服装整齐；举止安静、自信、持审视的姿态。每天干的就是帮各家公司进行招聘面试。于是将应聘者的名单一缩再缩，与其说是将人员招进来，还不如说是将人员扫出去。

自我调整：他们不会让你提太多的问题，因此对他们的问题你必须全力以赴进行回答，尽可能多地提供有关自身能力、经验以及成就的具体情况。为了将这一类招聘者争取过来，你必须侧重展现最好最能干的自我。确保你的外表无可挑剔，同时，你对工作的热情和兴趣必须溢于言表。回答问题时要充满自信，与对方交流时必须清楚明白。

11. 健谈的面试官

特征：打扮时髦、服装往往尽显个性；收藏诸如照片或纪念品之类令人伤感的物品；喜欢喧闹甚于秩序；经常迟到，健谈且乐观；喜欢周围有人相伴。

自我调整：他们喜欢高谈阔论，而且语速很快，因此你得竖起耳朵、步步紧跟。面试开始的时候要先建立一种个人的关系。如果不被喜欢，他们可能就不太在意你说的一切。因此，脸上带灿烂、真诚的笑容很重要，可充分表现出热情洋溢的活力，从而尽量创造出友好的气氛。尽量在面试过程始终让他们兴趣十足，不觉得无聊。

12. 技术型的面试官

特征：很难明确描述；经常在寻找铅笔、便笺以及其他小用具，如袖珍计算器或手提电脑什么的。往往带有某个技术职称，如会计、营销助理、化工工程师；友好但不易亲近。

自我调整：此类面试官不容易与其他人相处，因此要应付他们，必须以本行业的技能来装扮自己。侧重表现你的技术知识以及成就，探讨双方都感兴趣的有关本领域的话题，以此来调动他们的情绪。他们通常几乎毫无面试经验，因此你得确保详详尽尽地表明你所有的技能，并随时准备提一些对他们具有启发性的、同时又有利于展现自我才能的问题。

请随时记住：如果应聘的职位需要你性格沉稳冷静，你就绝不要得意忘形；如果职位要求你外向开朗，善于沟通，开几句玩笑也无甚不妥。注意，你只是应试者，应该保持谦虚有礼的态度，给考官留下沉稳可靠的印象。

对待非常规的面试，最关键是以不变应万变，见机行事，注意每一个细节，不要让这些考官得逞，遇到一些非常规型的考官，应对方法如下：

★ 应对官气十足的考官

方法：把握好自己的目的，重点强调你的强项。

★ 应对说个没完的考官

方法：最好是投其所好，若即若离，在他们滔滔不绝时加上几句评论。还要特别注意提问的质量。

★ 应对面无表情的考官

方法：避免使出浑身解数让他们开口，最好用较为低调的方式去回应他。最重要的是，不要曲解他们的意思，以为自己的表现不尽如人意。他们可能对你很满意，但并没有在脸上流露出来。

★ 应对耍花招的考官

◇ 当你走进去考官故意不理睬你，看你是否会主动打招呼，大抵是为了考验你是否坚定而自信

◇ 邀请你就座的地方正好对着直射的太阳光，看看你是甘愿不舒服地坐在那里，还是主动要求换个座位

◇ 安排其他的不快，譬如，你的座位要么坐着不舒服，要么就让你深陷到座位里面

◇ 面试开始时表现得像与你相交多年，但这仅仅是因为要你放松警惕，掏出你的心里话

◇ 主动积极，有时甚至是无礼地挑战你的回答，看看你在面对挑战时的反应

方法：你面临的最大问题，是当你不得不应付这些情况时，你要弄清楚面试者的动机。如果是在考验你，你要决定何种反应最符合你的利益。如果是因为面试者傲慢无礼，你就要考虑一下，是否乐意与这种人共事，或者为有着这样的管理人员的公司效力。

★ 应对姗姗来迟的考官

方法：无论感到多么不耐烦，你都不要表现出来。

资料链接

解读考官身体语言

姿态和手势：手

作尖塔状——自信（理智的傲慢）

续表

两手紧握——焦虑、克制	
摸鼻子——疑惑	
呈“L”形放在下巴上——批评性的评价	
捂住嘴巴——拒绝发言	
姿态和手势：坐姿	
手臂向上托住下巴——矜持克制，采取守势	
前倾——准备好了	
抱臂/跷腿——不接受，不服气	
后仰——极有信心	

续表

摘线头——不同意	
姿态和手势:站姿	
大拇指伸在外面——负责主管! 居高临下	
呈“无花果”树叶形——自我克制,紧张不安	

摘自 John Townsend. 面谈高手 . 蔡宣斌,译 . 上海:上海交通大学出版社,2003.

第九章　大学生求职途径与方法

第一节　通过多种渠道搜集招聘信息

■ 大学毕业生获取招聘信息的主要途径

★ 学校毕业生就业指导中心

学校毕业生就业指导中心是学校的一个职能部门，其主要职责是对毕业生进行就业政策咨询与就业指导；搜集、整理、发布用人单位的招聘信息；毕业生基本情况的收集、整理、发布；向用人单位推荐毕业生；编制、上报就业计划；毕业生派遣及遗留问题的处理等。整理和发布就业信息，是学校毕业生就业指导中心的主要工作。

学校毕业生就业指导中心在与用人学位的多年交往中，与用人单位取得了相互信任，并建立起了良好的、相对稳定的关系。经过学校毕业生就业指导中心的筛选和分类的用人单位招聘信息，其可信度高、信息量大。可以说，学校毕业生就业指导中心是毕业生获取招聘信息的主要途径。

★ 学校老师

毕业生所在学校工作、任教的教师，比一般人更了解本专业毕业生适合就业的方向和范围，以及近几年来毕业生的就业情况。在与校外的研究所、企业、公司合作开发科研项目或兼职教学、培训活动中，教师会熟悉这些用人单位的经营状况、工作环境和人才需求情况，他们提供的信息针对性强，更能满足学生对专业发展的要求。因此，毕业生可以通过自己的老师获得有关用人单位的相关信息，从而不断充实自己的信息库，且可以直接通过老师作为推荐人或引荐人，以此增加自己求职成功的系数。用人单位在发布用人信息后，通常希望较多的求职者前来应聘，能够有较大的选择空间。但是，招聘者又往往难以在众多的求职者中挑选出最佳人选，因为他们毕竟对求职者的过去不太熟悉。这时，如果自己的老师稍加推荐，那么被录用的概率就会大幅度增加。

★ 校友

校友是指那些已经毕业并参加工作的“师兄”“师姐”们。他们大多在对口的单位工作，对所在单位、行业的情况比较了解。毕业生可以寻求去他们单位实习的机会，以获得许多具体、准确的就业信息。校友提供的就业信息，其最大特点是比较接近本校，尤其是本专业的毕业生，比一般纯粹的职业信息更有参考、利用价值。具体的做法是：列出社会关系网中能够直接或者间接帮助求职的校友名单。然后通过打电话、写信、拜访、E-mail 等各种方式，与他们取得联系。

★ 家长、亲朋好友

对于尚未步入社会的大学生而言，家长和亲友是他们重要的社会关系网。家长亲友一般比较了解毕业生本人的求职意向，提供的信息也就比较直接、有效、可靠。所以，这也是毕业生获取就业信息的一个重要途径。

★ 政府教育主管部门与毕业生就业指导部门

政府各级教育和人事部门都成立了毕业生就业指导机构。这些部门会定期收集所在地用人单位的需求信息，经过整理，分单位和专业汇编成册，并通过多种渠道发布出去。这些信息几乎涵盖了当地各行业的需求信息，地域性较强，有利于毕业生按自己的就业意向选择。

★ 供需见面会及人才市场

高校单独或联合举办的毕业生供需见面会、各地市举办的人才市场招聘会，能在较短的时间内汇集众多用人单位和大量的需求信息，对毕业生求职比较简捷有效。同时，部分省市已经建立了毕业生就业固定市场，毕业生可以常去查询。

★ 互联网

随着互联网的普及，越来越多的用人单位、高等院校和其他一些企事业单位，在互联网上发布了大量招聘信息。通过网络求职是大学毕业生求职的新途径。用人单位和毕业生将招聘信息与求职信息上网公开，用人单位和毕业生可以通过网络互相选择、直接交流。网上求职，最大的优势在于即使毕业生身在异地也能获得大量招聘信息及就业机会，它跨越时空界限，突破了人才信息与招聘信息难以沟通的种种限制，打破了单向选择的人才交流传统格局。随着我国就业工作信息化进程的加快，网上搜寻就业信息已成为如今大学毕业生最常用的求职手段之一。

★ 报刊、广播、电视等新闻媒体

这些新闻媒体历来关注高校毕业生的就业情况。一些用人单位的简介、需求信息、招聘启事等都会在当地主要媒体登出、播报，或在报纸招聘专栏登载。一些专门针对毕业生就业的期刊汇集了就业政策、就业指导和就业需求信息。这些信息传播速度快、及时、涉及面广，也是毕业生不可忽视的一条重要的就业信息搜集途径。

比如，由教育部主管，全国高校学生信息咨询与就业指导中心、高等教育出版社主办的《中国大学生就业》，各地的《就业指导报》《人才市场报》《劳动信息报》等。

★ 实习、社会实践、社交等活动

毕业生在实习、社会实践中可以直接与用人单位接触，可以更清楚地了解有关需求情况，也让用人单位更多地了解自己。社会实践是大学生自我获取求职信息的重要途径。

★ 通过黄页掌握各单位地址、电话，通过打电话、写求职信或登门拜访获取用人信息

这种渠道主动性强、盲目性大、准确性低。

■ 就业信息的处理

★ 鉴别获取的信息

鉴别获取的信息是信息处理的第一步。信息既蕴藏着机会，也可能潜伏着陷阱；有时无比珍贵，有时却是一堆“垃圾”。鉴别信息，首先，要确定信息的可靠程度；其次，要鉴别信息的内容是否齐全，特别是发现自己所想知道的细节没有或者不清楚时，要抓紧时间进行实际考察，信息基本准确之后再作选择决定。

★ 求职信息的分类整理

就业信息搜集到后，毕业生就应该对它们进行分类、分析。按就业信息的专业分类、就业信息的时效分类、就业信息的地域分类，然后采取不同的应聘方式。

★ 按照自我标准，将信息排序，重点把握

在筛选信息之后，毕业生再根据自己的实际情况和用人单位的要求，有针对性地设计自己的应聘材料，从而提高应聘的成功率。

★ 善于挖掘潜在信息

许多信息的价值往往不是浮在表面上的，必须经过深入挖掘才能发现。比如，从单位的组织结构发现其管理模式和运作机制，从单位的人事、财务报表分析它的人力资源状况和经济状况，从单位历年的招聘岗位和人数的变化了解它的经营方向变化。

★ 及时反馈信息

在当今变化万千、节奏加快的时代，由于就业信息传播速度快、共享程度高，毕业生得到的信息仅仅代表着一种可能的机会。因此，毕业生获取信息后，一定要尽快分析处理并向信息发布者反馈信息，早动手未必一定能得到这个岗位，但反应迟钝肯定会失去机会。

第二节 大学生求职新途径——网络求职

■ 网络求职的主要形式

★ 借助招聘专业网站

应届毕业生可通过招聘专业网站发布个人求职信息，也可以搜集企业招聘信息，投递简历，争取面试机会。这种招聘网站可分为全国性平台（如中华英才网、51job 网）和地方性平台（如深圳人才网）。

案例

广东省高校生化专业学生小贺毕业后想到上海工作，于是他通过几家知名招聘网站搜索与自己专业相关的上海企业的招聘信息，查到上海某生物保健公司网站的招聘公告，在详细阅读了该公司招聘公告后，小贺制作了精美的电子档案，发送到该公司的人事部邮箱，并附上自己针对该公司文化理念的一些观点和意见，之后就静静地等待消息回复。在一段时间的等待后，该公司给了小贺一个回复，告知他已经通过公司的初试，但是要求他亲自到公司参加面试。经过好几天的准备，小贺赶到上海，参加了该公司的面试，他良好的专业基础和出色的口才以及高校期间良好的实践经历，让他顺利地与该公司签约。

★ 借助大型网站或行业网站

许多大型综合网站和行业网站也设有人才频道（也叫招聘频道或求职频道），如国内关于程序员著名的网站 CSDN，这个网站的人才频道就是程序员的专业招聘求职平台，通信专业网站 C114. net 里的人才频道也是通信专业人才的专用通道。高校毕业生都比较倾向于借助这类专业化平台求职。

★ 企业网站

一般来说，知名企业的网站建设得都比较好，栏目丰富，而且有独立的招聘专区。在招聘专区中，会常年公布一些岗位需求信息，对岗位职责，以及对求职者的要求都描述得比较详尽。因此，高校毕业生如果对知名企业感兴趣，可以经常进入目标公司的网站查询。

★ 校园 BBS

对高校毕业生来说，除了招聘网站外，校园 BBS 也可以成为收集招聘信息的一个重要工具。目前大部分高校的 BBS 都设有招聘专区。校园网站 BBS 上的信息相对更加真实，可信度较高，而且更新较快。

★ 建立个人主页

高校毕业生可以在互联网上建立自己的个人主页，充分展示自身的特色，吸引用人单位的目光。个人主页应该图文并茂，内容包括自己的求职信、简历、获奖情况论文、实习报告、日记、个人论坛以及见报文章等。

■ 网络求职的优点

网上招聘人才没有人满为患的拥挤，也可以不受时间和地点的局限，招聘效果实际并不差，并且他还具有很多的独特优势。

★ 费用低廉

网上求职既省去了求职者的复印费和邮寄费，又省去了求职者和招聘者的交通费用。节省了大量的时间和人力。

★ 可以删改

招聘和求职双方可以随时对自己的信息进行删改，用人单位找到合适人选后可以立即把信息删除，免除打扰。相应地，求职者找到合适的单位也可以把信息删除。

★ 弥补不足

网上招聘省去了租用场地、准备宣传板块等程序。同时，网上招聘不受时空的限制，使异地求职成为可能，促进了人才的有序流动。

★ 方便快捷

求职者不仅可以搜集到大量具体有效的职位，而且可以了解到用人单位的业务介绍、经营范围、员工结构、教育培训等有价值的资料。

★ 互惠互利

对于网上人才市场，一方面，用人单位公布需求信息，毕业生也在网上公布择业信息，两者都是卖方；另一方面，用人单位在网上寻找适合的人才，毕业生也同时在寻找理想职业，两者又都是买方。买卖的双重性有利于信息的快递交流，使双方都有更多的相互选择机会。

■ 网上求职前的准备

你想要在网上求职事半功倍，就要一定的准备。

★ 搜集信息

网上求职的第一步是明确自己的求职意向，再在有关人才网站上搜集信息，并记下感兴趣的单位的人事部的 E-mail 和网址。

★ 确定目标

首先对自己寻找什么样的求职目标要有清晰的认识，假如没有一个具体的求职目标，也一定要有一个求职方向。

★ 学会查看最新信息

在网络上，不少标题都有“NEW”字样，表示最近更新过。

★ 及时记录

从互联网上下来后要立即整理有关的求职信息，可以用笔记本记录。

■ 网络求职的方式

网上求职与一般途径求职不同的是，求职者首先要在一家已入网的“职业介绍服务中心”加入“劳动力资源信息库”，其程序是：

(1)填写《求职人员登记表》，写明姓名、年龄、性别、学历、专业特色、业绩及求职意向、要求和联系方式等内容。

(2)缴纳一定数量的“入网费”，并确定入网期限。

(3)出示有关的学历证明、身份证、职称证明、求职证等与求职相关的证明材料。

(4)登记自己的电话号码供用人单位与自己联络，留下亲戚朋友的电话让其及时转告亦可。

(5)被用人单位录用后，及时与职业中介中心联系，终止推荐。

加入劳动力资源信息库，求职者可避免四处奔波找工作，用人单位也可迅速全面地了解求职者的情况。一旦求职者和用人单位和网上初步“联姻”后，双方再相约面谈，其程序、方法和技巧则与常规的求职面试一样。

■ 电子简历的种类及注意事项

电子简历，又称为可扫描识别书面简历，是指可以通过扫描仪准确无误地生成一个计算机文件的书面简历。

为设计一份可扫描识别简历并大大地增加求职机会，求职者需要注意以下几点：

(1)避免使用一些不易为扫描仪辨别的字体，如新艺体、古印体等。

(2)注意字体大小，尽量保持字迹清晰可辨。

(3)字与字之间不要粘连以免改变单个字体的形态，影响识别效果。

(4)不要使用反色框(黑底白字)，这是扫描仪无法读出的。

(5)不要使用古怪的字符和图片。

(6)用“百分比”等字样替代“%”等字符。

(7)利用空格、空行等来分开不同的部分，从而使识别顺畅，文件格式清晰。

(8)在不影响字形的情况下，可以使用长的横线来分割不同的部分。

(9)避免使用下划线以免影响字形。

(10)避免使用连续的点，如省略号。

(11)不要使用短的线条和线框。

(12)尽量使用质量较好，底色较淡的纸张打印简历。

(13)采用当面打印，并使用 A4 纸号或稍小一点的纸张。

(14)不要使用订书钉。

(15)不要折叠简历。

■ 网页简历

网页简历是一种采用多媒体格式，既可以放在因特网(Internet)上也可以存储在磁盘里供招聘单位随时察看的电子简历。网页简历必须涉及以下几方面的重要内容：业绩能力；工作经历;荣誉奖励;求职意向。

★ E-mail 简历

E-mail 简历是一个内容可以通过网络传送到世界各地而无须打印在纸上的计算机文件。

发送注意事项:

(1)发送时,打开 ASCII 文本,拷贝全部内容,然后粘贴到 E-mail 中,不要以附件形式发送;

(2)先发送一份到自己的信箱,查看效果;

(3)注明申请职位;

(4)一些人才网站为求职者设计了标准简历模板,求职者只需根据提示按部就班地填写即可;

(5)一些人才网站的简历还可以设置简历的公开程度,如完全公开、部分公开、保密等,会员可根据需要选择和更改这些功能;

(6)求职信不可省略;

(7)向大量的公司无目的地发放个人简历是没头没脑的表现;

(8)如果你想同时申请同一个公司的两个不同职位,最好针对申请职位的不同做两份格式迥异的简历,分别申请不同的职位;

(9)发送后要跟踪联系;

(10)在发送 E-mail 中如何设计纯文本的简历。

如果想在网络上申请一份工作,最好不要用附件发送简历。但是放弃在附件中夹带简历而只能把简历嵌在电子邮件正文中发送,那就不能设定字体和使用列表符来排版了,为了使简历更好看些,可以精心设计一个纯文本格式的简历,也能达到不错的效果。以下有一些小技巧可供参考:

(1)注意设定页边距,使文本的宽度在 16 厘米左右,这样你的简历在多数情况下看起来都不会错误换行;

(2)尽量用较大字号的字体;

(3)如果你一定要使自己的简历看起来与众不同,你可以用一些星号(*),特殊字母(如 0),加号(+)等分隔简历内容,这些符号不会像版式符号如列表符等会被转换成不可识别的记号;

(4)不要使用项目符号(bullet),将其替换为“*”或者“_”;

(5)需要空白处,不要用 Tab 键,而用空格键;

(6)格式简洁明了,重点突出。

第三节 常用的求职途径

常用的求职途径众多,主要有大型供需见面会、校园应聘求职、通过人际关系网求职等。

■ 大型供需见面会

★ 各级政府举办的大型人才招聘会

各省和各地市为了推动毕业生充分就业和为地方各用人单位招聘人才,每年都举办大型的人才招聘会。特别是广东省珠三角各地市举办这类大型的人才招聘会,信息量大、招聘岗位多,毕业生根据自己的就业意向有选择地参加。

大型人才招聘会由各级人才市场常年运作,由于组织得力,用人单位较多,所提供的需求信息和就业机会也比较多,使毕业生有较多的选择机会。大型人才招聘会接洽方便,可以现场签协议。还有就是较为节约,对于毕业生来说,一场招聘会可以接触几个到十几个专业对口需求单位,提高了效率,节约了时间和金钱成本。

★ 高校毕业生供需见面会

省政府和省高校就业指导部门为做好高校毕业生就业工作,促进毕业生充分就业,为毕业生提供良好的就业平台和就业环境,每年都在高校举办10多场大型的应届毕业生供需见面会。这类供需见面会由政府给予资金扶持,省高校毕业生就业职能部门主办,有关高校承办,毕业生免费入场。

毕业生供需见面会分类

按学生层次分:研究生专场、本科生专场和高职高专专场。

按专业类型分:工科类专场、农林类专场、文科类专场、管理类专场、师范类专场、外语类专场。

■ 毕业生参加供需见面会应注意事项

(1)精心准备。毕业生事先应准备好个人求职简历等有关应聘材料,特别要提醒毕业生要注意自己的精神和精力准备,在与用人单位洽谈时要表现出良好的精神面貌,充满自信,精力充沛,志在必得。

(2)整体把握。毕业生要及早进入招聘会现场,以充分的时间搜集信息,了解行情,整体掌握到场单位的情况。注意不必太早与招聘者交谈,先浏览一遍整个会场,对到场的单位情况做初步的了解后,再根据自己的求职意向,确定重点应聘单位,按主次顺序进入交谈。

(3)详细询问。毕业生在与用人单位面谈时要仔细地询问招聘单位的详细情况,包括单位的上级主管部门、所有制的形式、招聘的岗位和工作的内容、用工形式、工作的时间、薪金待遇等。

(4)注意形象。毕业生参加招聘会时要适当打扮,"包装"自己。在招聘现场要注意自己的一言一行,特别是在与用人单位交谈时要运用必要的礼仪和谈话技巧。

(5)谨防受骗。近年来,一些不法分子利用人才招聘会行骗的案件时有发生,主要是由于不少毕业生涉世未深,又求职心切,缺乏必要的自我保护意识。

(6)及时联络。离开人才市场后要及时整理在人才市场搜集来的求职信息,并将其中重要的加以标记和摘录,准时赴约。毕业生在招聘会后不能被动等待,要及时联系,一方面表示自己对用人单位的尊重,另一方面传递自己的诚意,给用人单位留下良好印象。

■ 校园应聘求职

校园应聘就是利用在校园举行的招聘会实现就业,是大学毕业生就业的主渠道。根据招聘会的集中程度,可分为校园就业供需双向选择洽谈会和小型专场招聘会。

★ 校园求职供需双向选择洽谈会

校园毕业生就业供需双向选择洽谈会一般规模较大,由学校集中邀请相关的用人单位来校直接与毕业生见面,通过双方的直接沟通洽谈与双向选择,实现学生求职择业与用人单位选才纳才的就业渠道形式。主要特点有:

(1)针对性强。学校所邀请的用人单位多与本校设置的专业密切相关,用人单位向学校发出用人需求信息，一般也是基于对学校的专业设置、生源情况、教学质量等多方面的了解和掌握，对该校毕业生的招聘有较强的针对性。

(2)信息可靠。高校本着为学生负责的态度，对来校招聘的单位的资质一般进行较为严格的审查，且不少单位可能是学校合作伙伴，有业务上往来这种审查和关系对于确保信息的真实性和可靠性提供了保证。

(3)服务到位。由于这种就业招聘会是由校方牵头举办，在就业形势日益严峻的今天，确保高校毕业生的高就业率成为高校生命线的情况下，高校的服务意识有了很大的增强，可为双方提供到位的服务。

(4)方便学生，成本低廉。这类招聘会一般安排在春节前后，或者在毕业离校前的五六月份举行，招聘会的时间安排一般与应届毕业生的实习与就业相协调。同时，由于毕业生不出校门就可接触到针对性强的大量单位，减少了毕业生外出参加招聘会的人力、物力、财力，大大方便了学生。

(5)规模较大。有时由两所或两所以上的学校联办的供需洽谈会，会进一步扩大信息量、规模和影响。

★ 用人单位在高校举办的小型专场招聘会

这种招聘会一般由用人单位进高校招聘，招聘地点还在高校，除规模较小外，其余特点与高校毕业生就业供需双向选择洽谈会相同，并且还有自己的特点：

(1)专业对口性强。由于来高校招聘的单位一般都有备而来，有些比高校统一举办的招聘会的时间提前，是基于用人单位对高校的专业设置等有较深的了解，有的与院校还长期保持有联系，另外还有一层考虑就是想提前进行，有优中选优的考虑。

(2)形式灵活、举办频繁。高校毕业生就业供需双向选择洽谈会，虽然信息量大，但规模大，成本高，不可能做到经常化，而这种小型招聘会则不受限制，形式和时间安排上也灵活机动，规模上可以几人或几十人，为毕业生提供了多样的选择机会。

(3)深度沟通、取舍有据。这种小型招聘会可以做到深度沟通，用人单位可以采取学术讲座或者招聘介绍会等形式，向毕业生介绍单位的基本情况等，从毕业生方面讲，可以从容与用人单位讨论自己关心的问题，这样可加强双方的沟通，有效地提高了成功率。

■ 通过人际关系网求职

运用人际关系即通过父母、亲友、老师、校友、同学、朋友等社会关系获取推荐而达到自我推介的一种方法。由于个人掌握职业信息的途径有限，充分发挥人际关系网的优势，可为自己开辟出广阔的职业选择天地。这也是大学生求职的有效途径。

通过人际关系获取求职信息直接快捷、真实可靠。无论是招聘高、中层管理者还是普通员工，熟人推荐是企业最乐于接受的方式。企业认为熟人推荐来的人可信度比较高，对应聘者的情况和背景也可以了解得比较清楚，用人单位较为放心。

第四节　如何了解企业

面试前，应先将企业的基本情况了解清楚，这有助于面试者在面试中占据比较有利的地位，如果没有经过很好的调查研究，只是盲目应聘，容易掉进招聘陷阱，造成人力、物力、精力的损失。

■ 了解企业的方法

★ 直接索取公司宣传手册

★ 从企业外围着手调查

◇ 查阅电话号码簿（黄页）或登录企业网站，查阅关于该公司的相关报道

◇ 从图书资料中查询有关企业简介或专访

◇ 利用社交关系，向了解公司情况的人请教与调查

◇ 从与该企业有业务往来的公司中进行查询了解

◇ 仔细阅读分析公司年度业绩报告、收集报刊和证券界人士对公司的分析研究

★ 从企业内部着手进行查询

◇ 收集公司内部出版物或关注高层管理人员所写的文章

◇ 向过去或现在在该公司工作的员工进行查询了解

■ 全面了解企业的情况

★ 企业的历史和隶属关系

◇ 搞清它的上级主管部门及人事档案管理关系

◇ 它成立于何时、何地

◇ 它的性质和管理体制是什么

◇ 它的地理位置在哪儿

◇ 它的历史沿革是怎样的

★ 规模与发展模式

◇ 该公司的经营范围是什么

◇ 它目前的规模是在扩大还是在缩小

◇ 它有哪些分支机构和下属机构

◇ 它有多少名员工

★ 产品或者服务

◇ 该公司提供什么样的产品或服务

◇ 它的生产标准是什么

★ 公司的净资产

◇ 公司的资产、销售额、盈利是多少

◇ 公司财务状况的稳定程度如何

◇ 公司的多少盈利由雇员分享

◇ 公司的不动产情况如何

◇ 公司的工厂、公司所持有的其他产业情况如何

★ 企业在行业中的地位

◇ 在同行业中是处于主导地位还是处于中游或者下游地位

◇ 在不同行业中占据市场份额是多大

★ 企业发展前景

◇ 它面临着什么样的困难

◇ 它是否开始生产什么新的产品或者启动了什么新的项目

◇ 企业将如何进行资产重组和股份制改造
◇ 经营者如何考虑企业的未来发展
◇ 是否在进行上市的准备
★ 企业对人才的要求
◇ 这项工作是否一直有人在做？还是由很多人从事的常规工作
◇ 是否能联系到一些从这个岗位离任不久的老员工
◇ 将来的上司会是个什么样的人
◇ 这些工作需要掌握什么技能
◇ 对技能的要求怎样(最低限度是什么，最高标准是如何规定的)
◇ 最近在这些工作中处理的最棘手的事情是什么
◇ 这项工作的近期发展趋势如何
★ 企业员工待遇
◇ 工资收入、资金数额以及住房条件、医疗福利、失业保险等

第十章　求职简历制作

求职简历几乎是每一位求职者用来向用人单位介绍自己，通往面试、到达成功的一本护照。这本护照的制作质量是显示求职者个人第一印象和用人单位初步了解求职者的关键。

第一节　如何制作简历

简历是一个人快照和对求职相关技能的强调，是一份为你量身设计的专业技能和资质的清单，是一份最好的、达到先声夺人效果的自我介绍。相反，简历不是一份一步到位的求职解决方案，不是一个你曾经做过的所有工作的流水账，不是一份罗列所有职位的枯燥文本，不是一份个人记录，不是一份可广泛散发、适合所有用人单位的文件。

■ 什么是“成功的求职简历”

★ 应该是一份目的明确的简历

★ 应该是一份可能获取最多面试机会的简历

★ 应该使招聘者的工作尽可能变得容易

★ 应该实事求是

■ 成功求职简历的主要特征

★ 简短

★ 切中要点

★ 发送正确的“信号”

★ 提供证据

★ 是一份推销自己的材料

★ 阐述有利条件，以争取面试机会

★ 赋予人信心

★ 诚实

★ 是一项面试的议程

■ 求职简历的类型

★ 时序型

包括按时间先后排列、反时间顺序排列（推荐）两种。这种简历清晰、简洁，便于阅读。一份时序型的简历应包括目的、摘要、经历等部分。

时序型的简历一般适用于以下情况：

◇ 你的工作经历能很好地反映出相关工作技能的不断提高

◇ 你有一段可靠的工作记录，表明你获得不断的调动和提升

◇ 你最近所担任的职务足以体现你的优势

★ 功能型

这是一种不太常用但往往很有效的简历。它强调你的资历与能力，并对你的专长和优势加以一定的分析和说明。工作技能与专长是功能型简历的核心内容。一份功能型简历一般包括目的、成绩、能力、工作经历以及学历等几部分。

你可根据自己的实际情况选择使用功能型简历，它一般适用于：

◇ 你的部分工作经历及技能与求职目的相关

◇ 你只想突出那些与应聘职务相关的内容

◇ 你是一个应届毕业生

★ 复合型

该型简历是时间型和功能型的综合运用。你可以按时间顺序列举个人信息，同时刻意突出你的成绩与优势。一份复合型简历一般包括目的、概况、成绩、经历和学历等部分。

复合型简历能最直接地体现你的求职目的。它一般适用于：

◇ 你是一个应届毕业生

◇ 你既想突出成就与能力，又想突出你的个人经历

★ 目的型

除了上述几种主要的类型外，简历也可以完全根据求职目的来安排。只要适应于具体情况，目的型简历可以是上述类型中任意一种(一般多为复合型)。

目的型简历一般适用于特定职业的求职，对工作在特定领域的求职者较为有用，如教师、电脑工程师、律师等。

■ 简历的基本内容

★ 个人基本信息

★ 求职意向(职业目标)

★ 教育背景

★ 工作经历(实习经历)

★ 爱好与特长

★ 个人简介(自我评价)

★ 附件(证明、证书等)

在你的简历中，到处都要推销自己，要把个人情况的信息和用人单位情况的信息结合起来，制作相对应的不同风格的简历。

■ 简历制作的三大原则

★ 要有重点——陈述工作和职位重点，或是把你描述成适合该职位的求职者

★ 把简历看作一份广告，推销你自己——语言简短，多用动词

★ 陈述有利信息，争取面试机会，也就是说尽量避免在简历阶段就遭到拒绝

■ 简历制作的诀窍

★ 简历要简洁

★ 简历中不要含水分，一定要真实客观

★ 不要过分谦虚

★ 简历上要写明求职的职位

★ 在文字、排版、格式上不要出现错误

★ 简历不必做得太花哨

★ 简历言辞要言简意赅，不要过于华丽

★ 不要写上对薪水的要求

★ 不要写太多个人情况

★ 避免遗漏要点

★ 避免喧宾夺主

★ 略去应该略去的部分

◇ 略去日期

◇ 略去种族、宗教等，除非你的简历的目的是寻求这方面的职业

◇ 略去缺点、失败的经历或羞于谈及的往事

◇ 略去证明人

案例

简历的创意

一个人的简历其实是你给用人单位的第一印象。

日文系毕业生小刘，他应征的工作对创意性要求很高，于是他将自己的简历设计成病历表交给主考官，他声明自己病入膏肓，医生开出的药方是“要有源源不断的创意”，就凭着这份本身就是一个前所未有的创意与设计，他就被录取了。

一家美国大公司的老板，退休前提出的一个愿望是想见一下15年前他钦点录用的员工，人事经理为其找到人后，诚恳地请求说想知道老板寻找这位员工的原因，老板从他已经存好的文件盒中拿出一份纸页发黄的简历，那份简历写得像一本流水账，其中被用红笔圈着的最后一行写着：“1976年9月11日晚7时，我写完最后一篇工作日志，关紧厂房里的最后一扇窗，窗上有一小片白灰溅上的印迹，我用指尖蘸了一点口水将它擦掉了。我明天要去一个新的公司上班。”

摘自沈健．大学生求职训练．北京：中国发展出版社，2003.

■ 撰写简历的步骤

★ 认识自己

◇ 什么是你最在乎、想要的（经验、薪资、成就感）

◇ 什么是你最不能忍受的（受限制过大、加班）

◇ 什么是你与众不同的特点（优、缺点）？对你的职业发展有什么作用

◇ 什么经历是你最得意的？这对你今后的发展有什么作用

◇ 什么经历是你最失败的？你是如何处理及改进的

★ 认识职业和应聘企业

◇ 你对所应聘职业和企业的了解程度很大程度上决定了你的“中彩”概率

◇ 清楚了解所应聘的职务是什么

◇ 该职业需要做哪些具体的工作

◇ 该职业必须具备什么样的条件和能力

◇ 这家企业有什么样的企业文化特点

◇ 他们的产品是什么？市场形象和定位是什么

★ 突出特色卖点

◇ 首先要找到你期待的最理想的职位和企业

◇ 结合其中关键因素找到自己最突出的卖点

◇ 列出关键项目和你能提供给企业所想要的重要特点

◇ 再想想用何种方式进行适度的“包装”：包括内容上和格式上的，以便用人单位对你的优点一目了然

★ 制作适合的简历类型和格式

◇ 形式与内容要完整

◇ 个人状况要简洁明了

◇ 教育背景要争取对应

◇ 工作经验要有详有略

◇ 其他专长要真材实料

■ 简历的注意事项

★ 书面简历

◇ 不要文章式简历

不应该注入大量抒情的描写，这样会让面试官觉得你是一个无病呻吟、虚无缥缈的求职者。

◇ 多用数字说话

经常吹嘘自己组织过无数的成功活动，兼职如何获得别人的赞许，成绩如何的好，但就是没有一个具体的数目，这样令面试官觉得你是个爱说空话、废话连篇的人。

◇ 尽可能使复印件清晰明了

如果连自己的自荐书都不能让它清晰明了，会让人觉得你连自己都不尊重，肯定是个做事马虎、缺乏热情的人。

◇ 要有应聘职位

很多求职者不喜欢把自己的应聘职位写在简历上，希望这个工作不行那个也可以，这是大错特错的做法，老板不是慈善家，他决不会将这份工作给一个连自己想干哪一种工作都不知道的人。

◇ 装订不要过于精美

装订过于精美的封面很容易让面试官误认为你是一个奢侈、不够专业和过于注重外表的人。

★ 邮件简历

◇ 尽可能不要加带附件

最好直接把你的简历粘贴在正文中，不要以附件的形式发送。在一些公司敏感防火墙的作用下，可能你的邮件还未到达目的地，就已在服务器内被直接删除了。

◇ 使用通用软件

公司的电脑是办公用电脑，所以只有一些常规的办公软件，用 Office 制作的简历是所能容忍的极限。

◇ 杜绝用加密文件

没有人愿意费心思去先解开你的密码，再去了解你。

★ 压缩简历

将简历压缩到一页，反复掂量，分辨那些功能相似的信息，选择那些更生动、更独特的信息，删除那些雷同的条目；在表达原有信息量的同时，尽量换用更简练的表达方式。

★ 包装简历

对简历上所有条目重新布局。布局与包装的原则是：

◇ 简历中重要的信息一定要出现在第一页

◇ 每页中重要的标题项尽量出现在靠近页首或页尾

◇ 每项标题项中最重要的细节要出现在第一项，次重要的细节出现在最后一项，其他信息安排在中间，从而避免给人以虎头蛇尾的感觉

◇ 删除那些无足轻重的细节

简历页面寸土寸金，不要让你的姓名、性别、地址、电话占据了过大的页面。

如果你使用两页的简历，千万将第二页充满 2/3 以上，不然就坚决选择一页的简历。

◇ 将你的名字作为题目，可以省出宝贵的页面

◇ 设计反映自己个性的外观

案例

简历范本

张三

照片

- 联系电话：13570342×××　　E-mail：346810×××@qq.com
- 通信地址：广州市×××大学×××宿舍
- 性别：女　年龄：24 岁　政治面貌：中共党员　毕业时间：2011.7

【求职意向】金融类　咨询服务

【教育背景】2007.9—2011.7 广东财经大学华商学院主修国际经济与贸易专业

【学校工作经历】

• 2009.9—2010.8 担任学院学生会副主席

（任职期间培养了较强的表达能力、交际能力，积累了大量的组织管理经验）

• 2008.8 赴广东珠海市实践调查　调查小组组长

（调查珠海市经济效益与旅游环境的关系问题。完成实践报告并获学院优秀奖）

• 筹备广东财经大学华商学院 5 周年校庆学生系列活动筹备组副组长

（作为主要负责人之一，负责总体策划及组织工作，得到了各方面的高度评价，因表现突出被太阳城教育集团聘用，并安排在房产开发部顶岗实习）

【社会工作经历】

• 2008.1—2008.2 中国移动广州市增城分公司销售部(实习)

(负责部门日常事务管理、销售数据处理及外场销售活动推广等)

• 2009.8—2009.9 顺德市金鹭针织实业有限公司实习,担任经理助理(实习)

(负责协助经理处理日常事务)

• 2010.8—2010.9 中宏人寿保险有限公司人力资源部经理助理(实习)

(负责协助经理处理日常事务,撰写公司经理会议、专题研讨会议等公司会议纪要)

【专业知识】

• 金融:具备较扎实的专业课知识基础知识,通晓国际金融、国际贸易、管理信息系统知识

• 市场营销:掌握市场营销学、消费者行为学等专业知识,并通过实习得到较深入的理解

• 人力资源管理及社会心理学:选修了相关课程,大量阅读相关资料,并积累一定工作经验

【外语能力】

• 英语:较熟练运用,具备较强的英语听说写能力,CET-4 证书

【电脑运用】

• 能熟练使用 Internet、Word、Excel、Powerpoint 等办公软件,擅长使用 Excel 进行数据分析和处理,以及制作各类电子报表和图表

【特长爱好】

• 喜爱文学作品,尤其是推理性书刊,有一定的写作能力

【自我评价】

• 肯吃苦,敢拼搏,诚实,乐观,认真细致,学习和适应能力强

第二节 如何写求职信

今天的求职信已经不仅仅是作为求职简历的陪衬,它本身就是一种个性化的、充满活力的促销工具。最近的一项调查发现:60%的管理人员认为,他们在挑选众多求职者时,会非常仔细阅读求职简历里的求职信。有的甚至在看了求职信以后就决定将他纳入旗下。

所以,如果想你的求职信能吸引未来老板的注意,你就要绞尽脑汁地把它写得感动人心——感动老板的心。

■ 感动人心的求职信

★ 充满鲜明的个性

★ 抑制不住充沛的精力

★ 具有老板想知道的相关信息

★ 适当的不拘礼节

★ 清新的气息

■ 感动人心的求职信的作用

★ 给人良好的第一印象

就像你敲第一声门一样,一封激动人心的信可以吸引你的简历读者的注意力。

★ 以面试官为中心

简历的焦点是你，而感动人心的求职信的焦点则是将要面试你的面试官，简历迎合面试官的口味。

★ 和你能带来的好处联系起来

你的求职信突出你的个人资历所能带来的好处，并把它们直接传达给特定的人，它让你的老板明白为什么你具备他所需要的条件。

★ 紧跟潮流的形象

求职信表明你了解影响当今单位效益的新观念、新技术。在新兴的行业中，很多老板都认为刚毕业的学生掌握着最新的知识。

★ 显示才智

感动人心的求职信展现你理解并有满足单位特定需要的能力。它表明你很聪颖、还很尽责、能够查询到单位在各方面的需求。

★ 预售自己

感动人心的求职信预售你的资格，促使读信人把你想象成聪慧、风度翩翩、能够胜任工作的人——值得进一步面试去再了解你。

★ 适应性——一个实用问题

求职信当然应该是针对个人的，不管什么时候，尽量写给个人而不要写给用人单位。但是，为了实用，你应写几份核心求职信——每种职业各一份。需要时只要加上一个新开头，插入一些目标工作的细节，你就有了一份全新的求职信。

★ 充分显示你：一个真实的人

有了求职信，你就不再仅仅是一个名字和一连串资历的组合，而是一个真实的人，可以带来好处，有着自己的目标、主见和个性。

★ 展示你严谨的思维

感动人心的求职信可以向老板展示你是如何思考的——你是如何阐明自己的立场，然后以清晰的思路把材料组织起来的。同时你的求职信证明你善于用文字交流。

■ 求职信的格式

★ 称呼

求职信的称呼一般要比书信的称呼正规一些，在实际书写时要区别对待：如果写给国家机关、事业单位的人事处领导，用“尊敬的××处长(科长等)”称呼。当然，有些求职信，也可以不写姓名，如“尊敬的董事长先生”等。

★ 正文

◇ 说明本人的基本情况和求职信息的来源

◇ 说明应聘岗位和能胜任本岗位工作的各种能力

◇ 介绍自己的潜力

◇ 表示希望得到答复面试的机会

★ 结尾

写上简短的表示敬意、祝愿之类的祝词。如“深表谢意”。也可以用“此致敬礼”之类的通用词。

★ 署名

★ 日期

求职信的正文要突出你的优点，能令未来老板觉得你能为他分忧的特点，所以在写求职信前，先检阅一下自己的优势所在。

求职信范例

××经理：

您好！

我写此信应聘贵公司招聘的经理助理职位。我很高兴地在招聘网站得知你们的招聘广告，并一直期望能有机会加盟贵公司。

两年前我毕业于首都经济贸易大学国际贸易专业，在校期间学到了许多专业知识，如国际贸易，国际贸易实务，国际商务谈判，国际贸易法，外经贸英语等课程。毕业后，就职于一家外贸公司，从事市场助理工作，主要是协助经理制订工作计划、一些外联工作以及文件、档案的管理工作。本人具备一定的管理和策划能力，熟悉各种办公软件的操作，英语熟练，略懂日语。我深信可以胜任贵公司经理助理之职。

个人简历及相关材料一并附上，希望您能认识到我是该职位的有力竞争者，并希望能尽快收到面试通知，我的联系电话：139××××××××。

感谢您阅读此信并考虑我的应聘要求！

此致

敬礼！

您真诚的朋友：×××

××××年×月×日

一封完整的求职信可以从4个方面入手：

A. 开头

开头一定要开门见山地写明你对公司有兴趣并想担任他们空缺的职位，以及你是如何得知该职位的招聘信息的。

例如：获知贵公司××××年××月××日在××××××上招聘××××××的信息后，我寄上简历敬请斟酌。

B. 推销自己

信的第二部分要简短地叙述自己所学的专业以及才能，特别是这些才能将满足公司的需要。没有必要具体陈述，详细内容引导对方查看你的简历。此外，推销时要适度，不能夸大其词。

C. 联系方式

写清楚在求职信中给出你电话预约面试的可能时间范围，或表明你希望迅速得到回音，并标明与你联系的最佳方式。

D. 收尾

感谢他们阅读并考虑你的应聘。

另外还有几点是一定要注意的：首先求职信的篇幅不要太长，简明扼要就可以了。其次不要粘贴或附带太多支持文件，诸如证书、奖状等复印件，除非是招聘单位在招聘广告中特别申明要求的，否则寄了厚厚一大沓材料，成本代价不菲，收效可能甚微。最后，态度要诚恳，不需要任何豪言壮语，也不用使用任何华丽的词汇，只要让对方读来觉得亲切、自然、实实在在就可以了。

第三节　求职简历封面设计

■ 求职简历的脸面——让招聘者一看就知道是一份精美的求职简历

★ 标题

必须有“求职简历”字样，如果送往外资企业则还应有中英文对照。

★ 个人的基本资料

在封面上应当有个人的最基本情况，包括姓名、院校、联系方式。

★ 版面设计——简洁大方，既能反映专业特色又能突出个性

■ 赏心悦目——让招聘者一看就被吸引住

★ 清晰明了，突出个性

★ 有专业特色

★ 颜色配合恰当，美观

★ 考虑成本

★ 有一些动人的语言

案例：简历封面范本

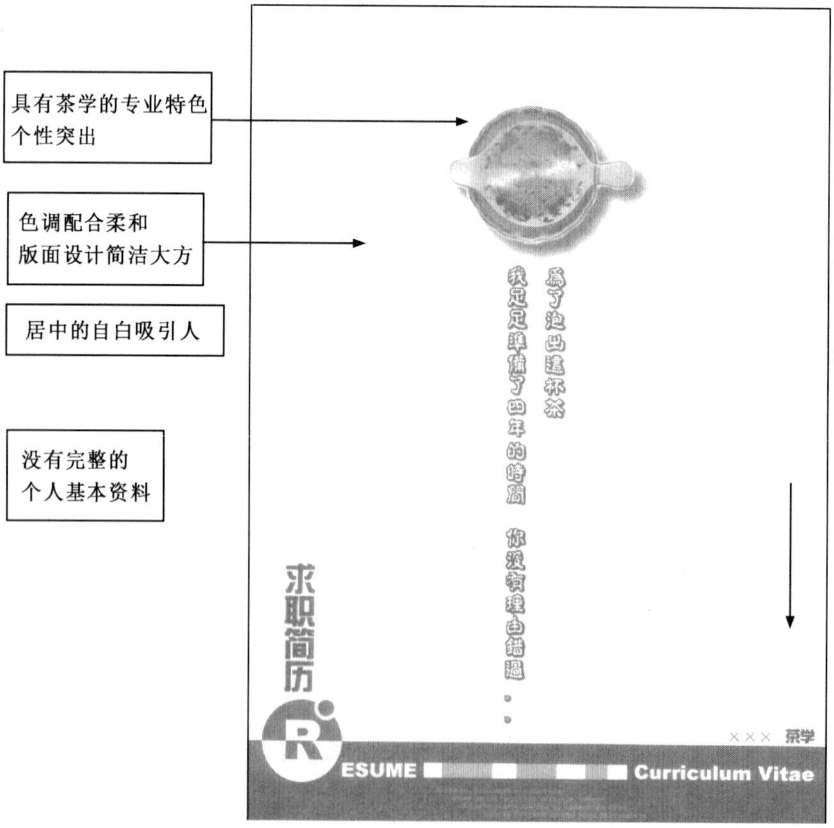

附高校毕业生求职简历封面范本：

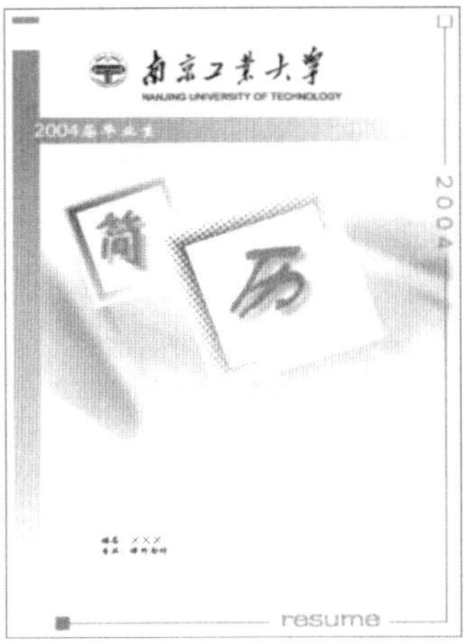

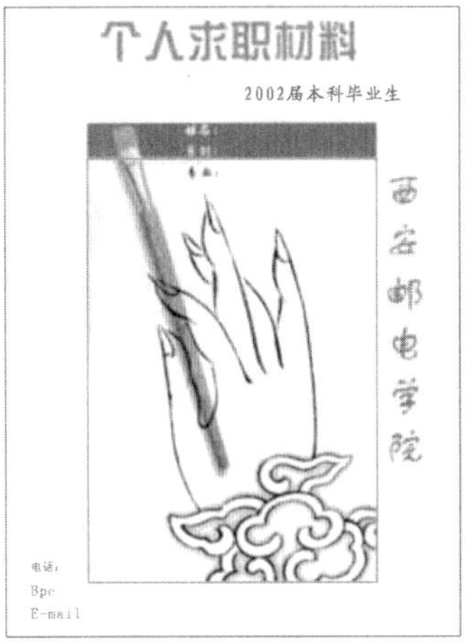

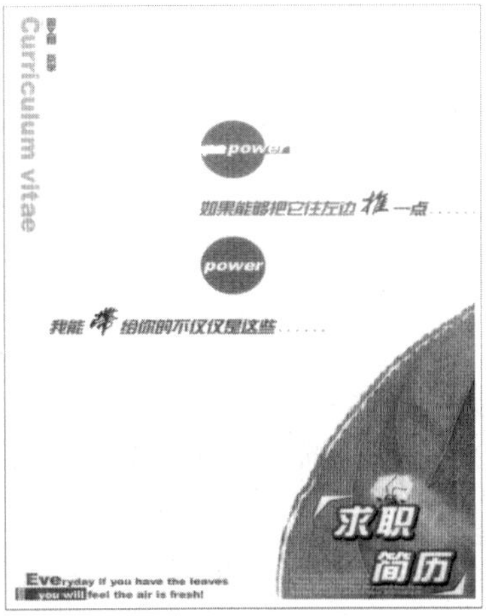

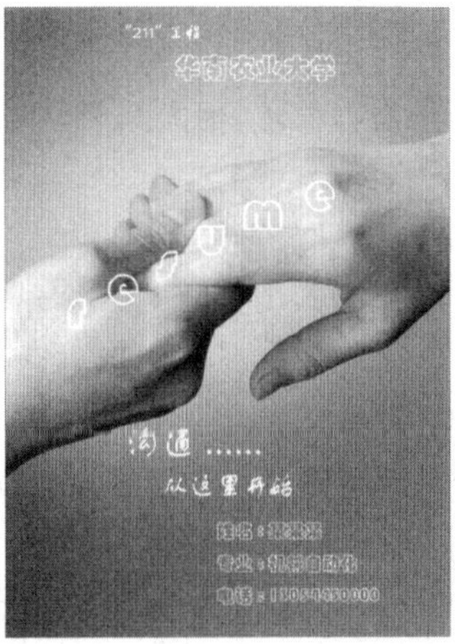

第四节　如何制作英文求职简历

随着毕业生进入外资企业或需要外语的单位不断增多，要求毕业生都应为自己准备一份英文的求职材料，这一份材料不仅仅要求是简历的外语翻译，更应该下苦功，令其适应老板的口味，使他们乐于接受你。本节内容以英语为例。

■ 求职信

★ 英文求职信的特点：应当达到4C

◇ clearness（明了）

◇ conciseness（简洁）

◇ correctness（准确）

◇ courtesy（礼貌）

★ 英文求职信的内容

◇ 说明写求职信的缘由和动机

◇ 介绍个人情况

◇ 请求参加面试并注明联系的方式

★ 英文求职信的结构

◇ 个人联系资料（contact information）

◇ 日期和信内地址（data line and inside address）

◇ 称谓（salutation）

◇ 开头（introduction）

◇ 正文（body）

◇ 结尾（conclusion）

◇ 结语、签名和附件（closing，signature and enclosure line）

■ 英文简历

英文简历看似简单，但尤其要注意简历中某些单词的固定用法，最忌不顾语法，滥用其他的单词。

★ 英文简历写作的原则

◇ YRIS 原则即浏览原则（your resume is scanned，not read）——招聘人员看简历只是扫描式的

◇ HIH 原则即诚信原则（honest is honored）——要实事求是，不要夸张

◇ UFO 原则即对方至上原则（user friendly，ok）——尽可能给对方创造便利

★ 英文简历的格式结构

◇ 个人资料部分（personal data）或开头部分（heading），包括求职者的姓名、性别、出生年月、地址、电话等

◇ 教育背景（education），从求职者的最高教育层次（学历）写起。另外，要有英语（或其他语种）及计算机水平情况

◇ 工作经验(work experience),在时间排列顺序上亦遵循由后至前这一规则
◇ 所获奖励和作品(prize & publication)
◇ 自己感兴趣的领域(interested field)

案例:英文简历范例

JOB RESUME of Wang Yun

ADDRESS

238 Renmin Road,Haidian Station

Beijing City,100015

010—63500000

E-mail:wyun@263. net

EDUCATION

Bachelor of Science,Applied Chemistry,July 2001

Beijing University of Chemical Technology

Important Courses:

Chemical Analysis, Organic Analysis, Organic Agent of Analysis, Higher Analysis, Electric Chemical Analysis,Science English

Minor:Economic Law,Enterprise Management,Social Relation

ACTIVITIES

Broadcast Station,Editor,1997—1998

Journalist Club,Journalist,1997—1998

Committee Brief Newspaper,Editor,1997—1998

Drama Club,Sponsor and Consultant,1998—1999

Class comrade in charge of propaganda,1997—2000

Published proses,reports in Campus Newspaper.

Edited and approved all copy,layouts and pictures.

Honors:Excellent Student Leader.

Distinguished Campus Journalist.

Won the first prize in the composition.

Distinguished Director.

LANGUAGE PROFICIENCY

English:CET6,2000. Fluent in reading,writing,speaking and hearing by learning English for ten years.

COMPUTER PROFICIENCY

Passed National Computer Rank 3.

Microsoft Certificate.

Be good at internet, frontpage, html, photoshop, . net, asp, photoexpress, flash, dreamweaver,firework,pagemaker,3Dmax,windows,word,excel,powerpoint.

EXPERIENCE

Gone on field trips to Institute of Jilin Chemical Industrical Corporation, Ethylene Factory of Jilin Chemical Industrical 1997—2000. Worked on quality control as a analyst at Beijing Huabang Pharmaceutical CO. LTD, 2001.

PERSONAL DATA

Family: Father, Mother

Born: On October 18, 1978

Sex: Male

Health: Excellent

第十一章　面试技巧

面试技巧是就业指导中最为关键的内容。面试是获得单位录用的艰难过程中的最重要环节。每一位求职的学生一旦走进面试室，他的整个前途也许就取决于他在15分钟、30分钟里是如何向坐在桌子对面的陌生人展现他的风采。

很多人一直在寻求面试固定的技巧。但是，我们必须明白一点：具体每一个人的面试方法是绝对不同的。“看情形灵活运用我们讲的面试技巧”就是答案。这是因为：

◇ 求职有所谓有效的方法与做法，但大多数是普通常识

◇ 一般的毕业生往往因为情绪因素，无法好好应用求职策略

◇ 面试本身是宣传与推销自己的过程，但许多大学生都缺乏这两方面的训练

◇ 面试过程中无论有多少人建议你如何做，最后也只能让部分人满意而已

◇ 求职过程中没有万灵丹

◇ 每个人求职过程面对的情况是千变万化的

案例

这是我国一位著名女舞蹈家真实的经历：她在十三四岁时，舞蹈技能十分出色，于是去一家专业剧团应试，考场设在练功房，考官们整齐地坐成一排。当她进入考场后，主考官手执一大头针对她说：“这是什么？”“针。”旋即考官作将针扔到地上状（实际上并未扔出），说：“请把它捡起来。”小女孩趴在地上认真地寻找，终无所获，急得直掉泪。几分钟过去，考官说：“考试结束，请叫下一名考生。”小女孩急于表白：“我会跳小天鹅，我会演白毛女！”结果无济于事，还是被客气地“请”出了考场。几天过后，经过专家的点拨和小女孩的苦苦努力，她又获得补考的机会。考试的题目是：“请你把眼镜找出来，戴好。”小女孩心领神会，立即用自己熟悉的舞蹈“词汇”表现没戴眼镜时的彷徨、呆滞及找到并戴好眼镜后的喜悦、明亮，从此这位小女孩踏上了舞蹈事业的成功之路。无声的专业考察，如果用“有声”的方式机械应对，往往“走题”，在这类面试考察中，正确解读“无声”的专业语言最为重要，这一方面需要日积月累的扎实训练；另一方面也需要临场发挥、灵活机动。

摘自沈健．大学生求职训练．北京：中国发展出版社，2003.

第一节　面试的类型

■ 按目的划分

一般在大机构里，面试分为筛选型和挑选型面试。

★ 筛选型面试

目的：为了筛去多数的应聘者，留下最符合条件的求职者

负责人：通常是人事部门或专门从事物色员工的招聘人员。他们将面试后的合格者交给有权作最终决定的人

方式：通过研究你的应聘资料以及询问你一些常规性的问题来考察你是否符合他们的最低限度的规定

典型的筛选型面试的内容包括：

◇ 有关你的学习经历以及成绩的问题

◇ 探询你是否有跨工种的技能，如有没有其他与专业无关的特长爱好

◇ 询问你简历中的不连贯（如学习经历中的空白阶段）的原因

◇ 旨在发现你的为人如何，是否可靠和具有较好的协作精神

★ 挑选型面试

目的：在少数的合格者中确定最终人选

负责人：有权决定录用你的管理人员、部门负责人或老板

方式：通过多种方式，如单独谈话、一起吃饭等对你进行综合性的考察

主持挑选型面试的考官会特别注重以下几方面：

◇ 面试者表现出来的突出的优良个性

◇ 有没有比其他应聘者更出色的技能或特长

◇ 面试者如何处理某项假定的工作

◇ 询问一些有关面试者个人意愿的问题（是否愿意出差或需要自己租房）

■ 按面试者类型划分

★ 一对一的面试

就是一名面试官接受一名面试者的面试。这是一种非常典型的面试方式。通常面试者应当以面试官为中心，充分地表达自己的观点和表现自己的优势。

提示

现代老板最看重毕业生的 4 大基本技能

• 有效交际能力：雇主寻求那些能听从指示并能够在最少的指导下完成指示内容的候选人。他们希望雇员有较强的说和写的能力，能够按逻辑理顺自己的思想并能够清楚地表达

• 解决问题能力：解决问题能力能帮助你进行交易、处理数据、形成观点、做出决定。雇主需要确信你可以战胜工作中的任何挑战

• 条理性：工作中需要整理信息并确定它们的优先秩序，你的头脑越有条理，就越能抓住重点

• 领导才能：做领导要有较强的自我意识、自信心和对公司目标的综合了解。拥有这些素质能够激励和鼓舞人们，为大家协同工作奠定良好的基础

摘自[美]肯尼迪．英文求职信范典．李红梅，译．文汇出版社，2000.

面试时，请注意：

◇ 不要紧张，表现得自然些，别忘记和主考人打招呼，说句“早晨好”

◇ 举止要大方，不可闪缩。待主考官示意你坐下，你才可礼貌地坐下，不要太随便或左顾右盼；切忌装出懒洋洋和满不在乎的样子

◇ 微笑

◇ 眼望对方，并留心倾听

◇ 当面试官说话时，要让面试官先打开话匣子。答问题要直截了当，无须太繁复，也不要单说“是”或“不是”，否则，面试官会觉得你欠缺诚意。深入的谈话内容有助主考官对你做出确切的评估

◇ 假如不太明白面试官的问题，应该礼貌地请他重复

◇ 不要打断面试官的说话，被问及重复的问题不能表示不耐烦，更切忌与主考人争辩

◇ 谨记在适当时机表现出自己的优点和特长。但不要显得过分自信或浮夸

◇ 不要急着提出薪酬问题，最好让面试官先提出

◇ 最后，问清楚多久才能知道面试结果。不要忘记向面试官道谢及说声“再见”才离去

◇ 不要害怕给面试官打电话，永远要知道要联系的对方的名字，写给“主管者”的求职信永远是不管用的

◇ 要尊敬单位的秘书和助手，她们往往拥有真正的权力

◇ 坚强振作

◇ 必须有始有终

4 种类型的“面试杀手”

◇ 过分紧张

※ 握手时心不在焉

※ 在面试中蜷缩在椅子上或者局促得坐立不安

※ 不敢正视面试官

※ 活动指关节(使之发出响声)或习惯性地玩弄手指或头发

◇ 缺少自信

※ 不断地做自我批评

※ 过分贬低自己的成就与能力

※ 声音太低别人听不到，或声音太高，以至于离得很远的房间的人都能听到

※ 用一个词来回答面试官的所有问题

※ 回答问题时犹豫不决

◇ 不体谅他人

※ 对待接待人员、秘书或就餐时对侍者不礼貌

※ 喝烈性饮料

◇ 你的价值观

※ 在面试时和简历上有任何不诚实和撒谎的迹象

※ 不负责任，有屡犯错误的可能

※ 傲慢、不守约定、不守诺言，包括求职面试

※ 有不听指挥、不遵守规章制度的迹象

※ 有不停地抱怨、指责别人的迹象

※ 懒惰、缺乏动力

※ 对组织和所做的事情缺乏热情

※ 三心二意、不恰当的举止等

提示

面试失误分析

• 答非所问

一位求职者到一家公司应征人事人员一职。接待他的面试官——一位笑容可掬的小姐向他提了一系列问题,他都答得很好。当问及他的工作经历时,他答道:“我曾在农村受过苦,对农村的情况非常了解。”当这位小姐再次提及他是否有人事工作经历时,他又不厌其烦地重复了他在农村时的一些细节。最后,小姐不失礼貌地告诉他:“本公司需要的是人事工作人员,而不是村支书,对不起,请您另谋高位吧。”这位求职者面试失败的一个重要原因就在于他的答非所问。

• 好争辩

一个应试者在与面试官谈到某一个问题时发生了争执,他用争辩的语气说:“为什么不会是这样?我认为这种说法相当可笑!我有我的见解,不管你相不相信,承不承认,我都非常坚持。”谈话中过于认真,事事想弄得清清楚楚、毫无差错,会给人以好争辩的印象。一位面试官很伤脑筋地谈到一个应试者:“天哪!他哪像一个应试者,他简直就是一台测试机,我每说一句话,他总是纠正说:‘不,这不对,应该是……’我觉得他根本不是来找工作的,而是来找茬的。”可想而知,如果给面试官留下这种印象,结果会是多么糟糕。

• 逢人诉苦

在一次面试中,一位女性应试者没讲两句,便向面试官诉说道:“我的母亲独自供我读完大学,现在身体不好,这几年……”说话间竟流下泪来,“您聘用了我,我们全家都会对您感激不尽。”面试官勉强劝她几句,接着无可奈何地摇了摇头,心里暗想:什么情况也不介绍就先哭哭啼啼,恐怕不能承受工作压力。想靠诉苦、哀求来博取面试官的同情,谋得职位,实际上只能表明她的怯懦与自卑。

• 沉默寡言

有的应试者在面试中一问一答,不问就一言不发,这种表现很不受欢迎。过分地表现出沉默不是让人以为你心理素质差、不善交际,就是被认为你对别人的谈话不感兴趣。

• 东拉西扯

有的应试者在回答自己喜欢的活动时,长篇大论,讲得眉飞色舞;有的应试者在回答自己的工作经历时,又东拉西扯,把一些与所谋职位毫不相干的事情谈得津津有味,在谈到某些关键性问题时,他反而说不出个所以然来。

• 抢话

有人喜欢在谈话时控制对方,这样一来,两人的表现象在做一场虚假的交易,结果很可能是什么也谈不成。

• 提幼稚问题

千万不要提一些幼稚可笑的问题。如果你问:“办公室内是否可以吃东西?”“上班是否可以聊天?”毫无疑问这些问题肯定会使你的面试砸锅。

• 过分自夸

"这个没问题!""这事交给我好了!""只要你相信,我一定办好!"这类往自己头上扣大帽子的话,听起来很痛快、很舒心,说话人也颇能引起对方的好感。在一般的社交场合,这种话很管用,在面试场上,夸海口却要万分慎重。吹过了头,反而会失去面试官对你的信任。

摘自刘超. 就这样通过面试. 西南财经大学出版社,2003.

★ 多对一面试

在一些规模较大的单位,经常会有多位面试官同时面试一位毕业生。

◇ 注意礼貌

进场面对各个面试官时,最好能够逐一趋前握手致意。若办不到的话,至少要以眼神逐一扫过,同时微微地鞠躬或点头打招呼。

◇ 克服心理障碍

当应试者面对众多的面试官时,在心理上更容易形成紧张状态。要保持信心,决不能吃心理败仗。

◇ 迅速分辨主面试官

在众多的面试官中,必定有一个是主要的面试官。赢得主要面试官的好感,是面试成败的关键所在。所以,面试中的第一步,就是迅速分辨出谁是主面试官。

※ 座位的次序

※ 察言观色

※ 面试官的耳语集中点

◇ 八面玲珑,赢得所有面试官的好感

集体面试的结果是所有面试官综合意见的结果,所以对任何一个面试官都不应冷落,无论谈论什么话题,都要顾及在场所有的人,把自己的真诚友好传达给每一个人,把才华展现给所有的面试官。

※ 态度认真诚恳,不要流露出自负,也不要过于夸奖自己的才能

※ 善于言谈、内容准确可信

※ 对口才一般的面试官,应试者可以集中阐述某一个事关重大的问题,或是谈一些有创建性的话题,提出一点中肯的意见

◇ 确实了解这份工作的要求条件

不管有多少的面试官在场,问了多少条问题,绕了多大的圈子……,最终结果就是要选出最适合的人才。所以只要抓住"最适合性"的大原则来发挥,你就不会脑袋一片空白了。

◇ 选准突破点

在顾及全体面试官的基础上,最重要的是选准突破点。这样可以变消极为积极,变被动为主动,产生意料不到的效果。

※ 找出相似点。将自己的要求变成对方的要求,将自己的意愿转变为对方的意愿

※ 试图从地域、时间、感情等各方面缩短与某个面试官的距离,让他对你产生亲近友好的感情

※ 确立突破点,从一群陌生人中挑出一两个最易获得好感与信任的人,在对你作是否聘用的决定时,他(们)的话对你的面试结果会起到举足轻重的作用

◇ 坚持你的战术

不要让集体面试者打乱你的安排。把你的资历和背景直接与工作需要挂上钩。同时，表现出你的兴趣、热情和自信。

◇ 小心背后的两只眼

在集体面试中，可能会有经历、风格迥异的面试官济济一堂。有的面试官可能表现出对你有兴趣；有的和你亲切交谈；有的对你责问刁难；有的似乎对你一点都不感兴趣，甚至在面试中始终一言不发，表情木然而又没精打采。对最后一种人，要特别小心。

◇ 特别提示

不要仓促地回答问题，如果你对提的问题没把握，要问清楚；如果无法回答，就大方承认。

★ 无领导小组面试

近几年来无领导小组面试法得到越来越多用人单位的认可，无论是公务员面试还是外企面试都倾向于用这种方法。无领导小组讨论给考生提供了充分展现个人才能与人格特征的舞台，对考生而言其实更有利，在既定情景下，考生通过对问题的分析、论述，给考官留下良好的印象。

◇ 什么是无领导小组面试

无领导小组面试是评价中心技术中经常使用的一种测评技术，采用情景模拟的方式对考生进行集体面试的考察方式，考官可以通过考生在给定情景下应对危机、处理紧急事件以及与他人合作的状况来判断该考生是否符合岗位需要。

无领导小组面试一般由多人组成讨论小组（5～10 人），任务目标是小组要在规定时间内达成统一的结论。被面试者不被指定角色，小组在整个讨论总结的过程中可能会产生不同的任务角色。有的人喜欢分配任务，有的人善于思考总结，有的人善于发表言论，有的人则思维缜密，各有各的特点和长处，每人都扮演一种角色，不同角色有着不同的任务。

◇ 角色扮演

（1）讨论方向把控者（小组长）。这个角色类似于 Leader，对个人的各方面要求都很高，对特定情景或问题有足够的系统认识，能够引领讨论大方向，对小组讨论结果进行决策。如果你想要当 Leader 这个角色，那你应该在面试前就做足准备：如在等待面试时，先主动和各位参加面试的同学认识一下，记下他们的名字；又如进入面试教室时，可以主动帮助面试官的忙，比如摆椅子，倒水等。

当你顺利当上了 Leader 这个角色之后，你的任务就是要领导整个小组达到预期的目标。那么第一件事就是把时间分配好，用较短的时间阅读完材料整理出大概思路和框架，不要在意细节问题。要第一个发言，干脆利落果断，例如："大家都看完材料了吧？我先来讲一下我们本次的任务是……，时间比较紧张，我建议做好时间分配，大家看看有什么补充的可以直接提出来。"你的思路讲述完成后，就要确保按照时间分配内容，把讨论进行下去，并促使团队达成共识，完成任务。

在讨论过程中，你要注意处理好这些问题：①组内有些人的意见不统一时，要根据自己的判断，跟有意见者进行单独交流，说服其暂时接受多数人意见。如果你没办法说服他，可以套用这样的思路："这位同学（最好是记住他们的名字），我很理解你的看法，但是由于时间有限，大家能够通过的方法就是最好的方法，你自己的想法我们可以让记录员写下来，如果最后时间有剩余，我们再进行讨论，可以吗？"此话一出，大家会附和你，这样使讨论继续进行下去。②组员抓不住重点，讲话太多时，你可以直接委婉地提示：“这位同学（直呼名字最好），你的意思是不是这样……。”或者说：“同学你的讲话很精彩，但是篇幅太长记录员无法都写下来，麻烦你用一句话概括你的观点，可以吗？”③统筹全局，让每个人都参与。你应该在适当的时机鼓励不爱讲话的人发言。你可以这样讲：“这位同学，我看你一直在深思熟虑，大家也想听听你的意见，可以吗？”

(2)方案成型贡献者。通常小组成员都会扮演这样的角色，在 Leader 的引导下，说出自己的方案意见，并用自己的理由说服别人。有突出、创新意见的贡献人员容易引起考官的关注。如果你是这一角色，就要把精力用到题目本身，做出最佳的观点陈述，让大家都认可你的想法，使你的方案成为最终解决方案，这样你在面试中获胜概率才会大大增加。

(3)时间把控者。参加面试时戴着手表，是好习惯。时间把控者，类似于计时员，主要是在规定的时间内分配好各个面试环节，使小组最有效率地得到答案。一块手表、一部手机就可以让你顺理成章地当选这一角色。当你当选该角色后，要申请坐到 Leader 的旁边，这样既方便与 Leader 交流，也会引起考官的注意。除了坐在 Leader 旁边，在大家发言时，你的温馨提示也能够引起考官的注意。发言中可以这样说：“各位，我们的时间大概还剩下几分钟，我们看看有没有其他补充方案，如果没有的话，请问 Leader 是不是可以完成我们的讨论？”再比如说：“这位同学，十分抱歉打断你一下，你讲话的时间还剩下 30 秒，我建议现在可以做一下总结陈词。”这样不仅仅单纯地进行时间提醒，还附加了一些推进讨论进程的话语，能够引起考官的注意。但是请注意，小组中你不仅仅是时间把控者，也一定要积极参与讨论！

(4)讨论成果记录者。这个角色比计时员角色任务多一些，要把大家讨论的方案记录下来以便于最后展示，需要较好的理解能力和速记能力。如果具备这样的能力，你可以直接举手示意要当这个角色，可说“这不是巧了吗，我带笔了耶！”这句话了。一般先举手先得到，其他人也不好去抢。当选之后，你除了做好记录外，也要这样做：把每个人的观点进行总结，并从中引申和总结出自己的观点，而且在冷场的时候把自己的观点讲出来；在大家讨论时，可以配合 Leader 解决冲突，因为你手中有所有观点的记录，容易与 Leader 进行交流；在不断进行记录的同时，你可以总结出本次讨论的最终方案，并争取担任最后的演讲者。所以，记录者意味着是演讲者的最好人选。

(5)演讲者。将大家的方案，进行最后展示。这个角色需要有很强的总结能力和表达能力。当选者最好是先作为记录者，这样更有利于做总结演讲。讲话时，逻辑清楚，口齿清晰，声音洪亮，注意礼貌用语，要与所有组员和考官有眼神交流，注意一定要用“我们”而不是“我”作为主语。

◇ 注意事项

在无领导小组面试中要根据自己的实际情况，认真扮演好以上角色，此外也要注意以下事项：

(1)做真实的自己，注意礼仪和文明。在面试过程中做真实的自己，就是要求发挥自己的特长。如果你善于记录和总结，就不要同时要求自己又是小组的领导者，硬着头皮去做不擅长的事容易做出拙劣的表现。听别人讲话时要学会倾听，不可东张西望，或显出不耐烦的表情。也不要说脏话，粗话，口头语等，这些都会影响自己的形象和成绩。

(2)发言要积极、主动。抢先亮出自己的观点，不仅可以给考官们留下较深的印象，而且还可能将其他考生的注意力吸引到自己的思想观点上来，从而争取担任小组中的领导角色。

(3)要有团队合作意识，努力搞好小组中的人际关系。要体现团队精神，让团队所有人员都参与到讨论中。要尊重队友观点，友善待人，不要恶语相向。如果为了过分表现自己，而对对方观点无端攻击、横加指责，会令整个小组厌恶。考官不会喜欢一个不重视合作、没有团队意识的人。遇见了与自己不同的意见，不要急于反驳，要沉着冷静，先找不同，再找相同，对事不对人，用事实说话。也可以采取一些交谈技巧，如运用先肯定后转折的技巧，拒绝接受对方的提议。

(4)发言时注意讲话技巧，言简意赅，沉着稳重。有理有据、清晰连贯、符合逻辑地表达出自己的观点，并试图说服队友。在有限的时间内，发言时要抓住问题实质和要点，表达自己的核心观点；不要眉毛胡子一把抓，将自己的观点阐述不停，不利于团队合作和自己的成绩。这样的表达能力需要进行一些模拟训练来提高。也要多接触这方面的讨论题目，在具体的话题中去思考应对的策略，日积月累就能获得丰富的经验。

(5)谈话时要广泛吸收别人的思想观点，后发制人。在讨论开始后，如果无法抢先亮出自己的观点，就不急于表述自己的看法，而是仔细倾听别人的发言，从中捕捉某些有用的信息，取他人之长来补己之短，完善自己的观点，达到“一鸣惊人”的效果。

案例

无领导小组面试题目：某企业招聘新员工，认为员工应具备下面几项素质，请选择自己认为重要的三项并进行排序。

(1)加强品德修养；

(2)较强的学习能力

(3)要树立边工作边学习的认识

(4)具备正常的人际交往能力

(5)积极的工作态度

(6)会处理好和领导的关系

(7)能和同事好好相处

答题要求：①请考生认真读题，并准备发言提纲，时间5分钟。②小组每位考生依次发言表明观点并陈述理由，时间3分钟。③考生自由讨论，并须达成一致意见，时间40分钟。④小组推举一位代表进行总结陈词，时间3分钟。

题目分析及答题过程：

对于排序类问题，有两点非常重要：一是找到排序的依据或原则；二是根据这个依据或原则把选项进行归类，找出所有选项的类别。

首先，考生在审题时要把题目中七项素质之间的关系梳理一下，分析出七项素质之间的关系：选项①是谈“德”；选项②是谈“能”；选项③、⑤是工作态度问题，因为选项③可概括为“虚心好学”，选项⑤可演绎为“勤奋”，都可归为“勤”的范畴；选项④、⑥、⑦是讲“人际关系能力”，其中选项④可以包括选项⑥和选项⑦。通过分析可以看出，题目中的七项可以归纳为四类素质。考生在选择时，便可从四类选项中进行选择，避免了选择本质内容一样的选项。归类后，就要考虑选择和排序的标准和原则问题了。标准和原则不是唯一的，根据确定的标准不同，做出的选择和排序也是不同的。

其次，考生独立发言时要注意将自己以上对题目进行分析思考的逻辑思路和组织协调思路展现给考官。

再次,在小组自由讨论环节,考生要注意倾听其他考生的排列顺序观点,记录下他们的观点选择,并进行统计,总结小组整体排序安排,以便更好地对所有考生的发言进行归纳总结。在讨论过程中,当小组成员的观点出现分歧时,你就可以建议少数人观点的小组成员暂时放弃自己的观点,服从多数人观点,保证整个小组在最快的时间得到统一意见,以此展现自己的说服能力。

最后,在总结陈词阶段,小组代表在发言时要注意观点明确,在一定的标准下组织自己的发言。要注意将小组讨论的整体思路阐述出来,同时保证理由充分、全面。此处重点考查考生的语言表达能力和组织协调能力。

■ 按手段划分的面试

★ 模式化面试

由面试官根据预先准备好的询问题目和有关细节,逐一发问。其目的是为了获得有关应试者全面、真实的情况,观察应试者的仪表、谈吐和行为,以及沟通意见等。

★ 问题式面试

由面试官对应试者提出一个问题或一项计划,请你予以解决。其目的是为了观察应试者在特殊情况中的表现,以判断其解决问题的实际能力。

★ 非引导式面试

面试官海阔天空地与应试者交谈,让应试者自由地发表议论,尽量活跃气氛,在闲聊中观察应试者的能力、知识、谈吐和风度等。

★ 压力式面试

面试官有意识地对应试者施加压力,针对某一问题作一连串的发问,不仅详细,而且追根问底,直至无法回答。甚至有意识刺激应试者,看你在突如其来的压力下能否做出恰当的反应,以观察其机智程度和应变能力。通常包括几个方面的内容:

◇ 在面试开始前让面试者等上较长的时间

◇ 令人不舒服的长时间缄默

◇ 质问面试者的信念

◇ 故意曲解面试者的话或当面侮辱面试者

提示

机智应变,与众不同

为了检验考生的实际工作能力,面试中往往设置"情景"试题,以测试考生的个性特征、办事效率和应变能力。北京某旅游公司要招聘几名新员工,要求具有创业精神,以较少的开支和较短的时间开拓公司旅游业务。

在进行考生的外语水平和业务知识考核的基础上,还剩下 3 名考生。考官让考生独自一人在办公室值一次夜班,负责接收国内外传真和电话。每隔一段时间,考官都要与之通话、了解业务情况。值班室(即考场)设在会议室,屋内没有床位,只有会议桌和椅子及电视,电话则放在隔壁的办公室里。

面对这一"考试",三位考生的表现各异。其中一位明确表示,自己从小还未睡过这种

“床”，担心会从会议桌上掉下来，不愿值夜班；另一位满口答应，可是晚上的电话却无人接。第二天早上问他为何未接电话、未能值班时，他振振有词地说：“毛毯太脏了，也没有枕头，我自费在外面开了一个床位。”考官表示住宿费可以报销，然后客气地将他送出考场。而另外一位考生的表现则受到两位考官的一致称赞：当天晚上，两位考官佯装询问业务情况分别几次往办公室打电话，铃声一响，便有人答话，而且非常及时，使考官十分诧异：会议室中无电话，值班地点与电话机有十几米的距离，为何接听电话速度这样快？于是相约第二天早晨早些上班看个究竟。当考官到达时，这位考生正在收拾房间。原来，他在会议桌上铺满报纸，将隔壁的电话牵到了会议桌上，报纸当枕头，身盖毛毯，随时可以接收电话。等他收拾完房间，物归原处时，考官关切地问他：“吃早饭了吗？晚间休息得好吗？”他回答说，昨天晚上就买好了方便面，早饭已用过，还说这种条件比在家中是艰苦一些，但比起上学期间的出外实习、游玩，条件要好得多！与同学结伴去泰山等地旅游时，白天游玩，晚上要么睡在火车途中，要么睡在车站，为了看日出，只租了一件大衣，在山上待了一夜，所以，像值班一类的工作会很快适应。说得考官连连点头。

摘自沈健．大学生求职训练．北京：中国发展出版社，2003.

★ 综合式面试

由面试官通过多种方式综合考察应试者多方面的才能。如用外语同应试者会话以考察其外语水平，让应试者写一段文字以考察其写作能力，让应试者讲一段课文以考察其演讲能力，也许还会要求你现场操作计算机或打字机等。

■ 按面试地点划分的面试

★ 线上面试

随着中国信息技术的发展，线上面试相对于现场面试而言，有着方便灵活、成本低廉的特点，成为越来越多公司的常规选择。线上面试最常用的是视频面试，最常用的工具是钉钉、微信视频、腾讯会议、阿里云等。在这些工具的视频沟通界面中，面试官和候选人可以进行一对一、多对一或者小组面试。但线上面试绝不仅仅是简单地将面试场景搬到线上，求职者需要对此做出更有针对性的准备。

◇ 视频面试硬软件的准备

(1)有上网和拍照摄像功能的智能手机等电子设备和有线耳机。要保证网络信号稳定。提前调试好摄像头、麦克风等，确保能正常调用摄像头和麦克风。可以找家人或朋友协助你调试，进行模拟视频面试一遍，确定音量恰好、光线效果好等。使用有线或蓝牙耳机是为了使面试过程不被周围环境干扰，应聘者的声音更加清晰。

(2)手机支架。如果用手机面试，一定要找个支撑物将手机固定起来，免得手持手机造成面试中画面晃动，模糊等情况。

◇ 挑选背景环境

(1)选择光线充足的环境。在光线充足的环境中你脸上的光彩、光泽度和眼神会给面试官产生比较好的观感。注意背景中不要出现光源、玻璃等反光的东西。

(2)选择安静的环境，使面试时周围没有噪声，不被打扰。

(3)最好在书架前。在视频面试的时候，除了对应聘者仪容仪表的考察外，面试官也会在一定程度上从应聘者身处的环境来侧面衡量他们。所以选择的环境是书房，就会给人知书达理，上进爱学习的印象。如果没有书房或书架，也可以选择后面背景是挂着乐器的墙，或者至少要找一面白墙，一定不要选择在床上或杂乱的饭桌上。要保持自己桌面等进入镜头的环境干净整洁，不要让周围乱七八糟的画面进入镜头。

◇ 提前进入面试沟通界面等待面试官

等待期间也要注意自己的环境、仪容仪表等。

◇ 视频面试过程中注意事项

开始面试后，一定要盯着摄像头，给面试官一种眼神交流的感觉。如果只是盯着屏幕，面试官看到的是应聘者眼睛耷拉的状态。由于视频面试不是面对面交流，应聘者如果一边面试一边在网上搜索答案，会被面试官看出来并留下不良印象。除此之外，在回答问题的过程中，应聘者只要将之当成现场面试来认真对待就可以了。

★ 校园里的面试

有专业要求的单位一般会直接到校园内直接面试。他们会通过与学校的就业指导中心或学院(系)党委联系，由学校老师负责安排场地时间进行面试。作为毕业班的学生，应当注意：

◇ 面试的服装在宿舍里随手可得

◇ 收到面试通知过于紧急时，可以考虑穿上校服进行面试

◇ 面试前不要做剧烈的运动，如果赶得及，最好先洗个澡

◇ 如到其他学院部门面试应带上学生证或身份证

◇ 记住面试前把你的通信工具关闭，以免影响面试

★ 在人才市场的面试

在人才市场上与面试官的见面是短暂而重要的。见面时毕业生把资料递给对方，目的是为了得到一个面试的机会，而不是在人才市场找到工作。递材料时应当注意：

◇ 准备简短的能突出本人特点的解说词

◇ 尽量表示得谦逊而不自卑

◇ 注意音调，要比平时稍大，但不能过于刺耳

★ 餐桌旁的面试

就是应聘者会同该单位各部门的主管一起用餐，席间大家与应聘者一边吃一边谈。虽然看起来轻松自在，但作为面试者，必须比其他场合更警惕：

◇ 不要吃那些很费事的食物(如螃蟹等)

◇ 除非晚餐，否则不要喝酒

◇ 如果面试官让你点菜，不要点菜单上最贵的菜，也不要点最便宜的菜

◇ 不要吸烟

◇ 不要抱怨饭菜、服务或饭店不好

◇ 不要剩下过多的饭菜

◇ 要对对方的盛情款待表示感谢

■ 其他情景面试类型

★ 集体解决某一问题

在这种面试中，你会被分配一项任务，并被安排坐到某张桌子旁。每张桌子都坐有其他34个应聘者，一起组成一个小组。这时该企业会有人出来告诉各小组的成员，每张桌子代表“一个企业的团队”，每个团队都将有一个小时的时间去解决某一具体的问题。他还会进一步

告诉你们，每桌都安排有一个该企业的代表（常常由企业顾问或人力资源部门的员工担任）帮助你们一起分析问题以及组织你们进行小组讨论。

★ 办公室信函及文件的处理

这一方法是，他们给你一只盛满备忘录、电话记录、约会时间安排表、项目完成的最后期限以及其他各种企业经理人员办公桌上常见的文件的收文篮。你的任务是必须在较短的时间内，通常在30～45分钟内将这些待处理的事务按轻重缓急整理安排好。因为你未来的上司希望借此了解你的组织能力、思维方式、分析问题的能力以及承受因时间紧迫带来的压力的能力。

★ 角色扮演

在一种模拟情景下，你会被要求完成一项具体的任务。比如做一次产品销售演示等（通常他们会向你提供产品的介绍资料并给你一定的时间进行准备）。有的时候，在角色扮演活动中你也可能会被要求扮演一个咨询顾问、经理或客户服务代表等不同的角色。

★ 评估中心

这种方法大多在企业招聘某一岗位如企业主管时，因有大量的候选人需要评估考察才使用。它往往更多地用在对企业内部候选人，而不是对外部应聘者的筛选上。

顺利通过情景面试的几点建议：

◇ 必须明白，情景面试实际上就是看你的表现

◇ 要尽可能多地了解你未来雇主的情况

◇ 在小组讨论中要尽量表现得轻松、自然、真实

◇ 研究掌握情景面试中所用到的各种技巧

■ 公务员面试

公务员面试是一种通过精心设计，在特定场景中以考官对考生的面对面交谈与观察为主要手段，测评考生的综合素质及相关工作能力是否与职位相匹配的考试活动。

相对于笔试而言，面试测评的内容较为主观。为了降低人为因素对考试结果的影响程度、保证考试的公正性，考试组织单位把宏观概括的测评内容具化、量化，明确测评方向，提供评价标准体系，以尽可能将面试过程规范化，标准化，从而确保面试结果客观真实。

★ 公务员面试主要测评考生的综合素质和相关工作能力

◇ 综合分析能力

综合分析能力是由分析理解能力和综合概括能力组成。分析，是指把整体分解为部分进行认识和思维；综合，是指把对事物各个部分的认识有机结合起来，形成对事物整体的认识和思维。这项测评考查考生能否对政府的政策有透彻的理解，能否对社会现象有正确的看法，能否坚持正确的道义，能否知法守法。公务员工作时不是清谈，而是要脚踏实地工作、服务，那么综合分析能力要求考生不仅要明是非，还要善于运用综合与分析的方法，既能从整体上把握，又能在局部上深入，透彻分析事物与现象之间的因果联系，看清事物的本质，并提出解决对策。

案例：成也干部作风，败也干部作风，谈谈你的想法。

本题主要考查考生综合分析问题的能力，考生能否分析干部作风对社会的影响和作用后提出合理的论证观点。答案要点：①作风就是形象，领导干部要以良好的形象赢得人民群众的认可和信赖。②这句话是指干部作风的好坏，直接关系到人民群众的幸福、社会的稳定和国家的昌盛。③所以要努力塑造为民的形象。想问题、办事情、作决策，都要把群众利益放在第一

位，将群众满意作为第一标准。④要努力塑造务实的形象，坚持讲实话、出实招、办实事、求实效，不摆花架子，不搞形式主义，不做表面文章。⑤要努力塑造清廉的形象。任何时候、任何情况下，都能稳得住心神、管得住身手、抗得住诱惑、经得起考验，筑牢拒腐防变的思想防线。

◇ 计划组织协调能力

计划组织协调能力是指为完成某一工作任务而具有的预先系统地安排工作以及过程中合理调配各种资源的能力。它包含了三方面的内容：计划能力、组织能力、协调能力。计划是参照，组织是执行，协调是方法，三种能力对于一项工作或任务来说，缺一不可，互为条件。切实可行的计划、严密的组织实施、科学的工作方法，三者相一致才能使工作顺利高效地完成。计划组织协调能力是公务员必备的基本素质和能力之一。对于公务员来说，面对的工作错综复杂，必须要有明确的目标，要统筹兼顾、协调各方，要合理安排各种资源，协调各方关系，才能把工作做好。因而，在公务员结构化面试中，该项能力往往是必考的，几乎各地区各行业均会设题进行考核。

案例：某地政府组织本地农户参加迟菜心展销会，由你组织带队，如何安排？

本题主要考查考生计划、组织、协调能力。组织这样一项活动，由于规模比较大，牵涉的人、部门也较多，所以首先要设立一个活动的具体目标，然后制定详尽周密的计划，包括时间、地点的安排，财务预算，人员分工，奖励方法等。同时要考虑到对计划实施的监督以及与有关部门的协调。本题评分较高的答案应该是内容新颖、丰富，计划安排全面可行，注意与各部门联系协调等。答案要点：①拟定一份计划，根据参展农户的具体情况、具体的展销会内容、时间安排、食宿、交通运输拟定一份参展计划。②与展销会举办方取得联系，进行协调；联系好交通、食宿；召集参展农户，就展销会的安排进行讨论，争取做到依计划而行。③在参加展销会时，要注意保障参展农户的安全健康。④展销会结束后，做好善后工作。

◇ 应变能力

这是公务员面试题型之一，既考查考生思考问题的全面性，又考查考生的情商，难度系数较大。具体来说，应变能力面试题就是要考查考生四点特质：一是思维的敏捷性和情绪的稳定性；二是对突发事件的整体驾驭能力；三是对工作事务分清轻重缓急，把握重点，按照一定顺序处置的协调能力；四是对工作中突然出现的疑难、棘手问题的处置能力。这类试题包括事件应对类、即兴演讲类和串词讲故事类。试题的素材多种多样，但其基本特征就是使考生置身于一个不断变化的情境中，要求考生提出最佳的解决方案。应对应变能力题型可坚持三个原则：一是私事服从公事，以大局为重的原则；二是遵循轻重缓急，学会统筹安排的原则；三是坚持实事求是的原则。

案例：在由流动摊贩代表、城管人员、群众代表组成的听证会上，流动商贩代表与城管人员发生了冲突，城管人员愤然离去，群众代表指责你工作不力，你作为组织者，该怎么办？

本题主要考查考生应变能力。考生要有较高的情商、稳定的情绪和对突发事件的整体驾驭能力，答题时要以大局为重，做到统筹安排。答案要点：作为听证会组织者，出现这种情况，必须妥善解决并维持好会场秩序，确保听证会顺利进行，圆满实现既定目标。具体措施：①先暂停听证会，稳定大家的情绪，对发生这样的事件表示道歉。让群众代表和流动商贩先在会场稍等，我们会马上处理，恢复听证会。②请同事帮忙立即赶出去找到离开的城管人员，安抚他们的情绪，尽量请他们继续回来参加到听证会中来。同时，我会在会场安抚流动商贩的情绪，对流动商贩代表的行为进行适当的批评，并提出自己的建议。听证会是在平等的基础上进行的，希望大家集思广益发表建议，但是在讨论的过程中要懂得尊重他人，同时，再次强调会场纪律要求。③等城管人员回到会场之后，代表大家向他们表示道歉，但同时也要对他们的行为提出适当的批评和合理的建议，不管怎么样，也不能负气离开。把城管人员和流动商贩代表的问题解决之后，听证会继续按照正常的流程进行。我相信群众会理解并继续支持我们的工作，我也相信，在后面的听证会中，大家会本着互谅互让的原则，最终能达成一致意见。④此次会议结束后，我会向领导进行汇报，主动检讨自己在听证会中工作的疏忽，以后听证会一定要注意强调纪律、考虑到参加者的情绪等方面问题，坚决杜绝再发生此类事件。

◇ 人际交往意识与技巧

对于公务员来说，他们在各种具体的公务活动中需要建立和维持自己与他人和团体的关系。这些关系是有目的的、与工作相关的，包括与他人的沟通以及组织中的服从、合作、协调、指导、监督活动。具体来说，要求考生人际合作要有主动性；要有清晰的权属关系意识；要增强人际间的适应性；做到善于沟通、有效沟通；把握处理人际关系的灵活性与原则性。

案例：小王毕业于某名牌大学，但工作经常出错，办事风格拖沓。现在领导让你和小王共同完成某项紧急工作。请问你怎么办？

本题主要考查考生人际交往意识与技巧。在日常工作中，我们经常要与他人合作去完成一项工作。在合作过程中，我们就必须处理好人际关系以辅助我们更好地完成工作。因此，我们在回答这类问题的时候，首先要传递给考官的是你有处理好人际关系的意识，而且能够充分发挥自身主动性去寻找解决问题的途径。答案要点：本题中的问题实际就是我们的合作者小王的优缺点对于工作的影响，我们如何把控。①先对于小王优缺点进行分析：小王毕业于名牌大学，必然会有很多闪光点，比如理论知识储备丰富、思维活跃、创新意识强。但是毕竟是新同事，作为一个新人，能力不足，资历尚浅，工作出些小差错或者工作效率提高不上去也是人之常情，在所难免。②我们考虑这些影响合作的因素后，就可以用明确分工和积极合作的思路来说服考官，让考官相信你这样做确实能够把工作做好。第一，在工作分配上，因为小王思维活跃，可以多听取他的意见和看法，不仅能够让他做擅长的部分来提高他的工作热情和工作效率，还可以启发自己的工作思路，创新工作想法；第二，在分工以后，小王资历尚浅和能力不足，可能导致出差错。我们作为老同事就可以起到“传帮带”的作用，针对他具体的工作可以给其传授一些自己在工作中积累的经验，告诉他哪儿容易出什么错，应该注意些什么，出现了问题又该怎么解决。这样不仅能让小王尽可能避免错误，还能提高我们的合作效率，也迎合了题中“紧急工作”对于效率的要求。第三，小王工作可能会拖沓，为了防止这样的情况发生，我们可以多合计工作进度，及时沟通交流，对接工作情况，虚心听取对方意见和想法，做到无保留协作。

◇ 言语理解与表达能力

工作环境中的言语理解与表达能力不同于生活中的日常交流，它要求考生具备针对不同听众采取不同的语言方式和风格，将自己的思想明白无误、条理清晰地表达出来，并能让听众接受、产生共鸣的能力。在考官的评分标准中，要求我们要做到：理解他人的意思；口齿清晰，表达流畅；内容有条理，逻辑性强；能让他人理解并有说服力；用词准确、恰当、有分寸。

案例：政府垃圾分类的工作，要推广到一个社区里边，你是负责人，考察推广情况，发现没有分类，工作人员抱怨居民不配合。问题：在小区举办的居民座谈会上，有群众反映垃圾分类太麻烦，要求取消，请你现场进行劝说。

本题侧重考查考生的言语表达能力，通过阐述填埋、焚烧这两种主要的垃圾处理方式的不足，突出实行垃圾分类的必要性和重要性，晓之以理、动之以情地说服小区居民自觉进行垃圾分类。答题要点：①表明自己的态度。对群众的意见和建议一定会吸取，并进一步完善垃圾分类处理制度，满足人们的需求。②结合数据、实例向居民介绍垃圾分类的积极作用，引起居民的共鸣。③针对群众反映垃圾分类太麻烦的问题，提出针对性的解决措施。

答题示范

各位街坊邻里：

我是咱们社区垃圾分类处理项目负责人，刚才听大家发表了对垃圾分类的看法，我深受启发，我一定会结合大家的意见和建议，进一步完善咱们社区的垃圾分类处理制度，满足大家的生活所需。现在我给大家说说垃圾分类这个事。

我想大叔大妈一定还记得，过去我们都会把牙膏皮攒起来卖，橘子皮用来制药，废布头、墨水瓶等等都会想方设法重复利用，其实我们很早就在进行垃圾分类处理，不是吗？

现在，政府推行垃圾分类处理，在源头上将垃圾分类投放，并通过分类的清运和回收使之变成资源，这对于保护环境具有十分重要的作用。一方面，垃圾分类后，那些能回收、不易降解、有毒的物质就不再填埋，这样，可减少的填埋垃圾达总量的60%以上，从而减少占地，更减少了环境污染。另一方面，垃圾分类提高了垃圾利用率。我们的生活中有30%～40%的垃圾是可回收利用的。1吨废塑料可回炼600吨柴油，一吨易拉罐结块后形成的铝块，能让我们少采20吨铝矿。垃圾可是放错地方的资源哩！而且经科学论证，垃圾分类是最节能、最经济、最环保的垃圾处理方式。

现在我们小区作为示范点推行这种方式，为了减轻大家分类的困难，政府将统一给每家每户发放分类垃圾桶和垃圾袋，小区内也设立了分类垃圾桶。表现优异的家庭，将会获得洗衣粉、购物袋等奖励。我们也根据本社区的情况制作了很多垃圾分类操作手册，里面详细介绍了具体的生活垃圾品种分类。就是发到大家手上的这本，大家可以好好看看。只要我们多用一点心，多动一下手，就能让我们的居住环境更美好，给子孙后代留一个美丽家园，何乐而不为呢？

◇ 求职动机与拟任职位匹配性

求职动机是指求职者在一定需要的刺激下，直接推动自身进行求职活动以达到求职目的的内部心理活动。当求职者的求职目的与拟任职位所能提供的条件相一致时，其胜任该职位工作并稳定地从事该工作的可能性较大。考查考生的求职动机与拟任职位匹配性的问题大多是意愿性问题，内容涉及考生的人生价值取向和生活态度等多个方面。为了应对此类面试考题，考生首先要在面试之前要做好准备：应收集一些有关用人单位情况的资料并加以分析，增强对单位的了解，特别是自己希望从事的工作内容、性质以及任职要求等，了解更要详细一些。其次，回答问题时要对用人单位有关情况做出简明扼要、恰如其分地概括，以口气平和、说话婉转的方式表达自己的思想倾向，然后诚实地表明自己的需要，谈自己为何要报考该单位。另外，在回答这类问题时，考生应该避免两种倾向：一种是求职动机抽象化。如考生只空谈报考职位能发挥自己的特长、实现自己的理想与抱负，未能具体化。正确的回答应该是，考生自己的什么特长怎样与具体工作相结合？自己的理想与抱负是什么和怎么样通过报考职位的工作实现？二是“庸俗化”。如考生回答自己为什么报考该职位时，没有体现自己的能力和水平，而是只谈什么工资待遇好、出国机会多、权力大等。

案例：你为什么报考银保监会？

本题考查考生的求职动机与拟任职位匹配性。考生可根据个人具体情况实事求是、选择性地阐述个人现实需求（专业对口、家庭要求等，但不能成为主要理由）、职业兴趣、成就动机（自我提升与锻炼、自我价值的实现等），并能够结合自身体验表达对组织文化的认同。考生在回答时要注意三点内容：第一，自己报考的是公务员，国家对公务员有特殊的价值观要求，要在答案中将这些价值观体现出来；第二，考生报考的是银保监会，银保监会有特殊的社会管理职能，在答案中也需要将其体现出来，以增强匹配性；第三，回答的内容要想打动考官，就需要从生活、学习或工作中去挖掘曾经打动过自己的经历，以真挚的情感感染别人。

◇ 专业（创新）能力

专业能力是指履行职位职责所需的技术性能力或具体的知识要求。在公务员面试中，有些招录部门很重视对考生专业能力和素质的考查，而且这方面的要求越来越高。考生在掌握基本专业知识的同时，也要经常对相应知识进行积累、拓展和创新，才能在答题时展示出内容的专业性和思维、素养方面的创新意识。

案例：什么是流动性风险？银保监会可以采取哪些监管措施对其进行控制？

本题的专业性很强，考察应试者是否具备银保监会相应职位所要求的专业素养和相关知识，并能在此基础上有所拓展和创新。考生不但要掌握流动性风险相关知识，还要了解对流动性风险进行控制的监管措施。你的答案是否准确，监管措施方面是否到位、有效，观点是否有创新，这些决定你能否脱颖而出。

公务员面试除了有选择性地测评考生以上七大方面的能力和素质外，往往也考查考生自我情绪控制能力和举止仪表等。自我情绪控制能力主要是在面试过程中通过观察考生的行为进行考查。如在较强刺激情境中，考生的表情和语言是否自然；在受到有意挑衅甚至有意侮辱的情况下，能否保持冷静。在举止仪表方面，考官也会观察考生穿着打扮是否端庄得体，言行举止是否符合一般礼节，是否有多余的动作，身体和精神状态是否良好。

★ 公务员面试考查形式

◇ 结构化面试（传统的公务员面试形式）

这是一种根据特定职位的胜任特征要求，遵循固定的程序，采用专门的题库、评价标准和评价方法，通过考官小组与应考者面对面的言语交流等方式，评价应考者是否符合招录岗位要求的人才测评方法。根据结构化面试的要求，考生按照抽签顺序、逐一进入考场，以看题或者听题的形式、在规定时间内回答题目，考官根据考生当场表现进行评价打分。在结构化面试中，考生的发挥依赖于自己的能力，他人的影响较小。因此，这种考试形式侧重对考生进行纵向测查。由于操作较为简单且能够较好地测查考生能力，结构化面试在全国各地、各类公务员面试中应用程度较高。

◇ 结构化小组面试

这是一种要求一组考生在规定的时间内依次作答结构化面试题目，并互相点评的面试测评方法。结构化小组面试结合了结构化面试和无领导小组讨论面试的特点，测查考生从事机关和公务员工作所需的基本能力和素质。一组考生一般是由 3～4 人组成。

※ 结构化小组面试有两种组织形式

一是：考生 A 答第一题，回答完毕后，考生 B、C 分别对第一题的回答进行补充回答；考生

B 回答第二题，回答完毕后考生 A、C 分别对第二题的回答进行补充回答；考生 C 回答第三题，回答完毕后，考生 A、B 分别对第三题的回答进行补充回答。随后考试完毕。答题时间、补充答题时间要遵循考场规定。一般而言答题时间 2 分钟左右，补充回答每次 1～2 分钟。

二是：每名考生依次回答三道题，考场规定或抽签决定每道题的答题顺序，比如第一题依次由考生 A、B、C 回答，第二题依次由考生 C、A、B 回答，第三题依次由考生 B、C、A 回答，即每人首答一道题，次答一道题，三答一道题。全部回答完毕后，每名考生对另外两名考生点评，被点评者作出回应。第一轮，A 点评 B、C，B、C 分别作出回应；第二轮，B 点评 A、C，A、C 分别作出回应；第三轮，C 点评 A、B，A、B 分别作出回应。考试完毕。答题时间、点评时间、回应时间要遵循考场规定。一般而言答题 2 分钟，点评 2 分钟，回应 1～2 分钟。有的地区在这种形式的结构化小组面试中省去了回应环节，即只有答题和点评环节。

※ 结构化小组面试备考建议

结构化小组面试的内容仍然是建立在传统的结构化面试基础上的，题目的几种类型也没有改变。因此，考生仍要扎实地打好基础，熟悉题目类型，掌握答题思路，积累政策知识。

①跟传统的结构化面试不同的是结构化小组面试的答题时间。传统的结构化面试回答一道题时间为 3～5 分钟，结构化小组面试一般则是 2 分钟。这就要求考生反应要更快，思维要更灵敏，逻辑要更清晰，语言要更简练。我们备考时一定要注意答题时间的变化。

②要有一定的心理准备和心理承受能力。在传统的面试中，你在现场看不到别人答题的情况，也就不会形成对比。而在结构化小组面试中，你答完别人会有补充，或者每一道题都由你们分别回答，这样在面试现场中就形成了考生之间直接的对比，可能会给考生带来一定冲击。因此要提前做好心理准备，要有更好的控场能力。

③无论是补充回答，还是点评和回应，本质都是一种交流，要体现出交流的诚意和良好的交流风格，提出建设性意见。

◇ 无领导小组讨论面试

公务员面试中也会采用无领导小组讨论面试形式，就是通过对考生设置与工作相关的问题，将考生按相同或相近的报考职位分组，每个小组（一般 6～8 人，个别地方多达 12 人）在不设定领导的情况下，让他们进行一定时间的自由讨论，据此来检测考生的组织协调、综合分析、洞察应变、人际关系处理、语言沟通等方面的能力，以及个性特征和行为风格，以评判考生之间的差异。具体内容请参考本书中无领导小组面试相关内容。

第二节 求职面试中的自我介绍

在求职面试过程中，面试官常常要求应聘者先做自我介绍。一段短短的自我介绍，其实是为了双方更深入地进行交谈。一般情况下，自我介绍在时间上不要超过 3 分钟，最好控制在 1 分钟左右。

■ 做自我介绍的原因

面试官通过求职者的自我介绍考察以下方面内容：

★ 考察求职者自我介绍的内容与递交的简历是否一致

如果简历有假，求职者自我介绍时一般都会“漏出马脚”，给面试官留下不良印象。

★ 考察求职者的逻辑思维能力、语言表达能力和概括总结能力等

★ 考察求职者的现场感知能力与把控能力

开始面试时，面试官常常说"请您用 3～5 分钟做自我介绍"，而有的求职者则一介绍就超过面试官所要求的时间，甚至达到 10 分钟，使面试官不得不多次提醒和引导。

★ 考察求职者初步的自我认知能力和价值取向

■ 大学毕业生求职面试自我介绍技巧

★ 内容上有中心思想，要重点突出

在面试前，要对所应聘的用人单位文化、产品和职位技能进行了解，然后根据自己的阅历，组织好自己的语言，把你描述成适合该职位的求职者，即你的特质符合该用人单位的文化和职位，你的知识结构和能力水平也与该职位相匹配。

★ 语言表达过程中要保持自然和大方

在自我介绍时要落落大方，笑容可掬；充满信心和勇气，敢于正视对方的双眼，显得胸有成竹，从容不迫；语气自然，语速正常，语音清晰。

★ 讲求真实

进行自我介绍时所表述的各项内容，一定要实事求是，真实可信。不可过分谦虚，或者自吹自擂，夸大其词。

★ 不惜字如金或滔滔不绝

自我介绍时有些求职者惜字如金，进行问答式的介绍，这会使考官在面试没多久就失去兴趣。但是也切勿滔滔不绝，易让人产生不切实际、浮躁的印象。

★ 结尾要小结

在自我介绍的结尾要做一下总结，更强调你与这个岗位的符合性，比如"我认为我在文字功底方面的能力很强，也有相关的经验和良好的成绩，非常符合您的岗位要求"。这样不仅能继续提醒考官注意你这方面的能力，也表达出你的自信和加入用人单位的兴趣。

★ 多练习

准备好了面试自我介绍后，最好找你熟悉的人进行练习，多练习几次，不仅会减少你的紧张，而且也会得到一些建议。

案例 1：

各位面试官，你们好！我是来自某某学校某某专业的毕业生某某，在这次企业招聘中，应聘的是办公室文员职位。办公室作为企业的综合职能部门，不仅仅需要较高的服务意识，同时需要社交潜力。而本人性格开朗、很有语言表达潜力，善于沟通交际，具有良好的人际关系。同时我还具有以下几点的特长优势：

第一，我待人热情，彬彬有礼，办事稳重认真，有事业心，我觉得这个特长为做办公室文员、文秘等工作打下了基础；

第二，我的计算机操作潜力较强，通过了计算机二级（或其他级别）等级考试，喜欢编程，对计算机网络、办公自动化知识有所了解，我觉得这个特长是做好文员工作必备的技能之一；

第三，我善于写作，文字写作基础扎实，发表过××等文章，写作是文员的基本功之一；

第四，我在文体方面有特长（有什么特长，取得过什么级别及证书），车辆驾驶有什么级别的驾驶证，我觉得这几个特长对做好文员工作有所帮忙；

第五，外语（或其他语种）有特长（取得过什么级别及证书），随着改革开放的进展，我的这个特长将来会有用武之地；

第六，我的语言表达能力强，普通话说得好，我觉得这个特长是做好文员工作必备的基本功之一。

以上就是我简短的自我介绍，作为文员求职者，我将不断地完善自己，提高自身素质，成为一名合格的文员工作者。

案例 2：银行无领导小组面试自我介绍

各位面试官，你们好！我是来自×××大学××专业的应届毕业生××。首先感谢人民银行给我这样一个展示自我的机会。

对于我的情况简历上都介绍得比较详细了，在这里我想谈一谈我对这次贵行招聘的认识。在经济与金融系这4年的学习生活让我满载而归，4年里我系统地学习了有关金融方面的专业知识，例如金融学、商业银行、中央银行理论与实务等。我认为随着国民经济的增长，银行已经不仅仅在承办存储款等业务，更多的是承担一种信用中介，银行已逐渐发展为老百姓生活中必不可少的金融机构。

能够到银行就业更是我们金融专业毕业生的首选。而我们学校在毕业生就业方面也为我们量身打造了一个系统的就业体系，如对点钞、票币百张、五笔打字等专业技能进行了一定的培训与考核。另外，学校也安排我们参加各种社会实践，尤其是在工行的实习，让我熟悉了银行的工作环境，了解了银行大堂的基本工作流程和业务操作，大堂是银行不可或缺的岗位，它是银行的门面，是银行业务的讲解员，也是银行与老百姓沟通的桥梁。在这个岗位上不仅仅是体现我对专业知识的掌握程度，更重要的是它能培养我的耐心、意识和应变能力，端正我的工作态度，所以我很看重这次贵行招聘的机会。如果我能成功，我一定会努力成为企业认可、客户满意的优秀员工。

第三节　面试服饰

关于求职面试的穿着，传统的建议是：面试的穿着应该比该职位的人的典型穿着高一个档次。在这里，我们会建议你：打扮得比平时靓一点，比你平常的穿着好10%，或者“为你想得到的职位而穿着，而不是为你已经拥有的职位而穿着”等。

■ 男士职场穿衣原则

掌握每个人的整体的色彩搭配规律后，还要根据场合的不同，选择不同的颜色进行色彩搭配。

时间：服饰需与自然的四季变化、昼夜变化相协调，如分春、夏、秋、冬装，晚间礼服、晨礼服等。

地点：服饰需与社会环境相适应，如是处在乡村还是城市，国内还是国外，室内还是室外。

场合：服饰需与周围环境气氛相协调，是会议、谈判，还是宴会、约会等。

现今社会，每一位男士都能体会到个人形象对事业等各方面带来的巨大影响，尤其是常被称为着装第一视觉元素的色彩，如果搭配应用不当，不合时宜，则会给人带来不佳的第一视觉印象。

掌握好适合自己的色彩搭配原则及场合用色原则，对于男士来说至关重要。场合用色有一定的俗成和历史因素，应综合起来考虑。

■ 面试男性着装小 Tips

西装：职场正规男装应该为黑、藏青等深色，浅灰、米黄等浅色西装不易让人产生信赖感，而轻浮、急躁的印象最让面试官不屑。欧版西装待在橱窗里气派非凡，却不一定适合中国人的身材。对于瘦高型男性，日版西装可能是更适合的选择。裤以盖住鞋面为宜，否则你一落座就露出半截小腿，未免不妥。单排三粒扣的西装，职业化的穿法是不扣第三粒扣。微软对新员工培训着装的部分，就有这一条。当然对面试者，公司的要求并没那么高，只是如果面试官发现你与他一样不扣第三粒纽扣，你“自己人”的形象便在不知不觉中树立了一半。要提醒的是，这粒纽扣，无论你扣或不扣，一定不能让领带下摆露出来。

衬衫：白色及蓝色衬衫一向是职场男性挑选衬衫的主流色彩。黑色衬衫是夜总会经理人的经典穿着，请勿随意模仿。

领带：选用黑、紫、蓝、灰等冷色调领带，花纹要简洁。只有领带质地较薄，导致不服帖时，才使用与外套颜色一致的领带夹，否则没必要佩戴。

鞋袜：深色皮鞋必须整洁如新，肮脏或磨损的皮鞋将会使你在衬衫领带西装上花的一切心血付之东流。系带皮鞋看上去比船鞋正规。一定要穿深色袜子，使西裤、皮鞋和袜子三者的颜色相同或接近，腿和脚成为完整的一体。在穿深色西装的前提下，连灰色袜子都不适合，更不用说经典没品位的白袜子。袜筒要足够长，免得坐下时露出衬裤或小腿。

如果你目前经济拮据，推荐你一套购衣方法：先到精品店逛逛，注意高档西服的款式和细节，如面料、纹路、纽扣、口袋的位置、袖口的款式等，再到大众商店买一套最相似的就可以了。

求职须知

男士体形弥补方法

体形特征		弥补方法	注意事项
倒三角体型	• 肩宽于臀 • 健壮 • 肩过宽显不平衡	• 上身色彩简单或使用自己色群里有收缩倾向的色彩 • 脖子周围可用艳色 • 腰部带袋盖上衣 • 腰部以下服饰丰富	• 上身色彩不宜过强 • 避免宽翻领或船型领
窄小体型	• 肩、腰、臀宽度相似 • 个子不高 • 肩过窄	• 用自己色群里浅淡、明亮的色彩 • 做对比搭配 • 腰部带袋盖上衣 • 稍宽松的上装、有质感的面料	• 避免深色 • 避免紧身服装

续表

体形特征		弥补方法	注意事项
瘦高体型	• 肩、腰、臀宽度相似 • 个子高 • 肩不宽	• 应用自己色群里浅淡倾向的色彩 • 可做对比搭配 • 适合宽松的、横向线条感的上衣	• 过瘦型应避免深、暗的色彩 • 避免硬质感、直线感、窄肩、紧身的服装
肥胖体型	• 肩、腰、臀部较圆、厚 • 整体有敦实感	• 身体部分颜色偏深 • 用自己色群里有收缩倾向的色彩 • 脖子周围可用艳色 • 做同一搭配或渐变搭配 • “V”形领或竖式的配饰	• 避免上身色彩过强、过亮 • 避免与肩部相对应的横线或腰部宽松的样式
肥胖体型	• 肩小于臀 • 个子不高 • 属矮胖身材	• 上身色彩强烈或淡化下身颜色 • 面料平整或重直线形纹样	• 避免下身色彩对比过强 • 避免柔软而重感的面料

摘自西蔓色研中心．中国人形象规律教程．北京：中国轻工业出版社，2004.

■ 男士服饰搭配要得当

★ 任何时候请保持衣服和鞋的洁净

★ 穿西装时，必须配皮鞋

★ 穿西裤时，哪怕是休闲西裤，都最好不要配旅游鞋，应该配皮鞋

★ 不要穿过紧的裤子以及 T 恤

★ 不要穿西装打领带却配牛仔裤

★ 穿牛仔裤时，最好配上皮带

★ 切忌穿明显是假冒的名牌服饰(这一点很重要)

★ 最好不要穿任何女性化的服装，特别是牛仔裤

★ 穿皮鞋时，最好不要穿运动袜

★ 不要穿运动休闲服却打领带

■ 女士职场穿衣原则

女性的服饰比男士的服饰式样更加多变，所以女性在选择求职服饰的问题上要更加慎重，否则，会起到相反的效果。

★ 与环境相协调

★ 质料要好

★ 衣着合体

★ 颜色调和

求职须知

女性扬长避短方法

脖子长的女士选择领子的要点： 脖子较长的女士，尽量避免穿大“V”形领或无领的服装，穿立领的服装会显得更漂亮。除了立领之外，还可以选择高领，或在脖子上系丝巾	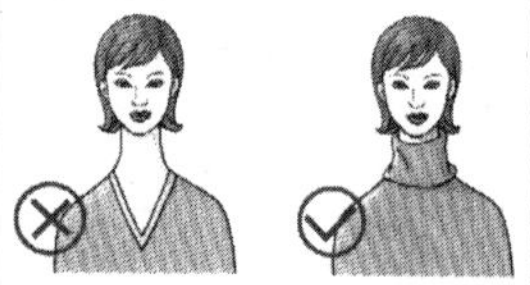
脖子短的女士选择领子的要点： 脖子短的女士适合穿“V”形领、低领、无领、船形领、荡领等领型。避免紧围颈部的高领、立领及颈部装饰性过多的衣领	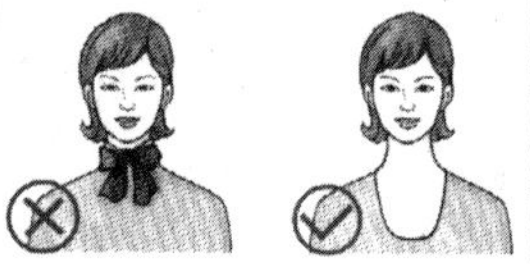
肩部宽的女士选择服饰的要点： 肩部较宽的人使用垫肩时宜薄不宜厚，适合大的圆领，深“V”形领以及披肩领。避免紧围领部的领型和直线的一字领。应选择蝙蝠袖、插肩式或宽松式的袖子，而不能选择泡泡袖类	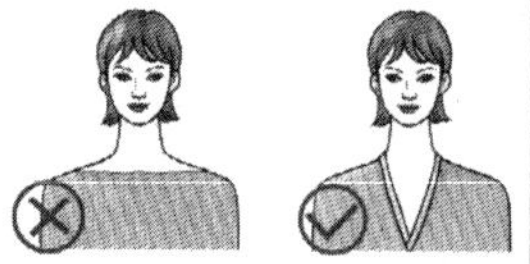
肩部窄的女士选择服饰的要点： 肩部较窄的溜肩多呈现在曲线型身材的女性身上，除了使用垫肩来解决总体以外，还可以穿肩部多皱褶的袖子，如泡泡袖	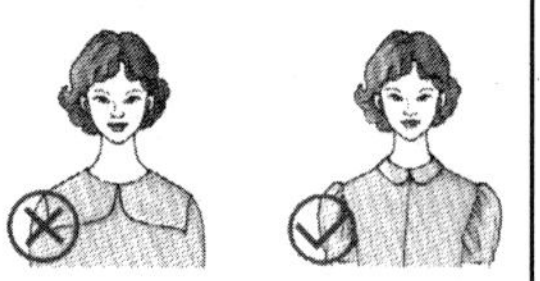
手臂较粗的女士选择服饰的要点： 手臂较粗的女士回避穿无袖的、窄肩的、紧身类的服装，避免穿带横条纹图案的袖子	
胸部大的女士选择服饰的要点： 胸部过于丰满的女性，在着装时，避免穿有光泽的服装，因为光泽容易引人注目。适合造型简洁、宽松的服装，胸部上不能有过多的装饰物。比如：兜袋、花边装饰。再有，就是避免穿紧身T恤及横纹的大花衬衫，不使用强调腰身的宽腰带	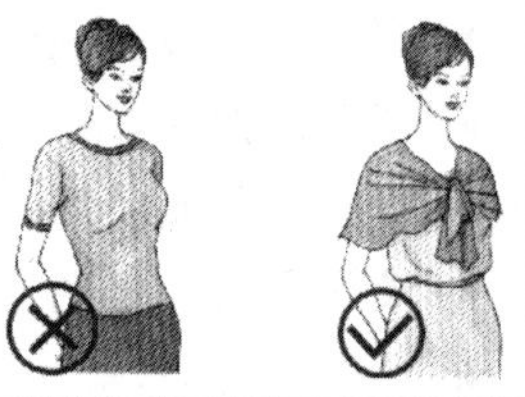
胸部小的女士选择服饰的要点： 胸部平坦偏小的女性，可以多利用服装的图案、皱褶、蝴蝶结、花边等复杂的装饰使胸部变得丰满，也可以穿宽松的上衣来加强身体的膨胀感，避免穿着低胸、紧身服装，可多利用丝巾来掩饰胸部	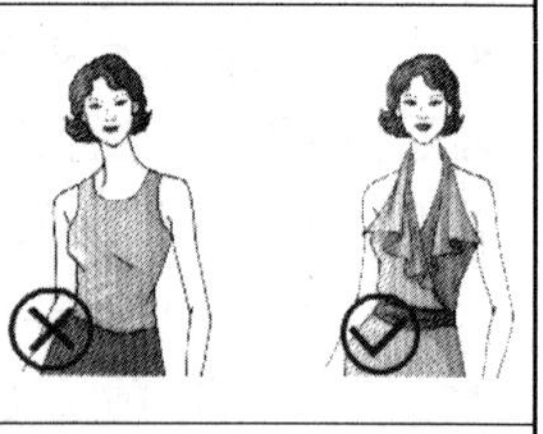
臀部宽的女士选择服饰的要点： 臀部过于丰满或宽大的女性，不宜穿过紧的筒裤，裤子的肥瘦一定要适中，不要选择百褶裙、碎褶裙、紧身式裙子。上衣的长度以盖过臀部为好。颜色的选择上，上衣采用明亮色调，下部选用收缩感强的颜色	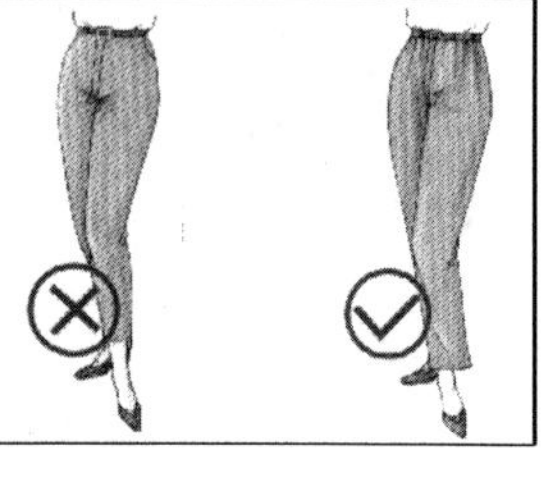

续表

臀部窄的女士选择服饰的要点： 臀部扁平或较窄的女性，多选择腰部多皱褶的裤子和裙子，可多使用腰带使腰与臀部的界限明显，或在臀部处多装饰物，如兜袋类。避免穿紧身裙和直筒裤	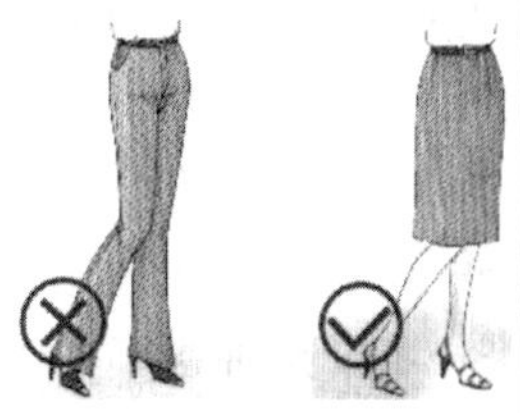
腰部粗或细的女士选择服饰的要点： 腰围粗的女士不应将衬衫或紧身毛衣等扎入裙子或长裤内，不使用腰带，不穿带皱褶的裙子和裤子，减少腰部的装饰物。相反，腰围细的女士可以用腰带来突出腰部，还可以在腰部多做装饰点缀，使腰部给人以丰满的感觉	
腹部突出的女士选择服饰的要点： 腹部突出的女士多利用层叠搭配的原理，如在衬衫或毛衣外加一件背心、上衣，让视线有层次感，也可利用配件转移他人的注意力，多在胸以上的部位做装饰，如在脖子上系丝巾，在胸前佩戴胸针等。避免穿连体的连衣裙和紧身的服装	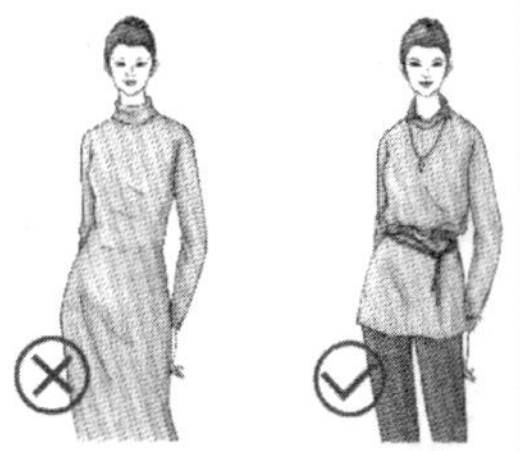
腿部较粗的女士选择服饰的要点： 腿粗的女士不适合穿紧身裤、短裤、宽而短的裙裤，应穿宽松的裤子，直筒裙均能掩饰此缺点。小腿过粗的人，最简单的遮掩法是穿着长裤，若穿裙子应穿长裙，裙长比小腿最粗处长 1～2 厘米为宜。裙子的长度千万不能在小腿最粗处	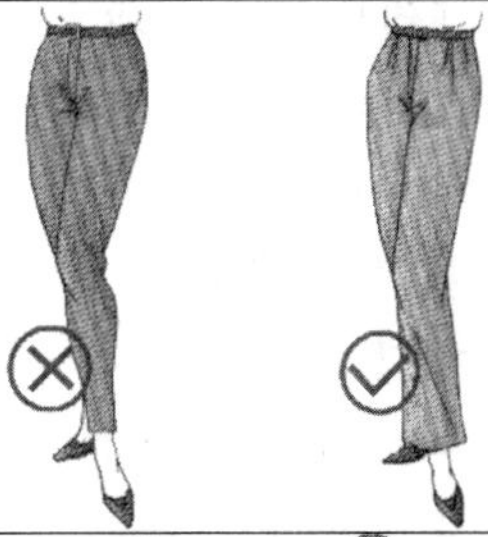
身材高大的女士选择服饰的要点： 身材高大且胖的女士，应尽量选择纵向，有条纹图案的面料，服装本身不宜采用过多的装饰物。佩戴饰物不宜杂乱无章，应集中于一点，给人以强烈的印象。身材高且瘦的女士属于模特体型，能够穿着的服装款式较多。太瘦的女性不应穿紧身衣服和束宽腰带	
身材矮小的女士选择服饰的要点： 身材矮小且胖的女士，较适合明快的服装色彩，选择小到中等图案为最佳，避免穿着有繁杂装饰的服装。 身材矮小且瘦的人给人以小巧玲珑的印象，应穿比较活泼清秀的服装，选用明快的服装色彩，要避免分割类图案，最好穿比较密集的小图案。若想显得比实际身高稍高，应将着装的重点放在使腿部如何显得修长的服装上	

摘自于西蔓. 女性个人款式风格诊断. 花城出版社，2003.

■ 女士仪容应该注意的问题

女性在求职的时候,仪容方面首要是适合面试场合,其次是尽量做到投其所好,总的要求是:大方、整洁、舒服。

★ 不要浓妆艳抹

★ 领口上别沾上化妆物

★ 不要出现指甲油剥落的现象

★ 不要穿走丝的袜子

★ 不要穿各部分互不协调的套装

★ 如果申请的是管理人员的职位,你可以提着手提箱。不过,如果既提手提箱又拿钱包,那就太过分了

★ 穿短裙配凉鞋时可不穿袜或穿长筒丝袜,切忌短丝袜

★ 不要穿男式的衬衣或西装

★ 切忌穿明显是假冒的名牌服饰(这一点很重要)

★ 穿紧身牛仔裤时,最好不要配松糕鞋

★ 不要穿套装或套裙却配双肩背包

★ 切忌穿长、短裙时却配一件外套

■ 什么是过分时髦

通过阅读女性杂志以跟上时装的流行趋势是个好主意。但是,不要过分听信那些时髦的建议。穿着过于性感也许会使面试者的注意力从你的技能与工作优势上转移开。

过于性感指的是:

★ 太短的裙摆

★ 太低的领口

★ 过于透明的布料

★ 紧身的服装

★ 露出脚指头的无鞋跟的鞋

★ 脚踝系带子的鞋

第四节　面试时的仪态与举止

任何一位求职者,无论到哪里求职,修饰边幅都非常重要,对于未踏入社会的大学毕业生,通常最容易忽略这些要点:

★ 面试之前洗个澡——可以使用消除异味或防止过分排汗的淋浴品。身体异味,包括非你能控制的身体异味,都会使你被成功录用的可能性大打折扣

★ 检查呼吸的气味——假如你在午饭时喝了点酒,或者吃了含有大蒜的食品,或者你已经不停地忙了好几个小时,那么你呼吸的气味可能很难闻。你可以嚼口香糖或者再漱漱口

★ 头发是否干净——油腻腻的头发显得很脏。在卫生间里快速检查一下并整理好

★ 指甲是否修剪得整齐而且干净——肮脏的指甲、指甲油剥落的指甲或者长得卷曲起来的指甲——这一切都有损你的形象

★ 确保衣服干净整齐——绝对不要将面试的衣服穿了一回又一回。你应该穿出你的样子——干净整齐、充满活力

★ 是否穿上了适合的鞋子——不论你的衣服如何整齐，如果你的鞋子没有擦拭过，或者鞋跟或鞋面出现磨损，那么你会给对方留下很不好的印象。穿跑鞋或其他运动鞋也不合时宜

★ 尽可能不要使用香水，或只使用气味较淡的香水——我们建议刚从学校出来的大学生没有必要将过多的金钱花费在这里

在求职中，面试官可以通过求职者的形态信号和身体语言"读"出你是内向还是外向，你是否善于社交等，据有关统计，"在谈话过程中，面试官有 75%的时间在注视求职者，求职者有 40%的时间在注视面试官，双方彼此对视的时间占全部时间的 30%，一次目光接触的时间长度大约为 1.5 秒。"

这说明，在面试中要让自己的表情"说话"，要善于用自己的表情征服对方。

★ 你歪着头倾听：显示出对对方所谈的内容很感兴趣

★ 你咬嘴唇：表明你思虑重重，思想负担重

★ 你双手动作过多：表示你这个人傲慢无礼

★ 你微微眯着眼：表示意见有分歧或不服气

★ 你面无表情：表明你难以捉摸或深不可测

★ 你眼睛向上看：说明你疑惑、或怀疑、或无意、或不在乎

★ 你双手分开手心向上：说明你诚实和坦率

★ 你两臂交叉放在胸前：说明你藐视、自卫、抗拒、思想封闭

★ 你双手拧在一起：说明你充满信心

★ 你眼睛闪闪发光：表明你精神焕发，是个有精力的人，对谈话内容很感兴趣

★ 你目光黯淡：说明没有斗志、索然无味

★ 你目光飘忽不定：表示是个三心二意或拿不定主意抑或紧张不安的人

★ 你直视着对方，眼神一动也不动：含有非常深切的意味。说明受到某种强大的打击，或者怀有强烈的敌对心理

★ 你不敢正视或回避别人的视线：表明你是个内心紧张不安或言不由衷、有所隐藏的人

★ 把嘴抿成"一"字形：你是个坚强的人，一定能完成任务

★ 嘴唇往前撅：可能是一种防卫心理的表示

★ 用手搔头：表示尴尬、为难、不好意思

★ 用手托住额头：表示害羞、困惑、为难

★ 双手相搓：说明陷入为难、急躁状态之中

★ 双手摊开：表示真诚、坦然或无可奈何

★ 双手插在口袋里：表明内心紧张，对将要发生的事没把握

★ 双手交插在胸前：表明胸有成竹，对将要发生的事有思想准备，有时会有相反的意思

★ 心理处于焦虑不安时，一些人习惯一只手放在桌上或沙发扶手上，不停地轻轻地弹手指；一些人则习惯用手指搓捻纸条或烟蒂；有些年轻女性则喜欢用手绞手绢

★ 面临某一选择而处于犹豫不决或不知所措的心理状态时，一些人会不自觉地用手搔脖子；一些人则会用手搔后脑勺

★ 握手时，紧抓对方的手，用力挤握，这类人精力充沛、自信心强，为人则偏于专断专行，

但组织能力及领导才能都很突出

★ 两只脚踝相互交叠：此人正在克制自己，因为人们在克制强烈情绪时，会情不自禁地脚踝紧紧交叠，交易场上或其他社交场合中，当一个人处在紧张、惶惑的情况下，往往会做出这种姿态

★ 人的心理处于紧张状态时，两腿会不停地抖动，或者用脚轻轻敲打地面

提示

你要记住，你不能——

你在面试的过程中应该留意是否出现下列应忌讳的行为：

不要说：

- 嗯
- 啊
- 嗯哼(而不说“是”)
- 你懂吧
- 比方说
- OK
- 我猜想
- 相当好

不要：

- 用手指或脚丫打着拍子
- 捻弄、拉扯或者整理头发
- 交叉着手臂
- 坐着的时候手脚张得很开
- 握手时软弱无力
- 坐立不安
- 眼睛一刻不停地盯着对方
- 怯生生地看着对方
- 嘴里嚼着口香糖或者别的东西
- 说话时含糊不清
- 说话的语速太快
- 玩弄文具——笔、纸或者桌上物品

摘自 Joyce Lain Kennedy. 求职面试宝典. 黄炳辉，李丽婵译. 北京：世界图书出版公司，2001.

第五节　面试各阶段的注意事项

面试对于招聘方来说，是为了通过与应聘者的直接见面、交流、挑选出自己所需要的合格人才。尽管由于招聘机构规模的大小和招聘职业差异的影响，各种面试的过程可能不尽相同，但对于面试者，不外乎分为面试前、面试过程、面试后 3 个阶段。

■ 面试前准备

好的开始等于成功了一半，当你获得一次来之不易面试机会时，就应该做足准备。

一旦获得面试的通知，面试者应该通过各种渠道去获取该单位的信息，这可以让其在面试中知己知彼，提高面试的成功率。下面是面试前准备清单(表 11-1)。

表 11-1　面试前准备清单

你已经:	是	否
• 拿到并仔细阅读过关于招聘单位情况的年度报告和有关文件		
• 亲自到招聘单位去看过		
• 就一些主要问题与招聘单位的各种人员交谈过		
• 与最近从事过这项工作的人进行过交谈,它是一项现在还需要有很多人做的工作吗		
• 与其他一些从事此项工作的人进行过交谈,这是一项需要由很多人做的工作吗		
• 搞清谁是考官了吗		
• 确定招聘者需要什么样的技能		
• 确定这项任命想解决的问题		
• 准备好"自荐信"		
• 背下一小段推销自我的广告词以突出自身的优点		
• 对一切都事先演练一番,包括从闲聊到回答潜在的危险的问题		

★ 面试前的建议

◇ 事先确定好到时要穿的衣服并弄清楚面试的地点究竟在哪里。如果有必要的话,先跑一趟

◇ 所穿服装应该能使你看上去像是公司里的一员

◇ 要守时;对接待人员要态度和蔼;在等候面试时可阅读商业杂志,但不要吸烟或嚼口香糖

◇ 说几句话打破沉默,例如赞美一下漂亮的办公室、好看的色彩搭配、有趣的图画等

◇ 在对方招呼你坐下之前不要坐下;不要主动和对方握手,除非对方先伸出手来

◇ 公文包里多备几份简历,以防对方索取。你很可能会被引见给其他一些对员工的录用有发言权的人——给见到的每一位重要人物都留下一份简历

◇ 在面试时尽可能多地使用对方的姓氏和职称,但语气不应该像是在哀求对方

◇ 当你突然感到紧张的时候,深呼吸一下,表现出镇定自若,信心十足

■ 面试过程准备

在面试过程中,面试官几乎毫无例外地会选择他们最喜欢的人。事实上,毕业生们在改善面试过程的表现方面都尽了很大的努力。但我们应当明白:要想突围而出,必须努力令面试官感受到:"他是与我们风格相似的人"。面试中的表现已经 99%决定了你能否能成为他们当中的一员。

★ 面试过程中的建议

◇ 适当做笔记——记下关键的数字以及其他重要的信息

◇ 提出问题——不会提问题表示你对公司一无所知

◇ 保持目光的接触——保持目光的接触可以表现出你无比的自信心

◇ 学会开口要时间——遇到棘手的问题,随时向面试官要求时间考虑,既理清了思路又得到了喘息的机会

◇ 注意口头表达——时刻注意口齿伶俐,内容准确可信

◇ 快速地总结你的结论——这可以充分地表现出你的统筹、总结能力

★ 沟通技巧:成功面试与失败面试的差别

◇ 时间的分配

失败:37%的时间求职者发言,36%的话题由求职者发起。

成功:55%的时间求职者发言,56%的话题由求职者发起。

◇ 对于所面试职位的了解程度

失败:对所应聘职位只有模糊的了解;在面试过程中多次改变自己理想的工作。

成功:对于所面试职位有清晰的认识;能够说出为什么这是其渴望的职位;往往经过较长时间的准备。

◇ 在面试中提到单位名称的频率

失败:很少提及甚至说错单位名称。

成功:多次提及单位的名称,熟练使用单位名称的简称。

◇ 对于单位的了解程度

失败:仅仅利用面试来了解单位的基本情况。

成功:十分明显地对单位进行过研究;提到具体的信息来源,如单位的宣传小册子、单位网站、相关杂志或有关人士。

◇ 对所申请职位的兴趣以及对单位的热情

失败:对于面试官的声明平淡对待:"对""是的",对于单位有所保留。

成功:对于面试官的声明表示极为赞同"我非常赞同!""那太好了",明显表现出愿为单位效劳的热情。

◇ 对于自身的自信程度以及人生态度

失败:对于那些有明显倾向性的问题给予模棱两可的答复。

成功:对于这类问题给予积极而肯定的回答,并且提供生动具体的事例。

◇ 使用行话或技术术语的频率

失败:几乎不使用。

成功:经常使用专门术语。

◇ 对于问题回答的具体程度

失败:仅给予简短的回答——10 个字甚至 1 个字,从不修饰自己的语言,大量使用"还行"。

成功:使用生动而具体的事例来支持自己的观点。大量使用对比、统计数字和第三方的评价。

◇ 提问的情况

失败:简单提一些泛泛的问题。

成功:提出一些有深度的问题;提一些具体的个人问题"我该如何准备以能够尽快胜任?"

■ 面试后准备

在面试的帷幕即将落下的时候,求职者应该设法让面试官无法拒绝与你进一步联系的要求,从而为下一轮复试打开便利之门。

为了使面试结束得恰到好处,请接受以下建议:

◇ 不要显露出自己的急躁

◇ 最后再用简短的语言概括自己最突出的优点

◇ 仔细观察面试官表现出来的暗示面试应该结束的身体语言

◇ 创造进一步联系的机会

★ 怎样结束面试

到了某一时刻，面试必须结束，这时求职者必须懂得通过提出问题来结束这场面试，否则，面试官是不会主动提供信息的。

◇ “您已经了解了我的技能与经验，您认为有适合我的工作吗？”

◇ “您觉得我能得到这份工作吗？”

◇ “您需要我再来面试一次吗？”

◇ “我什么时候能得到您的回音？”

◇ “我最晚什么时候能得到你的回音？”

◇ “如果由于某种原因您没有在最后期限内告诉我，我能与您联系吗？”

◇ （供选择）“你能介绍其他可能有兴趣雇我的人吗？”

第六节　女性毕业生如何求职

一提到就业，人们往往以为女不如男，其实女大学生只要善于发挥自身优势，寻找适合自身特点的行业单位，她们得到的机会有时比男生来得还快，女大学生具有以下几个方面的职业能力优势：

(1)语言能力的优势。女性运用语言词汇的能力强于男性，在造句、阅读能力等方面更为出色。

(2)思维能力的优势。女性在形象思维能力以及思考问题的细致、周全上具有优势。因而适合于形象设计方面的工作，如服装设计，其作品往往让人感到和谐、典雅、优美。另外，在文学创作、文艺表演方面也颇具优势。

(3)交往能力的优势。女性普遍具有温顺、和蔼、容易与人相处、感情丰富且善于体谅别人的特点，在社交场合或工作协作中表现出较强的人际交往能力。

(4)管理能力的优势。受过高等教育的女大学生个人修养好，能广泛听取各方面的意见，善于与他人合作共事。

(5)忍耐力的优势。在相对单调乏味的条件下仍能孜孜不倦地长期工作，这是女性的一大专长。大多数女性工作耐心持久，态度认真，有较强的工作责任心。

■ 女大学生的职业定位

根据女生的特点，职业定位应以下列 5 类职业为主。

★ 创意类

以创意、执行为主要工作内容的职业。适合需要自由不受拘束的创意工作者，由于在工作地点上非常具有弹性，因此也适合想兼顾家庭的 SOHO 族，包括企划公关、多媒体设计制作、翻译、编辑、服装设计、文字工作、广告、音乐创作、摄影、口译等。

★ 专业咨询类

以提供专业意见，并以口才、沟通能力取胜的行业，由于工作内容与场所都富有高度弹性，因此跑单帮游走各家企业或成立工作室的可行性极高。包括企业经营管理顾问、旅游资讯服务、心理咨询、专业讲师、美体美容咨询顾问等。

★ 科技类

在网络及电脑科技如此发达的情况下，拥有相关专长，则就业机会相当多。包括软件设计、网页设计、网站规划、网络营销、科技文件翻译、科技攻关等。

★ 补教照顾类

包括儿童教养与老人看护，也包括才艺班、幼儿园、托儿班，居家护理、家事服务等。

★ 生活服务类

主要以店面经营方式，又可分为独立开店与加盟两种。较适合的业种包括西点面包店、咖啡店、中西餐饮速食店、服饰店、金饰珠宝店、鞋店、居家用品店、体育用品店、书籍文具租售店、视听娱乐产品租售店、美容护肤店、花店、宠物店、便利商店等。

■ 女性求职面试劣势

★ 缺乏自信

自卑实际上是从心理上对自己的一种否定。在择业、就业这个问题上，部分女性的自卑心理是其信心不足的表现。没有应有的自信，就不可能有竞争的勇气，从而失去择业竞争的主动权，自卑是女性走向成功的大敌。

★ 思想准备不充分

学生在校学习时，对诸如女生分配难、有些单位轻视女职工等情况，即使有所耳闻，也常抱着"车到山前必有路"的侥幸心理，不信倒霉的事真会落到自己头上。

★ 对自己的能力评价不准确

有些女性，特别是部分高学历的女性，对自己的优势评价太高，一味地夸夸其谈，孤芳自赏，而结果却适得其反，往往是错失良机。一些自认学历低的女性，又经常有一种盲目的自卑心理。与前者相比，实际上是走向了另一个极端。

★ 依赖心理

依赖心理是部分女大学生不思进取的表现，它是在还没有走上社会就磨损了意志，还没有小试锋芒就退避三舍的根源。

★ 受家庭、社会舆论的影响

女性承担着生儿育女的重任，家庭事务负担较重，从 2016 年起国家实施放开二胎生育政策，加上几千年封建专制统治为女性定出的无数清规戒律，对女性就业带来一定压力。

★ 过分苛求工作性质条件

女性爱幻想、爱浪漫、爱美。她们把这些也用在了求职择业上，这就大大缩小了自主选择的范围。

★ 不思进取

在现实生活中，部分女性随着年龄的增长，事业心不断减退，尤其是婚育之后，随着家务负担的加重，成就感和自身事业上的发展关注程度减弱，投入的精力相对减少。

★ 利用性别角色

一位面试官曾经直言不讳地说：应试者如果是女性，应当很好地利用性别角色。人与人之间互相接触、互相交换讯息，除了服装、姿态、语言等接触外，还包括性别的感觉。无论你用何种眼光看，两性之间的吸引都是存在的，合理地、适当地利用性别角色，的确可以促成面试的成功。但过分追求在"性"字上做文章，靠色相来赢取工作，往往会适得其反，或者损失惨重、得不偿失。

★ 女性不如男性

许多公司出于种种原因，选择员工时用男性而不用女性。正是受传统的、社会舆论的影响，女性在求职时往往倍感艰辛，也因此而被迫地接受了“女性不如男性”的观点。女性最大的劣势就是家庭一关，如果女性求职者在面试时让面试官相信你不会受家庭的拖累，你不比男性差，成功离你就很近了。

■ 女性求职面试的“秘诀”

★ 为面试做好准备

最好不要穿新衣，因为坐在那里你会觉得不自然。另外，叫一个朋友来感受一下面对面的距离。如果坐得太近，主考官会觉得侵犯了他的私人空间，若距离超过 1.5 米，又会显得你冷漠。

★ 面试前要多练习

◇ 想好并练习阐述那些有理由使你感到自豪的成就

◇ 练习说明你的领导能力和创造性才能

◇ 练习用温和、有节制的声音说话。这能使你所说的几乎每一句话听起来都充满智慧

★ 要有自信心

女性有男性所缺乏的许多长处。女性在语言表达能力、刻苦精神和忍耐力、记忆力、认真细致程度等方面，一般都比男性强。因此，在择业过程中，女性要敢于在用人单位面前表现自己的自信心，尽量发挥和运用自己的优势。

★ 要善于展示自己的魅力

在求职过程中，女性适度展示自己的魅力，所产生的效果是男性望尘莫及的。首先在打扮上要注意大方得体，发式力求自然，着装切忌豪华，化妆不可浓艳；其次举止应端庄大方、彬彬有礼，谈吐要有条不紊，不亢不卑，善于听对方谈话，并能简洁地陈述自己的观点。

★ 要敢于接受挫折

求职遇挫是很平常的，女性应正视挫折，及时总结经验教训，调整择业期望值，再次勇敢地接受用人单位挑选。如果走不出挫折的阴影，那就可能失去不少宝贵的机会。

★ 良好的坐姿

找到面试者的位置后，稳稳地坐上去，全身放松，不需要正襟危坐，以免肌肉紧张，不受控制，调整好呼吸，千万不要喘粗气，如有必要，可以改变坐姿，不必总是保持同一种姿势。

★ 避免目光游离

游离的、善变的目光让主考官认为你这个人不老实，他会想：“我可不愿让一个坐不住的女人坐在我的办公室里。”留意倾听一个问题时，将坚定的、自信的目光停留在问话人脸上大概五六秒钟。这样会令人觉得你对他的话十分重视。

★ 不要摆弄双腿

坐在主考官对面时，千万避免交叉双腿，在任何情况下都不要跷起二郎腿，这看上去像你与主考官之间竖起了一道屏障，记住你的坐姿关系到以后你能否迈进这间办公室，所以还是老老实实地坐好为妙。

★ 眉目传神，热情自信

眼睛是心灵的窗户，这是公认的名言。女性在面试时尤其要注重眼睛的特种功能，一方面

通过自己的眼神向人表述自信，另一方面察言观色，以化解面试中的尴尬。

★ 巧妙应对敏感话题

用人单位在考虑聘用女职员时，常担心婚姻和家庭会影响工作，所以面试时往往提出许多相关的问题。因此，能否回答好这些总是关系到求职是否成功。

◇ 家庭和事业你觉得哪个更重要

你最好抱着工作至上的态度，可以这么回答：我会结婚，但我认为女人最重要的是能够保持自己的活力，工作对现代女性来说尤为重要。

◇ 婚后你是否计划在近期内生育

你可以这么说：我很重视自己的事业，因此我的决定以不影响我的工作和公司的利益为前提，我相信我以后的丈夫是个明事理的人，他一定会理解和支持我的！

◇ 你对倒茶、扫地、复印资料等琐事怎么看

你可以这样回答：只要工作需要，哪怕是再不起眼的小事，我都会认真地做。

◇ 如果公司派你到外地出差，你的男友不同意你去，你该怎么办

你最好这么回答：公司安排我出差，是工作上的需要，我和我的男友都是热爱工作和事业的人，相信我的男友会支持我。如果他不同意，我也会说服他。

第七节　面试常见问题的分析及解答

■ 涉及自身的有关问题

★ 谈谈你的优点

建议答案：

我性格外向，乐观合群，有良好的人缘。我是一个务实家，一旦下定决心做某事，我就要把它做好。在暑假，我曾做过兼职的推销员，推销的电动用品很久都没有卖出去，但我还是挨家挨户、磨破了嘴皮，把产品全部推销完。因此，做事有恒心和毅力也算是我的一个优点吧。

提示：这是展示自我的好机会，应当好好把握，时间一般不超过 2 分钟。面试官只是希望了解你的这些优点是否能对本公司发挥作用，因此要介绍你具有的与工作有关的优势。

★ 你有什么缺点

建议答案：

◇ 我这个人做事比较急，有时甚至欲速不达，性子也很直，有意见就忍不住要提出来

◇ 我很喜欢我的工作，对于每一个项目都尽心尽力。所以当我感觉到其他人并未付出应有的努力时，我有点生气。我意识到了我的这个弱点，在许多场合我尽量用积极的态度去克服它

◇ 我对没有时间紧迫感的人往往缺乏耐心

◇ 我总是急于想提前完成任务

提示：谈自己的缺点的时候，千万不要含糊其词、回避实质。一定要谈到自己一两个明确的弱点，但不是自己的最大弱点，尤其是对工作不利的弱点暴露给面试官。应该谈一些与所谋职位不发生冲突的缺点，有时甚至转缺点为优点。

★ 你是否能与人融洽相处

建议答案：

当然，我这个人的优点之一，就是与人为善，喜欢和周围的人友好相处，无论是家人、朋友或同学，我都能与他们谈到一块。

提示：一个人的处世能力是面试官关心的问题之一。在工作中，不能与上司、同事融洽相处的人，是面试官所讨厌的。应试者既可以从正面直接作答，也可以从侧面巧妙地回答。

★ 谈谈你对生活的态度

建议答案：

我整体的人生观就是乐观奋斗。这种人生观直接影响着我对生活的态度，我觉得人应该既讲物质又讲精神。人活着是为了能活得更好，谁都希望能开小车、住别墅，我也不例外。但人也必须要有精神寄托，读读书，从事一些有益身心的活动都是我的生活中不可缺少的一部分。

提示：每一位应试者都有自己的生活态度。重物质也好，重精神也好，只要总体态度是积极向上的就行。

★ 你在学校时最喜欢的科目是什么

建议答案：

我最喜欢房地产估价。具备了房地产估价的基本知识及相关知识，我能有把握地对楼盘的每一套房做出准确的估价，这对于我以后从事房地产估价工作打下坚实的基础。

提示：回答这个问题，应该说和你所应聘的工作有关的科目。如果你最喜欢的科目既是你最拿手的，又能对所谋的工作产生积极影响，就可以借机加以发挥，否则就做一般处理，简单作答即可。

★ 你的业余兴趣是什么？你有没有什么特殊爱好？你参加运动吗？你最近刚读了哪些书

建议答案：

我广泛参加各种各样的课外活动。我特别喜欢打篮球，因为我觉得篮球既能强健我的身体，又能使我从中认识很多的好朋友。我最感兴趣的书籍是有关成功人士的传记，这使我在他们身上学习到许多课堂上学习不到的东西。

提示：回答时充满热情，讲明你喜欢所提及的活动的原因，侧重谈一谈那些讲求团队精神、活力向上的活动，谈谈你的业余爱好或所阅读的书籍是如何给你的工作带来益处的，重点指出影响你个人成长的电影或书籍，不要提及小说或恐怖电影。

★ 你认为你自己是个天生的领导，还是天生的随从

建议答案：

我并不认为任何人是个天生的领导。具有领导才能首先需要的是有做好领导的愿望，然后为不断提高领导能力而终生学习。如果认为自己天生就具备领导魅力，不用再学习，那不会对本单位有什么好处。

提示：谦逊的态度是最适合的。

问题链接：

(1)你的朋友对你如何评价？

(2)你用什么方法来消除疲劳感？

(3)你喜欢什么样的上司?

(4)谈谈你的家庭情况。

(5)当你受到挫折时是如何处理的?

(6)至今最痛苦的事情是什么?

(7)结婚后你将如何对待工作?

■ 涉及所应聘的工作和单位的问题

★ 你对这个职位有何了解

建议答案:

之前我已经在网上了解了一下从事这项工作应当具备的条件,所幸的是我发觉自己在大学所积累的能力基本可以胜任这项工作,但我想还是要在具体工作中方能体会到这项工作的魅力所在,我想有机会的话,我将来的同事一定会帮助我的。

提示:根据你的调查详细阐明这一职位在公司组织结构中的地位,你将如何在这一职位发挥作用,如何帮助公司实现它的目标,让对方确信你完全了解这一职位涉及的责任。另外,询问对方你对职位的理解是否有不足之处。

★ 你对本单位的情况了解吗

建议答案:

贵公司的声誉在本行业是名列前茅的,我曾多次在报刊、电视、广播中了解到关于贵公司的一些情况。贵公司的管理水准、经营能力、经营规模都堪称一流,特别是贵公司生产的××牌产品,在东南亚一带很有市场。

提示:面试官提这个问题来考察应试者对公司的熟悉程度,旨在了解应试者对公司的热心程度。求职者应该尽可能地掌握该单位各方面的信息,了解的信息越多,回答起这个问题来就越容易。

★ 你为什么想加盟本公司

建议答案:

贵公司经营有方,市场看好,很有发展前途。到贵公司来,一方面可以为公司出一点微薄之力;另一方面也更适合发挥我的能力和特长,更好地发展自己。

提示:回答说你所应聘的职位对你来讲是个千载难逢的机遇,而该公司则是个能使你充分展示聪明才智的最佳场所。此外,进一步解释你这么说的原因何在。不要说该公司所处的行业一直是你想尝试的领域。

★ 你对做好这份工作有信心吗

建议答案:

对这份工作我很有信心,相信经过一段时间的适应,就可以做出成绩。因为我已具备做好这份工作的××技能和一定的组织协调能力。

提示:面试官问你这个问题,一是看你有没有信心,二是从你的分析中了解你是否有此能力。所以回答时必须注意以上两点。

★ 你对工作经常需要出差有没有意见

建议答案:

◇ 作为外勤人员,公司派我出差完全是工作需要,我十分乐意接受

◇ 我应征这份工作,主要是希望能够充分发挥我在策划方面的才能,基于工作需要,我也

可以出差

提示：应采用积极的接纳态度，即使不正面积极作答，也要流露出你对工作的重视，这样才不至于起到负面影响。

★ 你觉得什么样的环境才有利于开展工作

建议答案：

该集体要有一位善于沟通的管理者，能与每一位成员共同分担生产及质量方面的责任，整个集体的生产效率才能得以提高。他还懂得协调任务要求与各方关系的重要性。最后，公司还必须重视发挥其雇员的作用。

提示：重点应该放在自己所希望的集体的环境，避免谈及自己对环境适应的局限性。

★ 你希望的待遇是多少

建议答案：

我想贵公司有很好的人事制度，对什么职务应当享受什么样的待遇一定有一套完善的规划。对公司的待遇规定，我会尽量尊重。当然，有关我应聘的这项工作的薪金以及其他福利待遇，我也想了解一下。

提示：待遇问题是一个敏感问题，聪明的应试者最好不要作出肯定的回答，你可以先向面试官询问一下公司方面的考虑。如果你一定要正面回答，也要有一个变通的范围，并且尽可能大一些，这样商谈的余地也更大。当然有时也有例外的情况。

问题链接：

(1)如果公司安排的岗位与你的应聘职位不同，你将怎么办？

(2)如何看待学生和职员的不同点？

(3)什么样的企业你不想进入？

(4)你还正在同其他公司接洽吗？

(5)你觉得什么样的环境才有利于开展工作？

■ 涉及应试者能力的问题

★ 你如何处理工作中的突发事件

建议答案：

在一次学校举办的篮球赛中，由于场地湿滑，在开赛前15分钟临时改换场地，由于我们的队员、啦啦队以及工作人员都来不及重新通知，造成当时情况比较紧急。但是，幸好没有乱了阵脚，重新安排各种工作，及时通知有关人员，使得比赛能顺利举行。

提示：说明在这种情况下你如何立即重新安排工作的主次急缓。用具体事例说明，尽管工作中出现了始料未及的复杂情况，但你还是将工作及时完成。不要告诉对方你仍然坚持把手头的事情先做完。

★ 当你面临棘手问题时如何处理

建议答案：

不同性质的问题有不同的处理方式，总的来说，处理任何棘手的问题都需要理智、冷静和智慧。

提示：这是一个笼统的问题，你的回答可以采取概括式的方法。如果面试官给你设置一个具体的问题情景，要你作出回答，则另当别论。

★ 你的口头发言能力如何

建议答案：

我曾经以学生代表的身份在校级活动中发言，效果很好。这是我发言前对演讲稿做大量的修改和反复地练习，以及在台上镇定，发音准确，说话流畅的结果。

提示：说明你是如何做准备工作的，同时指出表达的技巧。举出你获得成功的例子。

★ 你成绩最好的和成绩最差的学业课程分别是什么？你最喜欢和最讨厌的学业课程是什么

提示：选择那些分数最高同时又与所应聘的工作有联系的课程。成绩最差的学业课程应选择那些与所应聘的工作毫不相干的课程。避免列举你真的学得很差劲的课程。将喜欢或讨厌一门课程的原因归结于课程内容的好坏或者教师讲课的出色与否。不要说明你之所以不喜欢某一门课程是因为这门课程你学不好。

★ 你取得过的最大成就是什么

建议答案：

我刚从学校毕业，要说什么成就还谈不上。只是有一次成功地组织了学校运动会的开幕式。

提示：许多应试者一听到“成就”两个字，就有点惊惶失措。一般而言“成就”是比较重大的事件，在面试时，应试者只要将自己引以为豪的事情回答出来就行了。

大学生创新创业教育篇

第十二章　大学生创新

“创新改变世界。”在这个“信息爆炸”的时代，单纯的信息几乎成为负担，“知识”对于我们也并不稀缺，唯独创造性的洞见和智慧却反而比以往任何时代更不可多得。创新是一个民族进步的灵魂，是一个国家兴旺发达的不竭动力，是个人保持蓬勃朝气和昂扬锐气的力量源泉。

第一节　知识经济呼唤创新

■ 创新是以新思维、新发明和新描述为特征的过程

在英语里，创新(innovation)一词起源于拉丁语的“innovare”，意思是更新、制造新的东西或改变。拉丁语中的创新有三层含义：第一，更新；第二，创造新的东西；第三，改变。创新是人类特有的认识能力和实践能力，是人类主观能动性的高级表现形式，是推动民族进步和社会发展的不竭动力。一个民族要想走在时代前列，就不能没有科技创新，也不能停止理论创新。创新在经济、科技以及社会科学等领域都有着非常重要的意义。

■ 什么是创新

创新的本质是突破，即突破旧的思维定势、旧的常规戒律。创新活动的核心是“新”，它或者是产品的结构、性能和外部特征的变革，或者是造型设计、内容的表现形式和手段的创造，或者是内容的丰富和完善。在经济学范畴，奥地利经济学家 J. A. 熊彼特在 1912 年出版的《经济发展理论》一书中首先提出了创新的基本概念和思想，1939 年和 1942 年他又分别在《经济周期》《资本主义、社会主义和民主主义》两部专著中对创新理论加以补充完善，逐渐形成了以创新理论为基础的独特的创新经济学理论体系。他提出：关于技术创新的过程机制，包括技术创新过程模型、技术创新的演化机制、技术创新的动力模式；基于技术创新的组织创新、市场创新、金融创新、制度创新；关于技术创新的战略选择、能力培育与评价、国家创新系统。在他看来，企业家的职能就是要实行创新，引进“新组合”，从而使经济获得不断的发展。他还认为，创新是一个经济范畴，而非技术范畴；它不是科学技术上的发明创造，而是把已发明的科学技术引入企业之中，形成一种新的生产能力。

后来，许多研究者对创新进行了定义，有代表性的定义有如下几种：

(1)创新是开发一种新事物的过程。这一过程从发现潜在的需要开始，经历新事物的技术可行性研究阶段的检验，到新事物的广泛应用为止。创新之所以被描述为是一个创造性过程，是因为它产生了某种新的事物。

(2)创新是运用知识或相关信息创造和引进某种有用的新事物的过程。

(3)创新是对一个组织或相关环境的新变化的接受。

(4)创新是指新事物本身，就是指被相关使用部门认定的任何一种新的思想、新的实践或

新的制造物。

由此可见，创新概念包含的范畴很广，可以说各种能提高资源配置效率的新活动都是创新。其中，既有涉及技术性变化的创新，如技术创新、产品创新、过程创新；也有涉及非技术性变化的创新，如制度创新、政策创新、组织创新、管理创新、观念创新等。

■ 创新精神

创新精神是指要具有能够综合运用已有的知识、信息、技能和方法，提出新方法、新观点的思维能力和进行发明创造、改革、革新的意志、信心、勇气和智慧。它是一个国家和民族发展的不竭动力，也是一个现代人应该具备的素质。创新精神属于科学精神和科学思想范畴，是进行创新活动必须具备的心理特征，包括创新意识、创新兴趣、创新胆量、创新决心，以及相关的思维活动。

创新精神是一种勇于抛弃旧思想旧事物、创立新思想新事物的精神。例如，不满足已有认识（掌握的事实、建立的理论、总结的方法），不断追求新知；不满足现有的生活生产方式、方法、工具、材料、物品，根据实际需要或新的情况，不断进行改革和革新；不墨守成规（规则、方法、理论、说法、习惯），敢于打破原有框框，探索新的规律、新的方法；不迷信书本、权威，敢于根据事实和自己的思考，同书本和权威质疑；不盲目效仿别人的想法、说法、做法），不人云亦云，唯书唯上，坚持独立思考，说自己的话，走自己的路；不喜欢一般化，追求新颖、独特、异想天开、与众不同；不僵化、呆板，灵活地应用已有知识和能力解决问题……以上都是创新精神的具体表现。

创新精神要以遵循客观规律为前提，只有当创新精神符合客观需要和客观规律时，才能顺利地转化为创新成果，成为促进自然和社会发展的动力；创新精神提倡新颖、独特，同时又要受到一定的道德观、价值观、审美观的制约。

创新精神提倡独立思考，不人云亦云，并不是不倾听别人的意见、孤芳自赏、固执己见、狂妄自大，而是要团结合作、相互交流，这是当代创新活动不可少的方式：创新精神提倡胆大、不怕犯错误，并不是鼓励犯错误，只是出现错误认知是科学探究过程中不可避免的；创新精神提倡不迷信书本、权威，并不反对学习前人经验，任何创新都是在前人成就的基础上进行的；创新精神提倡大胆质疑，而质疑要有事实和思考的根据，并不是虚无主义地怀疑一切……总之，要用全面、辩证的观点看待创新精神。

只有具有创新精神，我们才能在未来的发展中不断开辟新的天地。

■ 创新与创新力

创新力就是创新能力。创新能力是人们革旧布新和创造新事物的能力，包括发现问题、分析问题、发现矛盾、提出假设、论证假设、解决问题以及在解决问题过程中进一步发现新问题从而不断推动事物发展变化等。创新能力最基本的构成要素是创新激情、创新思维、科技素质。创新激情决定了创新的产生，创新思维决定了创新的成功和水平，科技素质则是创新的基础。创新能力是我们每个人都具有的能力。创新具有普遍性，人人都有创新能力。但是在现实中错误的观念会导致人们偏离或远离创新。

■ 知识经济以变革、创新为灵魂

随着世界经济从传统的“工业经济”向“知识经济”时代的转变，世界经济合作发展组织（OECD）提出了知识经济的概念。所谓知识经济就是以知识的生产和传播为基础，以变革、创新为灵魂，以高新技术产业为主导，以可持续发展为目标的经济。知识经济是人类生产力、科技发展及其激烈竞争的必然产物。

在21世纪知识经济时代，创新已成为决定性的要素。“知识经济”这一概念突出了信息中最核心、最富创造价值的部分知识(特别是科学技术)对经济的特殊影响。知识经济在中国的最佳表达应该是“科学技术是第一生产力”的经济。在知识经济时代，少数人用较少的时间生产出足够的物资产品，而大多数人将用较多的时间去从事知识的生产和传播。过去企业招聘主要看工人的个头和力气，现在把知识和能力放在首要位置，即“先查脑子再查肌肉”。微软的比尔·盖茨就是典型的创新型人物，他最多的时候有1 000多亿美元资产，是美国知识经济的标志性人物。盖茨公司研发的Windows XP、Windows 2007等软件，全世界都在使用，这些创新成果带来无限的财富。

第二节　树立创新意识

创新意识是决定一个国家、民族创新能力最直接的精神力量，是一个国家和民族解决自身生存、发展问题能力大小的最客观和最重要的标志。它促成社会多种因素的变化，推动社会的全面进步，进一步推动人的思想解放，有利于人们形成开拓意识、领先意识等先进观念。它能促成人才素质结构的变化，提升人的本质力量。社会需要充满生机和活力的人、有开拓精神的人、有新思想道德素质和现代科学文化素质的人。它客观上引导人们朝这个目标提高自己的素质，使人的本质力量在更高的层次上得以确证。它激发人的主体性、能动性、创造性的进一步发挥，从而使人自身的内涵获得极大地丰富和扩展。

■ 何为创新意识

创新意识是指人们根据社会和个体生活发展的需要，引起创造新事物的观念和动机，并在创造活动中表现出的意向、愿望和设想。它是人类意识活动中的一种积极的、富有成果性的表现形式，是人们进行创造活动的出发点和内在动力，是创造性思维和创造力的前提。

创新意识包括创造动机、创造兴趣、创造情感和创造意志。创造动机是创造活动的动力因素，它能推动和激励人们发动和维持创造性活动。创造兴趣能促进创造活动的成功，是促使人们积极探求新奇事物的心理倾向。创造情感是引起、推进乃至完成创造的心理因素，只有具有正确的创造情感才能使创造成功。创造意志是在创造中克服困难、冲破阻碍的心理因素，创造意志具有目的性、顽强性和自制性。创新意识主要表现为思想活跃、不因循守旧、富于创造性和批判性、具有敢于标新立异和独树一帜的精神和追求。

■ 创新意识的主要特征

★ 新颖性

创新意识或是为了满足新的社会需求，或是用新的方式更好地满足原来的社会需求，创新意识是求新意识。

★ 社会历史性

创新意识是以提高物质生活和精神生活水平需要为出发点的，而这种需要很大程度上受具体的社会历史条件制约，在阶级社会里，创新意识受阶级性和道德观影响制约。人们的创新意识激起的创造活动和产生的创造成果，应为人类进步和社会发展服务；创新意识必须考虑社会效果。

★ 个体差异性

人们的创新意识与其社会地位、文化素质、兴趣爱好、情感志趣等相关，这些因素对创新意识的产生起到重要的影响作用。

■ 创新意识的类型

★ 综合创新意识

综合是指将研究对象的各个方面、各个部分和各种因素联系起来加以考虑，从整体上把握事物的本质和规律。综合不是对象各个构成要素的简单相加，而是按其内在联系合理组合起来，使综合后的整体作用导致创造性的新发现。综合创新就是运用综合法则的创新功能去寻求新的创造，其基本模式如图 12-1 所示。

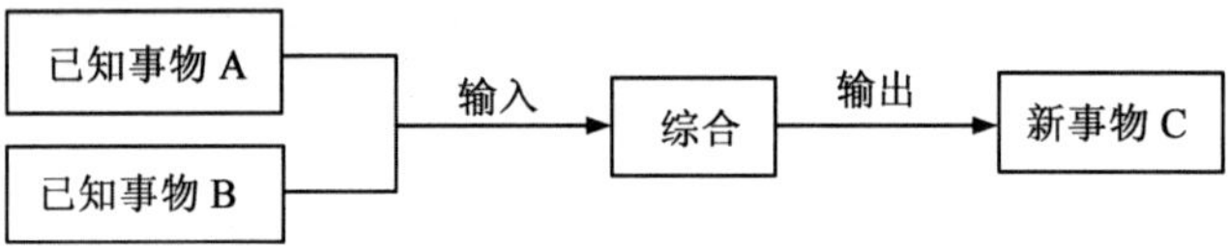

图 12-1　综合创新模式

综合创新一般有两个主要途径：非切割式综合与切割式综合。切割，是指人们为了实现某一意图，将一个事物加以切开、分割或截取。非切割式综合即直接将两种或两种以上的事物保持各自完整的综合创新模式；切割式综合即截取两种或两种以上事物的某些要素再将其有机组合成新事物的综合创新模式。

综合已有的不同科学原理可以创造出新的原理。例如，牛顿综合开普勒的天体运行定理和伽利略运动定律，创建了经典力学体系。综合不同的学科能创造出新学科。例如，信息科学、生物科学、材料科学、能源科学等都属于综合性学科。

★ 逆向创新意识

逆向创新是运用逆向推理，将通常思考问题的思路反转过来，分析事物构成要素的相反方面，从另一角度探寻新途径的逆向创新方法。逆向创新也称反向探求，逆向创新要克服思维定势的约束，并对熟悉的事物持陌生的态度，用新的观点、从新的角度去看待事物。例如，法拉第从人们公认的"电流产生磁场"的原理出发，以逆向创新意识来设想"磁能产生电"，提出了电磁感应定律，经过 9 年时间的实验和探索，终于证实了电磁感应现象，根据这一原理研制出世界上第一台发电机。

逆向创新主要有三种途径：

(1)功能性逆向创新。即人们在实践活动过程中，对解决某类问题过程中的各种功能关系进行颠倒，可能会取得新的、意想不到的效果，解决常规方法不能解决的问题。例如，普通加热煎鱼锅在鱼被加热时鱼体内的油滴落到热源上会产生大量的烟雾而造成污染，但夏普公司的设计者运用逆向创新，改变热源和鱼的相对位置，即把热源放在上面，鱼放在下面，研制出无烟煎鱼锅。

(2)结构性逆向创新。打破传统的结构设计而得出新结构的产品。例如，活塞式内燃机的主要结构是曲柄滑块机构，但活塞往复运动中的惯性力却阻碍了内燃机转速的提高。汪克尔运用结构性逆向创新方法，发明了旋转活塞式内燃机，提高了内燃机的转速。

(3)因果关系逆向创新。自然界中很多自然现象是相互联系的，在某一自然过程中，一种自然现象可以是另一种自然现象的原因，但在另一自然过程中这种因果关系可能会颠倒。例如，声音能产生振动，那么振动能否复现原声呢？爱迪生发明的留声机就是对声音能引起振动现象中的原因和结果的逆向应用。

★ 还原创新意识

还原法即回到根本、回到事物的起点的方法。简单地说就是暂时放下所研究的问题，回到驱使人们创新的基本出发点。还原换元是还原创造的基本模式。所谓换元，是通过置换或代替有关技术元素进行创造。

例如，探测高能粒子运动轨迹的“气泡室”原理就是英国物理学家格拉塞尔运用还原换元原理而发明的。一次，格拉塞尔在喝啤酒时，看到几粒碎小鸡骨在掉入啤酒杯时，随着碎骨粒的沉落，周围不断冒出气泡，气泡显示出了碎骨粒下降过程的轨迹，他猛然想到自己一直在研究的课题——怎样探测高能粒子飞行轨迹。他想，能不能利用气泡来分析高能粒子的飞行轨迹。于是他急忙赶回实验室，经过不断实验，发现当带电粒子穿过液态氢时，所经路线同样出现一串串气泡。换元实验成功了，这种方法清晰地呈现出粒子飞行的轨迹，格拉塞尔因此荣获诺贝尔物理学奖。

★ 分离创新意识

分离创新是指把某创造对象分解或离散成多个要素，然后抓住关键要素进行设计创新。分离创新的基本途径一般有两条：结构分离、市场细分。结构分离是指对原有产品结构进行分解并寻找创新的一种模式。市场细分是按消费者的需求、动机及购买行为的多元性和差异性，将整体市场划分为若干子市场，即将消费者分为若干类似的消费群。例如，在机械传动中的普通 V 带传动，只能适用中心距不能调整的场合。为了扩大 V 带传动的适应性，人们对其进行结构分离创新，发明了接头 V 带传动。

★ 价值优化创新意识

设计创造具有高价值的产品，是人们追求的重要目标。价值优化或提高价值的指导思想，也是创新活动应遵循的理念。在设计、研制产品（或采用某种技术方案）时，设计研制所需成本为 C，取得的功能（即使用价值）为 F，则产品的价值 V 为：$V=F/C$。显然，产品的价值与其功能成正比，而与其成本成反比。那么，产品设计创新中优化的途径有以下几条：

(1)保持产品功能不变，通过降低成本，达到提高价值的目的；

(2)不增加成本的前提下，提高产品的功能质量，以实现价值的提高；

(3)成本虽有所增加，但可使功能大幅度提高，使价值提高；

(4)虽功能有所降低，成本却能大幅度下降，使价值提高；

(5)不但使功能增加，同时也使成本下降，从而使价值大幅度提高。

第三节 创新思维能力训练

创新型社会离不开创新型人才，创新型人才急需创新思维训练。创新思维能力是创新力的核心，是我们理解事物复杂性，以及在解决问题时打破旧规则、旧方法的束缚而寻求提高解决问题的能力，它的产生是人脑的左脑和右脑的同时作用和默契配合的结果。创新思维是多种思维方式的综合运用。创新思维训练有如下几种方法：

■ 发散思维训练

发散思维又称辐射思维、放射思维、扩散思维或求异思维，是指大脑在思维时呈现的一种扩散状态的思维模式，其特点是考虑问题时思路开阔，向四面八方扩展，是一种从不同方位、不同角度、不同层次、不同途径去联想、想象、设想，以求创造性解决问题的思考方法。如“一题多解”“一事多写”“一物多用”等方式。不少心理学家认为，发散思维是创造性思维的最主要的特点，是测定创造力的主要标志之一。

例如，吉尔福特的“非常用途测验”：在 8 分钟之内列出红砖的所有可能用途。某一学生说：盖房子、盖仓库、建教室、修烟囱、铺路、修炉灶等。所有这些反应，都是把红砖的用途局限于“建筑材料”一个范围之内，缺乏变通。而另一学生说：打狗、压纸、支书架、打钉子、磨红粉等，这些反应的变通性较大，多数是红砖的非常用途。因此后者的创新能力比前者高。

发散思维训练方法：可举一反三，触类旁通，从而提出不同凡响的新观念、解决方案，产生超常的构想。举一反三：从一个问题出发，突破原有的模式，充分发挥想象力，经过不同的途径、方向，以新的视角去探索，重组眼前的和记忆中的信息，产生出更多的设想、答案，使问题得到圆满解决的思维方法；或者以某一个问题为中心，沿着不同方向、不同角度，向外扩散，寻求多个答案。

资料链接

发散思维训练之尤伯罗斯想到的高招

尤伯罗斯主持了第 23 届奥运会，共有 140 个国家和地区的 7 000 多名运动员参加，观众达 570 万人。而这一届奥运会不但没有负债，反倒盈余 1.5 亿美元，创造了震惊世界的奇迹。他在“节流”和“开源”上想了许多方法。

在“节流”方面，主要有：①他不像前几届奥运会那样花费巨资去新建大批新的体育场馆，而是尽可能利用洛杉矶已有的运动场所。②他不像前几届奥运会那样花费巨资去新建供各国运动员下榻的豪华奥运村，而是利用了该市三所大学的学生宿舍。③必须新建一个游泳池。尤伯罗斯以允许在指定场地营业和做广告为条件，说服了当地的“麦当劳”连锁快餐店，出资 400 万美元兴建了一座豪华壮观的露天游泳池。④必须新建一个自行车赛场。尤伯罗斯以同样的条件，将这一“任务”交给了当地的“7-11”商店……

在“开源”方面：①他慎重地选择了 30 家“赞助”奥运会的厂商，这些厂商出资 1.17 亿美元。②他找来了 50 家供应商，从杂货店到废品处理公司一应俱全，这些供应商每家至少需捐助 400 万美元。③他让美国的三大电视网相互争夺奥运会的独家播映权。他的顾问们原来估计最多只能要价 1.5 亿美元，而尤伯罗斯用“吊起来卖”、采取“只出价一次”的竞赛投标方法，结果美国广播公司花了 2.75 亿美元才取得了播映权。④当美国本国的柯达公司认为奥运会理应购买它的照相器材而又埋怨 400 万美元的赞助费太昂贵时，尤伯罗斯果断地将这一权利出售给了日本的富士公司。⑤尤伯罗斯采取的最令人惊异、赞赏的措施是，他想出了火炬传递接力权的办法。这一届奥运会的火炬在美国国内的传递，于 1984 年 5 月 8 日上午 9 点 30 分在纽约市联合国大厦前开始的。从东到西，沿途经过 32 个州和 1 个特区，在 7 月 28 日奥运会开幕时准时送到洛杉矶，全程 15 000 千米。火炬传递接力以每千米 3 000 美元出售。⑥尤伯罗斯想到和采取的另一高招是，他把这一届奥运会的标志——山鹰，也作为一种商标专利广泛出售……

不难看出，正是由于尤伯罗斯想到和采取的这些新措施，才使得洛杉矶奥运会盈利 1.5 亿美元,也为以后承办奥运会的国家和城市作出了榜样,积极申办奥运会的国家和城市也因此越来越多。

发散思维训练:

1. 尤伯罗斯的思维模式有什么与众不同之处?

2. 请再想出 10 种新的“节流”办法。

3. 请再想出 10 种新的“开源”办法。

■ 逆向思维训练

★ 逆向思维

从正面去寻找解决问题的方法和途径,这是常规的正向思维方法。如果从问题的反面去思考解决的方法和途径就叫“逆向思维”,也叫作反向思维。在学习、工作和生活中,我们经常会遇到从正面无法解决的问题,因而陷入思维的陷阱。如果能转换一下思维视角,“反其道而行之”,把事物的位置颠倒过来进行思考,从反面寻找出原因。例如,说话声音高低能引起金属片相应的振动。相反,金属片的振动也可以引起声音高低的变化。爱迪生在对电话的改进中,发明制造了世界上第一台留声机。

★ 如何进行逆向思维

(1)就事物依存的条件逆向思考。如做钟表生意的都喜欢说自己的表准,而一个表厂却说他们的表不够准每天会有 1 秒的误差,不但没有失去顾客,反而大家非常认可,踊跃购买。

(2)就事物发展的过程逆向思考。如人上楼梯是人走,路不动,而电梯是“路”走,人不动。

(3)就事物的位置逆向思考。

(4)就事物的结果逆向思考。

资料链接

逆向思维训练:据说俄国大作家托尔斯泰设计了这样一道题

从前有个农夫,死后留下了一些牛,他在遗书中写道:妻子得全部牛的半数加半头;长子得剩下的牛的半数加半头,正好是妻子所得的一半;次子得还剩下的牛的半数加半头,正好是长子的一半;长女分给最后剩下的半数加半头,正好等于次子所得牛的一半。结果一头牛也没杀,也没剩下,问农夫总共留下多少头牛?

思考和解答这道题,如果先假设一些情况(例如假设共有 20 头牛,共有 30 头),然后再对它们逐一验证和排除,自然是可以的。但这样不免有些烦琐,要费很多的时间和精力,是一个较笨的方法。

解这道题最好是倒过来想,倒过来算:

长女既然得到的是最后剩下的牛的“半数”再加“半头”,结果 1 头都没杀,也没有剩下,那么,她必然得到的是:1 头。

次子:长女得到的牛是次子的一半,那么,次子得到的牛就是长女的 2 倍:2 头。

长子:次子得到的牛是长子的一半,那么,长子得到的牛就是次子的 2 倍:4 头。

妻子:长子得到的牛是妻子的一半,那么,妻子得到的牛就是长子的 2 倍:8 头。

把 4 个人得到的牛的头数相加:$1+2+4+8=15$,可见,农夫留下的牛是 15 头。

■ 横向思维训练

横向思维也叫“侧向思维”，向着思考的事物及问题的侧面伸展思维触角，以求获得新的思维成果。有一个形象的比喻，这种思维就像河流一样，遇到宽广处，很自然地就会蔓延开来，但欠缺的是深度不够。例如，两个妇女被带到所罗门王面前，她们都自称是一个婴儿的母亲。所罗门下令拟将那个婴儿切成两半，给两个妇女一人一半。所罗门的本意是要处以公正，将婴儿救下，但这条命令乍听起来显然与此背道而驰。然而最终的结果是发现了真正的母亲：她宁愿让另一个母亲占有自己的孩子也不愿让他死去。横向思维就这样绕个弯，甚至是逆向而行，有效地解决了棘手的难题。

促进横向思维的方法：

(1)对问题本身产生多种选择方案(类似于发散思维)；

(2)打破定势，提出富有挑战性的假设；

(3)对头脑中冒出的新主意不要急着做是非判断；

(4)反向思考，用与已建立的模式完全相反的方式思维，以产生新的思想；

(5)对他人的建议持开放态度，让一个人头脑中的主意刺激另一个人头脑里的东西，形成交叉刺激；

(6)扩大接触面，寻求随机信息刺激，以获得有益的联想和启发(如到图书馆随便找本书翻翻；从事一些非专业工作等)，等等。

资料链接

横向思维训练：牛津大学爱德华·德·波诺先生提出的问题

在一次讲座中，波诺先生提出了这样一个问题：

某工厂的办公楼原是一片2层楼建筑，占地面积很大。为了有效利用地皮，工厂新建了一幢12层的办公大楼，并准备拆掉旧办公楼。员工搬进了新办公大楼不久，便开始抱怨大楼的电梯不够快、不够多。尤其是在上下班高峰期，他们得花很长时间等电梯。

顾问们想出了几个解决方案。

(1)在上下班高峰期，让一部分电梯只在奇数楼层停，另一部分只在偶数楼层停，从而减少那些为了上下一层楼而搭电梯的人。

(2)安装几部室外电梯。

(3)把公司各部门上下班的时间错开，从而避免高峰期拥挤的情况。

(4)在所有电梯旁边的墙面上安装镜子。

(5)搬回旧办公楼。

你会选哪一个方案？

波诺先生说，如果你选了1、2、3、5，那么你用的是“纵向思维”，也就是传统思维。如果选了4，你就是个“横向思维”者，你考虑问题时能跳出思维惯性。这家工厂最后采用了第4种方案，并成功地解决了问题。

“员工们忙着在镜子前审视自己，或是偷偷观察别人”，波诺先生解释说，“人们的注意力不再集中于等待电梯上，焦急的心情得到放松。大楼并不缺电梯，而是人们缺乏耐心”。

■ 换位思维训练

人们在考虑问题、处理事情时，常常受所处地位、所持立场的影响，想不出解决问题的办法。但如果变换一下立场，转变一下地位，就可能产生新思路，想出有效的方法。换位思维就是指“设身处地”地思考问题。有些矛盾和问题，只要当事人能够站在对方角度，设身处地进行思考，便不难解决。这种换位思考方法现已被广泛使用，如医院急病人所急，为病人提供方便；商店从顾客需要出发，变换商品种类；厂家按照用户的要求进行产品改造。这种换位思维，有益于开阔思路，发现一些原先体悟不到、认识不清、理解不适的东西，产生新的思维成果。

如何进行换位思维：

首先要做到设身处地，站在他人的角度，尤其是存在利益关系的“敌对方”的角度去看待和分析事物，站在对立面研究解决问题的方式。其次就是要学会“换位—再换位”，要进行多次、反复的逆向换位。

资料链接

换位思维训练：宾馆经理与高考学生

1999年六七月份，时值高考期间考生温课紧张阶段，北京气温居高不下，这给家庭住房紧张、环境不够安静的学生造成许多困难。当时北京一些高档宾馆上客率不高，空房挺多。如果你是宾馆经理，站在高考学生角度进行思考（换位思维），在宾馆经营方面能不能想出新的办法？

北京有一家高档宾馆，为了解决高考学生的困难，专门辟出环境安静的客房，用较低价格出租给高考学生，并且安排了价廉可口的饭菜，还为家长陪读提供方便。该宾馆的这一举措，不仅获得经济效益，而且赢得了赞誉。

■ 求同思维训练

“求同”是指在两个以上事物中找到它们的共同之处，运用这种思维，有助于在不同的事物之间找到结合点，使新结合的事物在性质、形态、功能等方面有所变化，以获得创新的效益。求同思维在创新思维活动中的作用是不可低估的，使我们能研制出许多给人们工作、生活带来方便的用品。例如，把磁疗垫放在鞋里，做出磁疗皮鞋；把录音机和电话机相结合，造出录音电话；把滚动带和计时器组合起来，做成跑步健身器等。

★ 求同思维训练

资料链接

求同思维训练：给汽车轮胎厂设计小礼品

某汽车轮胎厂生产一种名牌轮胎，出于公关需要，该厂准备制作一种精美、实用又能反映该厂特点的小礼品。请根据下面提供的要素，运用求同思维方法，选出其中两种素材，设计出一个小礼品。素材：茶缸、烟灰缸、钢笔、工厂的厂牌、轮胎模型、厂办公楼模型、小相框。

该厂制作的小礼品是用一个橡胶仿真小轮胎套在特制的小烟灰缸上。此外也可用橡胶仿真小轮胎当底座，插上特制钢笔；或者在两个并立的小胶轮中间，插上一个小相框。

■ 求异思维训练

求异思维，是指在相同或相似的两个以上事物中找出不同之处的思维活动，是一种富有创见性的辨异思维，它能够提示客观事物的本质特性和内在联系，创造出新颖超常的思维成果。求异思维的核心就是创新思维，它具有不依常规、寻求变异的特点。例如，交响乐团指挥家小泽征尔就是当年在一次国际大赛中，敢于对权威的意见提出自己的异议，从而得到世界音乐界权威的首肯，一举成名。

★ 求异思维训练

可以从各方面通过想象、联想甚至幻想来思考问题，探求解决问题的各种可能性。只有敢于求异，善于求异，才能擦出想象力的火花，埋下创造力的种子。

资料链接

求异思维训练：两家小吃店的差异

在同一条街上，相距不远开着两家小吃店，每天早点经营的都是油饼、豆浆、鸡蛋、咸菜、米粥等。但是，其中一家早餐收入很好，而另一家却勉强维持。为什么呢？

有人实地体验了一下，发现其中的不同之处。当顾客来就餐时，一个店里的服务员会主动问顾客："您用不用加个鸡蛋？"而另一个店里的服务员则主动问顾客："您用一个鸡蛋还是两个鸡蛋？"这一毫不显眼的询问竟然起到不小的作用。前者传递的信息是可吃可不吃，后者提议的是吃一个还是吃两个，其效果当然是可想而知。

■ 头脑风暴法式思维训练

头脑风暴法，是现代创造学的创始人美国学者亚历克斯·奥斯本于 1938 年首次提出，是一种激发集体智慧产生和提出创新设想的思维方法。当一群人围绕一个特定的兴趣领域产生新观点的时候，这种情境就叫作头脑风暴。头脑风暴的特点是让参与者敞开思想，使各种设想在相互碰撞中激起脑海的创造性风暴。其可分为直接头脑风暴和质疑头脑风暴法。前者是在专家群体决策基础上尽可能激发创造性，产生尽可能多的设想的方法；后者则是对前者提出的设想或方案逐一质疑，发现其中现实可行的方法。

★ 如何进行头脑风暴思维训练

头脑风暴法力图通过一定的讨论程序与规则来保证创造性讨论（会议）的有效性。组织头脑风暴法关键在于以下几个环节：

（1）确定议题。在讨论前确定一个目标，使参与者明确通过这次会议需要解决什么问题。一般而言，具体的议题能使参与者较快产生设想。

（2）会前准备。为了使头脑风暴畅谈会的效率更高，效果更好，可在会前做一些准备工作，如收集一些资料预先给大家参考。

（3）确定人选。一般以 8～12 人为宜，也可略有增减（5～15 人）。与会者人数太少不利于交流信息，激发思维；而人数太多则不容易掌握，并且每个人发言的机会相对减少，影响会场气氛。

（4）明确分工。要有一名主持人，1～2 名记录员。主持人要在头脑风暴畅谈会开始时重申讨论的议题和纪律，在会议进程中启发引导，活跃会场气氛，掌握会议进度。记录员应将与会者的所有设想进行编号，简要记录，最好写在黑板等醒目处。

（5）规定纪律。根据头脑风暴法的原则，规定几条纪律，要求与会者遵守。如要求参与者要积极投入，不消极旁观；不要私下议论，以免影响他人的思考；发言要紧扣议题，开门见山；与会者之间相互尊重，平等相待。

(6)掌握时间。会议时间由主持人掌握。美国创造学家帕内斯指出，会议时间最好安排在30～45分钟。

头脑风暴法还要注意以下几点：

(1)自由畅谈。参加者不应该受任何条条框框限制，放松思想，让思维自由驰骋，尽可能地标新立异，与众不同，提出独创性的想法。

(2)延迟评判。坚持当场不对任何设想作出评判的原则，要延迟到会议结束以后进行。这是为了防止当场评判可能会约束与会者的积极思维。

(3)禁止批评。禁止批评是头脑风暴法应该遵循的一个重要原则。批评会对创造性思维产生抑制作用，破坏会场气氛，影响自由畅想。

(4)追求数量。头脑风暴会议的目标是获得尽可能多的设想。会议产生的设想越多，其中的创造性设想就可能越多。

(5)改善组合。从别人的创意中得到启发而想出更好的创意。也就是说，会议要鼓励与会者思考别人的创意，并在此基础上提炼出新的创意。

资料链接

什么办法砸核桃既快又多？

主持人：我们的任务是砸核桃，要求多、快、好，大家有什么办法？

甲：平常在家里用牙磕，用手或榔头砸，用钳子夹，用门掩。

主持人：几个核桃用这种办法行，但核桃多怎么办？

乙：应该把核桃按大小分类，各类核桃分别放在压力机上砸。

丙：可以把核桃蘸上粉末一类的东西，使它们成为一般大的圆球，在压力机上砸，用不着分类。(发展了上一个观念)

丁：蘸上粉末可能带磁性，在压力机上砸压后，或者在粉碎机上粉碎后，由于磁场作用，核桃壳可能脱掉，只剩下核桃仁。(发展了上一个观念，并应用了物理效应)

……

主持人：大家再想想用什么样的力才能把核桃砸开，用什么办法才能得到这些力。

甲：应该加一个集中的挤压力。用某种东西冲击核桃，就能产生这种力，或者相反，用核桃冲击某种东西。

乙：可以用气枪往墙壁上射核桃，比如可用射软木塞的儿童气枪射。

丙：当核桃落地时，由于地球引力产生力砸碎核桃。

丁：核桃壳很硬，应该先用溶剂加工，使它软化、溶解……或者使它们变得很脆。经过冷冻就可以变脆。

……

主持人：动物是怎么解决这一任务的，比如乌鸦。

甲：鸟儿用嘴啄，或者飞得高高地把核桃扔在硬地上。我们应该把核桃装在容器里，从高处往硬的地方扔，比如说在气球上、直升机上、电梯上往水泥板上扔，然后把摔碎的核桃拾起来。(类比)

乙：可以把核桃放在液体容器里，借助水力冲击把核桃破开。(物理效应)

主持人：是否可用发现法如认同、反向解决问题呢？

丙：应该从里面把核桃破开，把核桃钻个小孔，往里面打气加压。（反向）

丁：可以把核桃放在空气室里，往里打气加压，然后使空气室里压力锐减，内部压力就会使核桃破裂，因为内部压力不可能很快减小。（发展了上一个观念）或者可以急剧增加或减少空气室压力，这时核桃壳会承受交变负荷。

戊：我是核桃，是核桃仁。从核桃壳内部，我用手脚对它施加压力，外壳就会破裂。（认同）应该不让外壳长，只让核桃仁长，就会把外壳顶破。（理想结果）为此，例如可以照射外壳。

乙：我也是核桃。我用手抓住树枝，当成熟时就撒手掉在硬地上摔破。应该把核桃种在悬崖峭壁上，或种在陡坡上，它们掉下来就掉破。

甲：应该掘口深井，井底放一块钢板，在核桃与深井之间开几道沟槽。核桃从树上掉下来，顺着沟槽滚到井里，摔在钢板上就会摔破。

……

结果，仅用10分钟就收集了40个观念，经专家组评价，从中得出参考解决方案。

第四节　如何形成创意

创意起源于人类的创造力、技能和才华，来源于社会又指导着社会发展。人类是创意、创新的产物。类人猿首先想到了造石器，然后才动手又动脚把石器造出来，而石器一旦造出来，类人猿也就变成了人。人类是在创意、创新中诞生的，也要在创意、创新中发展。

■ 什么是创意

创意是创造意识或创新意识的简称。它是指对现实存在事物的理解以及认知所衍生出的一种新的抽象思维和行为潜能。创意是一种通过创新思维意识，从而进一步挖掘和激活资源组合方式，进而提升资源价值的方法。

创意是经过思考而产生。思考的依据来源于两个方面的资料：一个是一般性资料，即创作人员必须具备的知识和智慧；另外一个是特殊性资料，即创作人员对对象的了解程度。如果用一个形象的公式来表示的话，那就是创意＝人×（知识＋信息）。通常情况下，当创意者把一般性的资料与特殊性的资料融汇在一起进行系统分析和研究时，就能在研究过程中产生创意。例如创意家居用品，在满足产品本身的实用功能外，在外观上融入时尚和个性化追求。创意家居更加突出的特点是，它不仅展现了产品的实用功能，更是以巧妙的设计、创新和灵感等元素，使紧张的生活得以舒缓，增添乐趣，使生活品质上升一台阶。

■ 如何形成创意

★ 个体创意和群体创意

1. 联想类比创意法

它是根据事物之间具有接近、相似或相对的特点，进行由此及彼、由近及远、由表及里的一种创意方法。它是通过对两种以上事物之间存在的关联性与可比性，去扩展人脑中固有的思维，使其由旧见新，由已知推未知，从而获得更多的设想、预见和推测。

联想类比创意法具有启迪性、支配性、逻辑性和扩展性。通常可以把联想类比法创意分为以下四种类型：

(1)因果联想。是从已掌握的知识信息与思维对象间的因果关系中获得启迪的创意方法。例如，由信天翁4米长的翼展可连续飞行数月而联想研制出了机翼加长就可以远距离飞行的U-2型飞机。

(2)相似联想。是将观察到的事物与思维对象之间做比较，根据两个或两个以上的研究对象与设想之间的相似性创造新事物的创意法。事物之间是存在联系的，可以是时间和空间上的联系，又或者是属性上的联系。利用相似联想，首先要在头脑中储存大量事物的“相似块”，然后在相似事物之间进行启发、模仿和借鉴。由于相似关系可以把两个表面上似乎相差很远的事物联系在一起，所以相似联想易于产生创新性的设想。例如，虎和猫时而奔跑如飞，时而突然止步，人们从它们的脚掌结构得到启发，发明出带钉子的跑鞋。

(3)推理联想。是指根据两者之间的逻辑关系，推导出新创造性构想的创意。例如，蝙蝠在黑夜中能自由飞翔而不会撞到障碍物，借助对蝙蝠的研究，人们发明了超声波探测仪，可以用来测量海洋深度、探测鱼群、追踪潜艇、诊断疾病、工业探伤等。

(4)对比联想。是指从事物性质或特点的相反面进行联想而获得的新创意。例如，从物态变化角度进行对比联想：18世纪，拉瓦利用金刚石煅烧产生二氧化碳的实验，证明了金刚石的成分是碳。1799年，摩尔沃成功地把金刚石转化为石墨。金刚石既然能够转变为石墨，用对比联想来考虑，那么反过来石墨能不能转变成金刚石呢？后来终于用石墨制成了金刚石。

2. 移植参合创意法

移植参合创意法即移植法，是指将某一领域的技术、方法、原理或构思移植到另一领域而形成新创意的方法。它是一种很有效用的创造技法，著名的科学方法论专家贝弗里奇教授认为：“移植是科学发展中的一种重要方法。大多数已有的发现都可应用于其他领域。”移植参合法实质上是科技领域，甚至是整个人类思维领域中一种嫁接现象。生物领域的嫁接或杂交可以产生新的物种，科技领域的移植、嫁接则可产生新的科技成果。例如，蜂窝是一种废料少但强度高的结构，把这一结构用于制砖，做成的蜂窝砖既能减轻墙体的重量，又能保暖、隔音。

移植法一般有如下几种类型：

(1)原理性移植。原理性移植是指把科学原理或技术原理移植到某一新领域的方法。例如，反馈原理最早应用在电子线路中。维纳等把这一原理移植到生物、机器等领域后，便创立了一般系统的控制论。

(2)功能性移植。功能性移植是指把某一种技术所具有的独特技术功能以某种形式移植到另一领域。例如，超导技术具有能提供强磁场、大电流、无热耗的独特功能就能移植到许多领域，创意研制出很多高科技的新产品，如无功耗的超导计算机、磁悬浮列车、核磁共振扫描仪等。

(3)方法性移植。方法性移植是指把某一领域的技术方法有意识地移植到另一领域而形成创造的方法。例如，20世纪80年代中期，美国数学家柴德把经典数学统计理论的研究方法移植到对模糊现象的研究中，便创立了一门新的数学分支——模糊数学。

(4)结构性移植。结构性移植是指把某一领域的独特结构移植到另一领域而形成具有新结构的事物。

3. 模仿创意法

模仿创意法是通过模拟、仿制已知事物来构造已知事物的方法。模仿创造是人类创造性思维的一种很重要的模式，当我们欲求构建未知事物的构造、原理或功能而不知从何入手时，不妨通过对已知的类似事物的模仿而获得答案。人类的创造发明，总是由模仿开始的，然后再进入独创。所以，从某种意义上说，模仿创造法较类比创造法更为深入，更为大胆，也更为可行。模仿创意法可分为仿生创意法和仿形创意法。

（1）仿生创意法。是指被模仿的已知事物是我们熟知的某种生物而进行模仿创意的方法。它应用十分广泛，有许多人造物都是仿生创意的结果。例如，人造革、人造皮毛、人工心脏瓣、"电子狗"雷达、乳酸等。

（2）仿形创意法。是指仅仅模仿已知事物的形状而进行模仿创意的方法。例如，双层结构的公共汽车是从双层居室的结构中获取的灵感。

4. 组合创意法

组合创意法是将积累的各种信息进行有机组合而产生新的创意。例如，通过材料组合方式，航天领域中把不同的材料组合在一起制造出具有综合性能的新材料；以结构组合的方法，生物工程技术中创立了细胞融合技术等。

5. 逆向创意法

逆向创意法是指按常规思维去解决问题而不见效时，即反其道而行之进行逆向思维以获得意想不到的效果的创意方法。逆向创意法实际上是一种沿原有思路的相反方向进行思索的创意方式。使用逆向思维创意方式常常能获得新奇的创意。《孙子兵法》里也有讲道："反间可得而用也。"

6. 群体创意——智力激励法

智力激励法又叫头脑风暴法（brain storming）或 BS 法，是指一组人员通过召开特殊的专题会议形式，对某一特定问题，与会成员之间互相交流、互相启迪、互相激励、互相修正、互相补充、集思广益，从而达到产生大量新设想的集体性发散技法。这是世界上最早付诸实践的创意技法。智力激励法在 20 世纪 30 年代由奥斯本发明后在世界各国大受欢迎。此法经各国创造学研究者的实践和发展，至今已经形成了一个创意技法群，如奥斯本智力激励法、默写式智力激励法、卡片式智力激励法等。

资料链接

智力激励法解决电线被积雪压断的问题

有一年，美国北方格外严寒，大雪纷飞，电线上积满冰雪，大跨度的电线常被积雪压断，严重影响通信。

过去，许多人试图解决这一问题，但都未能如愿以偿。后来，电讯公司经理应用奥斯本发明的头脑风暴法，尝试解决这一难题。他召开了一种能让头脑卷起风暴的座谈会，参加会议的是不同专业的技术人员，要求他们必须遵守以下四项基本原则：

第一，自由思考。即要求与会者尽可能解放思想，无拘无束地思考问题并畅所欲言，不必顾虑自己的想法或说法是否"离经叛道"或"荒唐可笑"。

第二，延迟评判。即要求与会者在会上不要对他人的设想评头论足，不要发表"这主意好极了！""这种想法太离谱了！"之类的"捧杀句"或"扼杀句"。至于对设想的评判，留在会后组织专人考虑。

第三，以量求质。即鼓励与会者尽可能多而广地提出设想，以大量的设想来保证质量较高的设想的存在。

第四，结合改善。即鼓励与会者积极进行智力互补，在增加自己提出设想的同时，注意思考如何把两个或更多的设想结合成另一个更完善的设想。

按照这种会议规则，大家七嘴八舌地议论开来。有人提出设计一种专用的电线清雪机；有人想到用电热来化解冰雪；也有人建议用振荡技术来清除积雪；还有人提出能否带上几把大扫帚，乘坐直升机去扫电线上的积雪。对于这种“坐飞机扫雪”的设想，大家心里尽管觉得滑稽可笑，但在会上也无人提出批评。相反，有一工程师在百思不得其解时，听到用飞机扫雪的想法后，大脑突然受到冲击，一种简单可行且高效率的清雪方法冒了出来。他想，每当大雪过后，出动直升机沿积雪严重的电线飞行，依靠高速旋转的螺旋桨即可将电线上的积雪迅速扇落。他马上提出“用直升机扇雪”的新设想，顿时又引起其他与会者的联想，有关用飞机除雪的主意一下子又多了七八条。不到 1 小时，与会的 10 名技术人员共提出 90 多条新设想。

会后，公司组织专家对设想进行分类论证。专家们认为设计专用清雪机，采用电热或电磁振荡等方法清除电线上的积雪，在技术上虽然可行，但研制费用大，周期长，一时难以见效。那种因“坐飞机扫雪”激发出来的几种设想，倒是一种大胆的新方案，如果可行，将是一种既简单又高效的好办法。经过现场试验，发现用直升机扇雪真能奏效，一个久悬未决的难题，终于在头脑风暴会中得到了巧妙的解决。

★ 产生创意的基本规律和工作原则

创意不仅仅是依靠创意者一时突发的“灵感”，正如管理大师德鲁克所说的，“它是一种可以组织，并需要组织的系统性的工作”。因此，掌握创意产生的基本规律、遵循一定的工作原则是产生创意的前提。

1. 基本规律

创意是一种复杂高级的思想活动，研究创意思维活动的内在规律，是有组织的创意的要求，结合需要创意行业管理系统的特定要求，主要体现在以下 4 个方面：

（1）择优律。择优律就是通过“择优选取”以实现创意意图的规律。

（2）相似律。相似律就是对客观事物中存在的大量相似现象加以研究和运用，“实现创意意图的规律”。

（3）综合律。综合律就是把管理系统的某些要素、方法等重新加以组合，以实现创意的规律。

（4）对应律。对应律就是按照事物间存在的对立性、对称性去构思，以实现创意意图的规律。

2. 工作原则

在掌握创意思维规律的基础上，有组织的创意，同时必须结合创意的实际情况，限定行为规范，遵循以下 4 条工作原则：

（1）博采众长原则。能者为师，以虚心学习的态度，吸取中外成功创意的经验与教训，集众人之长，补己之短。

（2）集思广益原则。一人技短，众人技长，有了好的创意，也要广泛收集意见，才能有效及时地将创意完善，付诸实施。

（3）重点明确原则。集中力量，因地制宜地解决创意中遇到的主要矛盾，才能取得事半功倍的效果。

(4)风险控制原则。大胆创意，慎重实施。每一个创意要经过反复的风险论证，不断修正，把实施风险掌握在可控的范围内。

第五节 大学生创新型人才的素质要求

所谓创新型人才，就是具有创新精神和创新能力的人才，通常表现为灵活、开放、好奇的个性，具有精力充沛、坚持不懈、注意力集中、想象力丰富以及富于冒险精神等特质。知识经济时代对创新型人才有以下要求：

(1)创新品质。创新型人才必须是有理想、有抱负的人，具备良好的献身精神和进取意识、强烈的事业心和历史责任感等可贵的创新品质，能够有为求真知、求新知而敢闯、敢试、敢冒风险的大无畏勇气。

(2)创新意志。创新是一个探索未知领域和对已知领域进行破旧立新的过程，充满各种阻力和风险，可能遇到重重的困难、挫折甚至失败。因此，创新型人才每前进一步都需要非凡的胆识和坚韧不拔的毅力，为了既定的目标必须坚持不懈地奋斗，锲而不舍，遇到阻挠和诽谤不气馁，遇到挫折和挫败不退却。只有具备了这样的创新意志，才能不断战胜创新活动中的种种困难，最终实现理想中的创新效果。

(3)创新发现。历史上的科学发现和技术突破，无一不是创新的结果。从这个意义上讲，创新就是发现，而且是突破性的发现。要实现突破性的发现，就要求创新型人才必须具有敏锐的观察能力、深刻的洞察能力、见微知著的直觉能力和一触即发的灵感和顿悟，不断地将观察到的事物和已掌握的知识联系起来，发现事物之间的必然联系，及时地发现别人没有发现的东西。

(4)创新知识。创新是对已有知识的发展，在人类知识越来越丰富和深奥的今天，要求创新型人才的知识结构既有广度，又有深度。因此，创新型人才需要具有广博而精深的知识结构，既要有深厚而扎实的基础知识，了解相邻学科及必要的横向学科知识，又要精通自己专业并能掌握所从事学科专业的最新科学成就和发展趋势，这是从事创新研究的必要条件。只有通过知识的不断积累才能用更为宽广的眼界进行创新实践。

(5)创新实践。创新的过程是遵循学科，依据事物的客观规律进行探索的过程。任何一种创新都不能有半点马虎和空想，因此，创新型人才必须具有严谨而求实的工作作风，严格遵循事物的客观规律，从实际出发，以科学的态度进行创新实践。

第十三章 大学生创业准备

激情孵化梦想，创业成就未来！对于大学生创业，有这样一个比喻：与其 1 000 个人去抢坐一个“工作”的座位，为什么不干脆给自己造一把椅子坐？社会在声声唤着“疏导、分流”大学生就业压力，并且各级政府开始给予创业大学生各方面的支持，大学生自主创业成为一种重要的就业方式。而创业准备是创业者进入创业实践前所经历的物质力量的聚集过程。它为日后的创业实践奠定物质和思想基础，也是创业前的“模拟”演练。创业准备充分与否，对创业者事业的成败起着决定性的作用。大学生创业前必须做好充分的准备。

第一节 树立正确的创业观念

创业观念是指人们在创业方面的思想意识，也就是指人们对创业的意义、目的和行为的看法。包括以下几个方面：

■ 转变观念，树立自主创业的就业理念

创业观念就是要求创业者对创业有一种新的认识，要有一种新的观念，要适应就业从计划经济到市场经济的自主择业双向选择的观念转变。

(1)思想决定理想，思想决定行动和速度。大学生的就业思想和对创业的理解、对人生的理解，决定了大学生的品质。

(2)大学生立志创业，勇气、激情不可缺少。信心比金钱更重要，自信心比外援更重要，这是一种内在的动力。

(3)大学生要增强创业意识，调整心态，增强自信，把自主创业当作大学生挑战人生的一个择业选择。

■ 创新创业理念

创新创业是落实科学发展观、推动经济社会发展和进步的重要途径，有利于扩大就业和增进民众福祉。政府把支持青年特别是大学生创业作为促进就业的重要内容，形成了“政府促进创业、市场驱动创业、个人自主创业”的生动局面；同时加大扶持力度，完善资金支持、税费减免、户籍迁移等优惠政策，激发创造活力，规范市场秩序，建立创新创业人才评价激励机制，努力营造能创新、敢创业、创成业的良好环境。大学生应树立创新创业理念，艰苦奋斗，在创新创业中实现价值、奉献社会。

■ 服务观念

创业的同时要树立一种服务观念，服务社会、服务人民，要以你的产品，以个人的服务造福于民，取信于民，让人民满意、社会满意，从创业中实现自己的社会价值。

■ 赚钱观念

不要将赚钱作为创业的唯一目标。创业的根本就是谋求对社会的意义，但我们不反对创业为个人谋求利益，只不过不要把赚钱当作唯一目标。

■ 找准定位，尽早规划自己的职业生涯

（1）对于大学生来说，进入了高校就等于一只脚跨入了社会，等待自己的就是确立发展目标，规划职业生涯，并付诸实践。

（2）大学生要选准适合自己的创业目标，就是要把职业生涯规划作为实践成功创业的一个首要环节。确立自己未来的发展方向，规划自己就业创业的行业和职业，思考自己努力达到的既定目标。

（3）大学生要树立自强自立、积极进取、敢闯敢干、敢为人先的思想和观念，坚信“人人可创业，处处能成才”，勿以事小而不为，忌讳眼高手低的心态。

第二节　创业知识准备

创业知识是指与创业目标直接联系和发挥作用的知识体系，是人们长期的社会实践及社会分工的产物，在形式上表现为某种性质和类别的学科知识。可以说创业知识就是对某一领域内事物发展规律的概括和总结。大学生创业前应认真做好以下几个方面的实务知识准备：

■ 管理知识

在市场经济条件下，公司成败的关键在于经营。在日益复杂激烈的市场竞争中，创业者不能仅凭经验和直觉去经营企业，必须运用有效的经营管理知识来武装自己，指导经营活动。企业管理最重要的作用是充分发挥每个人的积极性，因为人是企业的主体，企业的一切工作都需要由人完成，创业者必须明白只有科学合理地使用人，才会为企业创造更多的财富。

■ 金融知识

金融即资金的融通，它涉及如何获得发展所需资金等各个方面的问题。一个创业者，无论有多强的经营能力，如果没有资金，那就什么也干不成。所以无论是在创业初期，还是在创业过程中，筹集发展所需要的资金都至关重要。获得资金主要有以下几种途径：

（1）利用自己的储蓄或向亲友借款。

（2）与他人合伙，由合伙人出资，获取资金。

（3）向银行贷款，必要时可以用自己的财产如房屋等作抵押。贷款之后应按期向银行返还贷款。

（4）租赁融资。租赁业是一个新兴产业，当需要添加设备或者更新设备，所需金额较大而又一时无法凑足时，可以向有关租赁公司租用设备使用。

（5）一些有条件的企业可利用资本市场通过股票、债券来融资。

（6）在中小企业，特别是高新技术企业，在其创建初期或发展中可通过风险投资获得资金。除了以上这些融资的方式外，还有其他的方式，可以根据实际情况选择。

■ 商业知识

创业知识实质上是一种商业行为，创业者通过自己的投资创业行为，将一定的商业理念付诸实现，取得一定的经济利益，但是同时也需要承担相应的商业风险。

★ 市场调研知识

在现代市场经济条件下，如何充分掌握市场、把握市场的最新发展动态，及时调整经营的方向和策略，对于创业活动有着极为重要的影响，这就要求创业者充分利用市场调研分析的知识和方法，来深入了解市场容量与未来趋势等问题，包括目标领域现有规模、发展状况、开拓能力、客户情况、竞争形势及营销策略的可行性，并对市场份额及市场走势作出合理的预测，进行准确的市场定位。

创业项目市场研究的方法包括问卷调查、访谈调查、网络调查、资料查阅调查等，其中问卷调查具有标准化、量化、易于统计的特点，是最常用和最重要的定量研究方法。

★ 财务知识

创办企业在整个创业过程中始终会面临的一个问题就是资金，如何在创业的不同阶段筹集资金，如何以最低的财务成本获取足够的资金，如何合理运用资金，如何控制资产负债比率，如何保持现金流动，如何掌握企业扩张的节奏，这些对于大学生创业者都是非常重要的问题。

创业者在进行融资理财的过程中，必须针对自己企业的规模，充分了解企业融资风险，切忌过分求大。

★ 商务谈判知识

对于大学生创业者来说，商务谈判是一个既重要又棘手的问题，在创业的过程中，可能涉及的谈判内容包括筹资类谈判、采购类谈判、合作类谈判、销售类谈判、竞争类谈判、劳资类谈判、团队内部谈判等。

在谈判的准备中，我们必须设定清晰的谈判目标，了解谈判对手的相关信息，并拟定相应的谈判计划，选择谈判的方式，设想如何打动对方。在谈判的过程中，要注意发挥自己的优势，争取在谈判中占据主动地位，同时充分展现个人的个性和风格，赢得对手的信任或欣赏。

要始终记住谈判的目的，在适当的时候结束谈判，巩固谈判结果，以及商定后续谈判或工作的内容，谈判结果不要拘于口头或者意向，尽量以备忘录或者协议予以确认。

■ 税收知识

税收是国家凭借政治权力参与社会分配、取得物质财富的一种手段。

国家行使社会管理职能必须有物质基础作保证，税收就是这种物质基础的来源。

税收具有强制性，即国家依靠国家权力，按照法律规定强制征收。纳税是政府调节经济的重要杠杆。依法纳税是纳税人的义务。

我国的税种主要有以下几种：

(1)增值税。

(2)消费税。

(3)营业税。

(4)企业所得税。

(5)城市维护建设税。

(6)印花税。

(7)车船使用税。

(8)关税。

■ 法律知识

我们的市场经济是法制经济。

创业者一般应对《公司法》《合同法》《劳动法》《反不正当竞争法》《产品质量法》《商标法》《消费者权益保护法》等我国法律条文有所了解，并聘请律师作为自己的法律顾问。

资料链接

创业宝典之观念、智慧、知识

• 观念

1. 自己当老板的人能成为百万富翁的概率，比工薪阶层的概率要大 4 倍。

2. 有了赚钱的机会，你自己最好当老板，开一家公司将是你成为百万富翁的起点。

3. 投资赚钱最重要的是观念，观念正确就会赢。

4. 不要把鸡蛋放在一个篮子里，除非你有亏不完的钱，否则就不要把所有的宝都押在一个地方。

5. 理性、科学地判断、选择好投资项目是投资成败的关键一环，尤其是对于资本有限的中小投资者。

6. 你的投资开始得越早，你获得的回报就越多，也就越容易达到你的投资目标。

• 智慧

1. 如果你有权势，就用权势去压倒对手；如果你有金钱，就用金钱去战胜对手；如果你既无权势又无金钱，那就得运用谋略。

2. 商人可以没有资本，但不可以没有头脑；可以没有市场但不可以没有韬略。

3. 一个人事业要成功，必须具备力量、胆量、肚量 3 个条件。

4. 有进有退，有所不为也是生财之道。

5. 不论是在兵战中还是在商战中，后发制人是以劣胜优、以弱胜强的良谋。

6. 流行之中创独行，众行之中求反行，未识之时求先识，都有之中寻空缺。

• 知识

1. 财富竞争归根到底是人才的竞争。而人才的竞争实质上又是知识和智能的竞争。金钱珠宝都是身外之物，只有知识才是世上最重要的东西。

2. 你有好的理念，好的思路，你就能迅速获得所需要的资源，财富就滚滚而来。

3. 网络财富提醒我们：靠知识发财的时代已经迫在眉睫。

4. 今后大家都得靠知识致富，财富将属于拥有最前沿知识的人才。

5. 钱是一个数字，重要的是人的观念转变。许多人害怕风险，担心失败，不敢走出固有的生活，也就不会有收获。

摘自商务指南—创业中心—创业宝典栏目 .

第三节　创业必备能力

■ 创新能力

创新能力是一种产生新想法和解决新问题的能力。

(1)要突破以往思维定势的束缚，正确运用想象的思维方式，培养好奇心，多富于联想。

(2)要积极培养发散思维。发散思维具有流畅性、变通性和独特性3个特征。

■ 决策能力

决策能力是创业者根据主观条件，因地制宜，正确地确定创业的发展方向、目标、战略以及选择具体实施方案的能力。

创业者的决策才能通常包括：调查研究、发现问题、分析问题的能力。

其次是逻辑判断能力。

■ 交际能力和表达能力

人际交往能力主要表现在创业活动中对外妥善处理与公众(政府部门、新闻媒体、消费者等)之间的关系，对内协调处理下属各部门、各成员之间的关系。

表达能力包括口头表达能力和书面表达能力。口头表达能力也可称为演讲能力，这种表达能力在商务谈判、员工动员中显得特别重要。书面表达能力也可称为写作能力，创业者应能起草报告、总结、商务合同等。

■ 信息处理能力

(1)经济信息。

①综合经济信息；②行业经济信息；③企业经济信息。

(2)政治信息。

(3)文化信息。

(4)科学与技术信息。

(5)治学能力。

(6)组织指挥能力。

(7)灵活应变能力。

资料链接

大学生成功创业的7个因素

一、必不可少的创业计划书

创业不是仅凭热情和梦想就能支撑起来的，因此在创业前期制定一份完整的、可执行的创业计划书应该是每位创业者必做的功课。通过调查和资料参考，要规划出项目的短期及长期经营模式，以及预估出能否赚钱、赚多少钱、何时赚钱以及所需条件等。但是，以上分析必须建立在现实、有效的市场调查基础上，不能凭空想象、主观判断。根据计划书的分析，再制定出创业的目标并将目标分解成各阶段的分目标，同时制定出详细的工作步骤。

二、周密的资金运作计划

周密的资金运作计划是保证“有粮吃”的重要步骤。在项目刚启动时，一定要做好3个月以上或到预测盈利期之前的资金准备。但启动项目后遇到不可避免的变化，则需适时调整资金运作计划。如果能懂得一些必要的财务知识，计划好收入和支出，始终使资金处于流动中而不出现“断链现象”，那么项目的初期就能为未来发展打好基础。

三、不断强化创业能力和知识

俗话说“不打无准备之仗”，创业者要想成功，必须做好充分准备和知识的不断积累。除了合理的资金分配，创业者还必须懂得营销之道。如何进货，如何打开产品的销路，消费者对产品的需求，都要进行充分的调查研究。这些知识获取渠道可以是其他成功者的经验，也可以是书本理论知识。同时还要学会和各类人士打交道，如工商、税务、质检、银行等，这些部门都与企业的生产发展息息相关，要善于同他们建立和谐的人脉关系。

四、为自己营造一个良好的氛围

由于缺少社会经验和商业经验，大学生创业总是显得“心有余，而力不足”。不如给自己营造一个小的商业氛围，比如加入行业协会，就可以借此了解行业信息，学会借助各种商业资源结识行业伙伴，建立广泛合作，提升自己的行业能力。千方百计给自己营造一个良好的氛围，这对创业者的起步十分重要。

五、学会从“走”到“跑”

在创业的初期，受到资金的限制，或许很多事都需要创业者本人亲自去做，不要认为这是“跌份”或因此叫苦不迭，因为不管任何一个企业，从“走”到“跑”都是要经历一个过程的，只有明确目标不断行动，才能最终实现目标。同时在做事的过程中，要分清主次轻重，抓住关键、重要的事情先做。每天解决一件关键的事情，比做十件次要的事情会更有效。当企业立了足，并有了资金后，就应该建立一个团队。创业者应从自己亲力亲为，转变为发挥团队中每一个人的作用，把合适的工作交给合适的人去做。一旦形成了一个高效稳定的团队，企业就会跨上一个台阶，进入一个相对稳定的发展阶段。

六、盈利是做企业最终的目标

做企业的最终谜底就是盈利。无论你的点子有多少，不能为企业盈利就不具备商业价值。因此无论是制定可行性报告、工作计划还是活动方案，都应该明确如何去盈利。企业的盈利来源于找准你的用户，链接你最终使用的客户是谁，他们有什么需求和想法，并尽量使之得到满足。

七、在失败中学会成长

从创业成功案例中不难发现，创业者往往都有“见了南墙挖洞也要过去”的信心。从小就知道“失败是成功之母”这个真理的大学生创业者，又有多少人真正体会到其中的力量呢？如果创业失败了，你又应该怎样面对失败？充分的准备和不断地学习，就能够在很大程度上减少这种概率所起的作用。与此同时调整方案，换个方式和方法继续前进，永远不要停止前进的脚步。经历过一个“死而复生”的过程，就能在未来的发展中脚步更加简单，永远要记住一点：信心是企业迈向成功的阶梯。

摘自河北搜才网，2009-03-20.

第四节　创业必备的心理素质

■ 创业意识

创业意识是人对客观世界的创业活动自觉、能动的反映。

人的创业意识表现出来的胜任特征有：正确的自我评价、自信、自我控制、值得信赖、良知、适应力、成就驱动力、承诺、建立关系、合作、团队能力。

其表现出来的敏锐性特征有：察觉情感、主动、乐观、了解他人、服务导向、协助别人发展、善用多元投资、政治敏感、影响力。

创业意识包括企业家意识、创新意识、独立意识、风险意识和问题意识等。

■ 创业思维

创业思维指创什么业和怎样创业，其基本表现形态实际上是一种最原初的、带有表象性的创业成果。

对于创业思维而言，知识的储备是极其重要的，知识既是创业思维的必要前提，又是创业思维的制约因素，借助必要的知识储备，而面对无穷多的创业思维对象时，就能够把无穷变成有穷，把有穷变成创业的方向。

■ 创业志趣

创业志趣是在创业意识和创业思想活动中，由创业兴趣、创业乐趣升华而来的，是人们从事创业实践活动的重要动力。

在教育教学改革过程中，大学生应当不断激发创业志趣，使自己的思维方式和行为方式在创业方向上形成一种定格。

■ 创业人格

创业人格属于创业心理的价值范畴，是个体从事创业活动所应具备的动机以及由此引申出来的心理活动和特殊品格。是活生生的人的内在和外观的各种稳定的心理特征整合而成的独特的整体。

从内涵与外延相结合的角度看，创业人格的特征主要包括：对事物的好奇心、忍受模糊的准备、成就动机和抱负水平、敢冒风险、自信、精力集中、自我激励与调适、合作意愿。这 8 个方面相辅相成，都是创业人格的基本构成要素。

资料链接

增强你的自信能力

某日，一个士兵骑马给拿破仑送信，由于马跑的速度太快，在到达目的地之前猛跌了一跤，那马就此一命呜呼。拿破仑接到信后，立即写封回信，交给那个士兵，吩咐士兵骑自己的马，迅速把回信送去。那个士兵看到那匹强壮的骏马，身上装饰得无比华丽，便对拿破仑说："不，将军，我这一个平庸的士兵，实在不配骑这匹骏马的。"拿破仑回答道："世上没有一样东西，是法兰西士兵所不配享有的。"

摘自王博泉，等．大学生就业与创业指导．原子能出版社，2008.

创业心理是由现实的创业意识、创业思维、创业志趣和创业人格升华而成的一种精神境界，并高度浓缩成对创业实践的反思、检讨和批判。

创业精神应由胆、识、行3个方面的含义构成。“胆”，即胆略勇气，就是不怕危险，不怕困难，敢于奋起的气魄。“识”，即远见卓识，就是对社会需求、社会发展规律的敏锐感受和准确理解。“行”，即积极行动，艰苦奋斗。

胆、识、行三者的关系是共同依存，缺一不可的。

资料链接

比尔·盖茨从小酷爱读书，除了童话故事，他最喜欢的书要数《世界图书百科全书》。他常常一读就是几个钟头，对书的迷恋和狂热真是无人能比。

小盖茨强烈的进取心在同龄人中是罕见的，无论优秀生还是比赛，盖茨总要争个高低。

盖茨就读的中学是美国最先开设计算机课程的学校。盖茨如鱼得水，求知欲得到极大的满足。凡能弄到手的计算机书刊、资料，盖茨总是百读不厌，还能举一反三。

同窗好友保罗·艾伦，常向盖茨发难和挑战，坚强的意志力和强烈的进取心使他俩成为知己。艾伦曾说：“我们都被计算机能做任何事的前景所鼓舞……盖茨和我始终怀有一个伟大的梦想，也许我们真的能干出点名堂。”

从比尔·盖茨的青少年时代，我们可以看出，也许盖茨最早所具有的梦想与一般人相差无几，财富、成功、金钱对一般人只是一个抽象的概念而已，而盖茨却能够将这一梦想与自己所接触的计算机联系在一起，这就使得他的梦想有了坚硬的基石。盖茨还有一个人人皆知的梦想：将来，在每个家庭的每张桌子上面都有一台个人电脑，而在这些电脑里面进行的则是自己所编写的软件。

正是在这一伟大梦想的催生下微软公司诞生了，也正是在这个公司的推动和影响下，软件业才从无到有，并发展到今天这种蓬勃兴旺的地步。

摘自朱志德，等．大学生就业与创业指导．北京：新华出版社，2008.

第十四章　大学生创业意识与能力的培养

在社会体制转型和全球教育变革的大背景之下，当代中国的教育正面临着市场化、全球化、信息化等诸多的挑战。在整个教育体制中，就业是教育质量的导向，他决定着高等教育发展的方向。近年来，随着就业形势的日益严峻，大学生就业难的问题引起了各方关注。因此，党的十七大报告提出了“实施扩大就业的发展战略，促进以创业带动就业”的目标，提出和鼓励大学生创业成为解决就业难问题的重要突破口。大学生创业教育已经构成高等教育系统工程中的重要组成部分。

第一节　大学生重在树立创业意识

创业意识是指一个人根据社会和个体发展的需要所引发的创业动机、创业意向或创业愿望。创业意识是人们从事创业活动的出发点与内驱力，是创业思维和创业行为的前提。需要和冲动构成创业意识的基本要素。创业意识是创业的先导，它构成创业者的创业动力，由创业需要、动机、意志、志愿、抱负、信念、价值观、世界观等组成，是人进行创业活动的能动性源泉，正是它激励着人以某种方式进行活动，向自己提出的目标前进，并力图达到和实现它。

鼓励大学生自主创业，既能解决自身就业难的问题，还能为社会拓展就业渠道，更重要的是能满足大学生自我实现的需要。因此，现代大学生应强化创业意识，主动适应社会与时代发展的现实需要。

■ 大学生创业意识的现状

美国的大学生创业热潮始于1983年美国得克萨斯州立大学奥斯汀分校的两位MBA学生举办的第一届商业计划大赛，从此美国许多高校都开始举办自己的创业计划大赛。创业大赛为美国的经济发展做出了不可忽视的贡献。据不完全统计，美国最优秀的50家高新技术公司有46％出于麻省理工学院的创业计划大赛。

我国大学生创业大潮来得较迟。1998年9月，清华大学举行中国首届大学生创业计划大赛，迈出了我国大学生创业探索的步伐。1999年3月，清华大学学生科技创业者协会举办了第二届创业大赛，这次大赛诞生了一些学生公司。2000年4月，教育部为鼓励大学生创业，出台了一项政策：大学生、研究生可以休学、保留学籍，创办高新技术企业。清华大学专门为学生创业开辟了清华创业园，复旦大学专门拨出100万元用于资助大学生创业，并与张江高科技园区合作为学生设立了1 000万元的创业基金。之后，全国一些高校也先后组织了自己的创业大赛。

中国大学生创业优势明显。首先，年龄优势被大众看作大学生在创业道路上最强有力的基石；其次，知识经济时代为拥有"知识"的大学生提供了广阔的创业舞台；再次，大学生创业者文化水平较高，他们大多善于自主学习和分析领悟，也能较快接受新鲜事物；最后，国家与各级政府为大学生创业提供贷款优惠、税收减免、法律保护等支持，极大地保障了大学生创业者的权益。"政策优势"是大学生创业的大优势。但总体来说，我国大学生大多数缺乏创业意识；缺乏风险和竞争的市场意识；高校创业教育滞后；创业教育师资缺乏；创业实践条件严重不足；社会对大学生创业的资金和政策扶持不够。

■ 重在树立创业意识

每个人都有创业意识这种潜质，这种潜质是隐性的，需要我们去唤醒。

★ 自主创业意识

作为一个创业者，必须有自主观念。任何创业者都必须坚信不是命运主宰自己，而是自己主宰命运，都能够自己选择自己的道路，对自己的行为负责，这就是创业者的意识。不安于现状、不满足于已有的成绩，向着更新、更高的目标挺进，是树立自主创业意识的开始。勇于创新、敢冒风险、大胆进取、不怕艰险、坚定的必胜信念、锲而不舍的韧劲，都是自主创业不可缺少的精神意识。

★ 竞争意识

创业必然面临竞争。大学生创业只有树立竞争意识，才能在现代社会竞争中立于不败之地。满足于比上不足，比下有余，是无法创业的。竞争使创业者变得精明强干，使创业者寻求新的答案，使创业者不至于沾沾自喜并自以为无所不能。

★ 艰苦创业意识

凡是称得上伟大、壮丽的事业，都是在经过一番艰苦卓绝的拼搏之后才得以成功的；同样，安逸、慵懒和舒适，造就不出令人敬佩的成功者。勤劳致富、守法致富光荣，是创业意识所倡导的社会风尚。那些敢于向命运挑战，敢于向艰苦恶劣的条件抗争，用自己的智慧和勤劳的双手创造美好生活的创业者，应该受到全社会的尊敬和赞扬。可以肯定，当自主创业意识在我们的社会生活中形成浓厚氛围的时候，离实现振兴目标的日子也就不远了。

★ 风险创业意识

俗话说："一分风险，一分财富。"风险意识是中国企业在国际接轨中应着重增强的一种现代经营意识，也是创业者急需培养和增强的一种重要的创业意识。创业是充满风险的。大学生创业者对可能出现和遇到的风险准备和认识不足，是我国当前群体创业活动中的一个普遍现象。这种创业风险意识的缺位，突出表现在以下 4 个方面：在心理准备上，表现为对创业可能出现和可能遇到的困难准备不足；在决策上，表现为不敢决策，盲目决策，随意决策；在管理上，表现为不抓管理，无序管理，不敢管理；在经营上，表现为盲目进入市场，随意接触客户，轻率签订商务合同。这种没有风险经营意识的做法，恰恰是创业者无正确风险经营意识的典型表现。正确的做法是要从害怕风险，不敢迈步之中解放出来，敢于到市场经济的大潮中劈风斩浪，经受商海的历练和锻打中善于规避风险，化解风险，使自己成熟起来，成为商海的精英和栋梁。

★ 开拓创业意识

传统的应试教育只注重传统知识和应试技巧，而忽视学生创新能力的培养。大学生为了应试而学习，抑制了开拓创新意识的形成。杨振宁教授曾指出："美国的教育比较重视启发式，中国的教育比较重视灌输式。"这种灌输式教学虽然较好地开发了人们的记忆力，它却忽视了人的观察力、想象力和思维能力的发展，导致开拓创新意识不强。

创业是一个发现和捕获机会并由此创造出新颖的产品或服务并实现其潜在价值的过程。创业的两个核心概念是新颖和价值。创业的前提就是要创造出新颖的产品或服务，就是要开拓创新，最主要的是培养大学生的开拓创新意识。因此，大学生要树立终身教育和素质教育的观念，加强通识学习，注重文理交叉，拓宽知识面。同时，要积极参加实践课程学习、劳动实践和科技文化服务活动，提高创新能力和实际动手能力。

★ 合作创业意识

所谓合作，是指“社会活动中，人与人、群体与群体之间为了达到互动各方都有某种益处的共同目标而彼此相互配合的一种联合行动。”合作在科学研究领域已经成为一种趋势。美国社会学家哈里特 · 朱克曼对 1901—1972 年的 286 位诺贝尔奖获得者的统计发现。与别人合作研究的有 185 人。在诺贝尔奖设立第一个 25 年，合作比例是 41%，在第二个 25 年合作比例是 65%，在第三个 25 年，合作比例是 79%。同样在创业领域，合作具有十分重要的意义。有的创业者个人很有能力，但是不善于将自己的能力转换为外化组织能力，结果整个运作就变成创业者个人的“独角戏”，创业者不得不独自支撑整个企业的运转，企业的其他人员爱莫能助，缺少的就是合作和团队精神。学会合作是 21 世纪人才的必备素质。美国哈佛大学心理学教授乔治 · 郝华斯博士多年的研究表明，一个人事业的成败在于人品的优势。“与同事真诚合作”是成功的九大要素之一，而“言行孤僻，不善与人合作”是排在失败九大要素之首。为此，培养大学生的合作意识应渗透到大学教育的方方面面，从校园文化活动到社会实践，甚至可以开设专门团队训练课程。

★ 法律意识

法律意识是创业者关于法的各种现象的感知、情绪和意志的总和。包括创业者对法律规范和法律行为的把握、评价与态度，也表现为创业者对法律现象的理解和认识。创业者增强法律意识，不仅可以使自己的企业合乎市场经济规律，合法经营健康发展，减少不必要的权益纠纷，而且能运用法律知识得到法律保护。

创业教育要重在创业意识的培养、创业动机的确立和创业心理品质的养成，使大学生形成正确的创业思想，具有创业的胆量、勇气和创新精神，主动自主创业。

第二节　大学生创业精神的培育

创业精神是指充分发挥创造力，怀着必胜的信念，甘冒风险，努力使创新设想付诸实践，从而创造价值的过程。大学生的创业活动不同，他们所具备的创业精神也不同。创业精神是创业成功的无形资本，精神状态的好坏是一个人创业能否成功的重要条件。创业精神是创业起步的真正推动力，是创业的精神支柱。当代大学生创业精神的培育，主要有 4 个方面：

■ 坚定的创业信念

信念是实现目标的一种强大内在力量。比如，“我要创业”，“我想创业”，不但是一种念头，而是信念的最初形式。对大学生来说，要有“不断做大”的信念。坚定的信念才能保证创业者承受重重压力，耐心等待自己的创业计划一步步实现。信念同样是创业者胆量的来源。众多成功者的创业道路表明，创业者总能在逆境中放手拼搏。创业者用信念引导企业继续发展壮大，并将信念代代传承。

■ 积极主动创业的精神

积极主动的创业精神，能激发创业者的潜能，充分发挥创业者的智慧，从而使创业者获得事业上的成功和巨大的财富。积极主动的创业精神包括：拥有强烈的创业精神和创业欲望，从而使他们做出一些超常规的举动和焕发超常规的能力；拥有敢于冒险的内心，创业本身是一种冒险，创业需要冒险。

■ 勇于创新的精神

创新精神促进了新行业的形成。成功的创业者通常具有突破常规、勇于创新的能力。在解决问题的时候，往往选择新的思路和方法，洞察社会的变化，不断求新求变，迅速、高效地解决棘手问题。所以改革和创新永远是企业活力和竞争力的源泉。

■ 不断超越的雄心

创业的过程是一个不断超越自我的过程。在 20 世纪 60 年代，全球 500 强的企业名单需要 20 年才能更新其中的 35 家；在 20 世纪 80 年代后期，完成上述更新只需要 5 年；到了 20 世纪 90 年代，只需要三四年。可以说，企业界已经到了突飞猛进的创业时代。对于大学生创业者来说，要想与企业共同成长，一是需要适应从创造型转变为开拓型，从充满热情投身事业转变为不带感情色彩的客观主义者，从个人对组织行为的直接控制转变为间接的非个人控制，顺利完成领导力的升级。

第三节　大学生要注重创业能力的培养

面对日趋严峻的就业形势，在大学生中开展创业教育，树立大学生正确的职业理想和择业观念，开发创造性思维，提高综合素质和创业能力，对于大学生参与社会竞争，具有很强的现实意义。高校毕业生大多在 20～25 岁，这个年龄的人具有强烈的求知欲和好奇心，他们要独立地、有主见地处理自己的事情，依赖父母的心理逐渐消失，社会责任感和道德感明显增强，同时又处在人生重大转折和突变时期，有很大的可塑性，是开发潜力、发展创造力的最佳时期。

■ 创业能力的内涵

创业能力的内容可分为专业能力和社会能力。

★ 创业专业能力

创业专业能力是指从事某一领域的创业活动所需要的专业知识应用能力，主要包括：创业相关的管理、财务、文学知识的自主学习能力、操作能力、经营管理能力、信息处理的能力、推理总结的能力、反省创新的能力等。

★ 创业社会能力

创业社会能力是指在社会中充当某一创业角色时所具备的活动能力，包括观察能力、捕捉机会的能力、表达能力、组建团队的能力、组织协调的能力、决策应变的能力、适应环境的能力、心理承受的能力、求新求变的能力等。

■ 创业能力的特性

创业能力是个体具备的创业素质的中心结构，它直接影响到个体创业实践活动的效能。它作为能力的一种，当然具备能力的一般内涵，也是以治理为核心的，直接影响活动效率的个体心理特征。但它又有自己的独特性。

★ 创业能力是在创业者个体心理主导下形成并发挥作用的一种操作系统

★ 创业能力是一种以智力为核心的较高层面的综合能力

★ 创业能力是一种运用创造性思维求新、求变、求异的探索能力

★ 创造能力有很强的社会实践性

■ 创业能力的特征

★ 创业能力的启动，源于创业意识的驱动性

创业意识是个体创业的动力机制，他在相当程度上决定着以个人是否敢于投身于创业实践活动，支配着人们对创业实践活动的态度和行为，规定着态度和行为的方向和强度，而这些又直接关系着创业能力的形成。

★ 创业能力的作用，受创业心理的调节性影响

有 10 种心理品质创业者应特别注意：独立性、敢为性、克制性、合作性、周密性、外向性、适应性、坚韧性、道德感、义务感。

★ 创业能力的运作，有赖于创业知识的整合性

创业知识包括 3 个方面：专业知识、经营与管理知识、综合知识。尤其是有关与社会发生关系、处理社会实际问题的技能技巧的综合性知识，对创业能力作用是至关重要的。

★ 创业能力的外化表现，体现为创业计划的可操作性

创业计划是个体创业基本要素的外显和创业能力外化的存在。其可操作程度既是创业能力与任意性行为的体现，也是衡量创业能力水平高低的量化尺度。

■ 创业能力的形成

★ 调控机制——培养良好的创业心理品质

1. 独立性

著名的思想家马斯洛认为“有创造性的人是属于自我实现的人”。一个能够实现自我的人具有极强的独立性，它敢于展现自我，实现自己的想法。

2. 好胜性

好胜可以看作独立性的持续，有胆识、有魄力的人喜欢用自己的头脑去思考，而且勇于去证明自己是最成功的人。

3. 求异性

创业者具有极强的求异追求，是其积极进取、蓬勃向上、富有生命力的源泉。

4. 进攻性

有人形象地把商场比作战场，商业就是商战。战场是很残酷的，短兵相接时，只有那些具有进攻性，勇往直前的人才能胜利，才能成功。

5. 坚韧性

创业的道路上既有成功，也有失败，无论是面对成功还是失败，创业者要充分发挥坚忍不拔的品质，凭顽强的毅力去承受失败的打击。

★ 能源机制——构筑网络化创业知识结构

知识本身是个体创业基本素质的重要组成部分，美国管理学权威彼特·德鲁克认为：“在现代经济中知识正成为真正的资本与重要的财富。”这在一定程度上反映了现代知识经济的特点。

★ 整合机制——通过创业活动形成创业能力

无论是培养创业意识，培养创业心理品质，还是系统构建创业知识网络，都要通过创业活动才能变为现实创业能力。

■ 如何捕捉创业机会

创业难，发掘创业机会更难。有一些人将创意点子的产生，归因于机缘凑巧，所谓“无心插柳柳成荫”。不过，研究创意的专家以为，创意只是冰山上的一角，没有平日的用心耕耘，机缘也不会如此的凑巧。所谓的机缘凑巧或第六感的直觉，主要还是因为创业者在平日培养出侦探环境变化的敏锐观察力。

发掘创业机会的方式，大致可归纳为以下 7 种：

★ 由分析特殊事件来发掘创业机会

例如，美国一家高炉炼钢厂因为资金不足，不得不购置一座迷你型钢炉，而后竟然出现后者的获利率要高于前者的意外结果。再经分析，才发现美国钢品市场结构已产生变化，因此，这家钢厂就将往后的投资重点放在能快速反应市场需求的迷你炼钢技术。

★ 由分析矛盾现象来发掘创业机会

例如，金融机构提供的服务与产品大多只针对专业投资大户，但占有市场七成资金的一般投资大众未受到应有的重视。这样的矛盾，显示提供一般大众投资服务的产品市场必将极具潜力。

★ 由分析作业程序来发掘创业机会

例如，在全球生产与运筹体系流程中，就可以发掘极多的信息服务与软件开发的创业机会。

★ 由分析产业与市场结构变迁的趋势来发掘创业机会

例如，在国营事业民营化与公共部门产业开放市场自由竞争的趋势中，我们可以在交通、电信、能源产业中发掘极多的创业机会。在政府刚推出的知识经济方案中，也可以寻得许多新的创业机会。

★ 由分析人口统计资料的变化趋势来发掘创业机会

例如，单亲家庭快速增加、妇女就业的风潮、老年化社会的现象、教育程度的变化、青少年国际观的扩展……这些必然提供许多新的市场机会。

★ 由价值观与认知的变化来发掘创业机会

例如，人们对于饮食需求认知的改变，造就美食市场，健康食品市场等的新兴行业。

★ 由新知识的产生来发掘创业机会

例如，当人类基因图像获得完全解决，可以预期必然在生物科技与医疗服务等领域带来极多的新事业机会。

第十五章 编制创业计划书

创业计划书是一份全方位的商业计划，是用以描述与拟创办企业相关的内外部环境条件和要素特点，为业务的发展提供蓝图和衡量创业项目进展的标准。通常创业计划是市场营销、财务、生产、人力资源等职能计划的综合。创业计划是创业者叩响投资者大门的“敲门砖”，是创业者计划创立的业务的书面摘要，一份优秀的创业计划书往往会使创业者达到事半功倍的效果。

第一节 撰写计划书首先要思考的主要问题

创业计划书是整个创业过程的灵魂，将有关创业的想法，用白纸黑字记载下来。创业计划书的质量，往往会直接影响创业发起人能否找到合作伙伴、获得资金及其他政策的支持。如何写创业计划书呢？

通常一本创业计划书在前面需要写一页左右的摘要，接下来是创业计划书的正文，一般要再三思考 10 个方面的问题。

(1)事业描述。必须描述所要进入的是什么行业，卖什么产品(或服务)，谁是主要的客户，所属产业的生命周期是处于萌芽、成长、成熟还是衰退阶段。还有，企业要用独资还是合伙或公司的形态，打算何时开业，营业时间有多长等。

(2)产品/服务。需要描述你的产品和服务到底是什么，有什么特色，你的产品跟竞争者有什么差异，如果并不特别为什么顾客要买。

(3)市场。首先，需要界定目标市场在哪里，是既有的市场原有的客户，还是在新的市场开发新客户。不同的市场不同的客户都有不同的营销方式。其次，在确定目标之后，决定怎样上市、促销、定价等，并且做好预算。

(4)地点选择。一般公司对地点的选择可能影响不那么大，但是如果要开店，店面地点的选择就很重要。

(5)竞争。随时随地进行竞争分析，十分必要。有两种情况尤其要做竞争分析：①要创业或进入一个新市场时；②当一个新竞争者进入自己在经营的市场时。竞争分析可以从 5 个方向思考：谁是最接近的五大竞争者；他们的业务如何；他们与本业务相似的程度；从他们那里学到什么；如何做得比他们好。

(6)管理。中小企业 98%的失败来自管理的缺失，其中 45%是因为管理缺乏竞争力。

(7)人力资源。要考虑现在、半年内、未来 3 年的人事需求，而且要具体考虑需要引进哪些专业技术人才、全职或兼职、薪水如何计算，所需人事成本等。

(8)财务需求与运用。考虑融资款项的运用、营运资金周转等，并预测未来 3 年的损益表、资产负债表和现金流量表。

(9)风险。不是说有人竞争就是风险,风险可能是进出口汇兑的风险、餐厅有火灾的风险等,并注意当风险来时如何应对。

(10)成长与发展。下一步要怎么样,3 年后如何,这也是创业计划书所要提及的。公司是要持续发展的,在规划时要能做到多元化和全球化。

第二节　创业计划书内容

一般来说,在创业计划书中应该包括创业的种类、资金规划及基金来源、资金总额的分配比例、阶段目标、财务预估、营销策略、风险评估、创业的动机、股东名册、预定员工人数,具体内容一般包括以下 11 个方面:

■ 封面

封面的设计要有审美观和艺术性,一个好的封面会使阅读者产生最初的好感,形成良好的第一印象。

■ 摘要

它浓缩了创业计划书的精华。

计划摘要涵盖了计划的要点,以求一目了然,以便读者能在最短的时间内评审计划并做出判断。

摘要包括以下内容:公司介绍;管理者及其组织;主要产品和业务范围;市场概貌;营销策略;销售计划;生产管理计划;财务计划;资金需求状况等。摘要要尽量简明、生动。特别要说明自身企业的不同之处以及企业获取成功的市场因素。

■ 公司介绍

这部分的目的不是描述整个计划,也不是提供另外一个概要,而是对你的公司作出介绍,重点是你的公司理念和如何制定公司的战略目标。

■ 行业分析

在行业分析中,应该正确评价所选行业的基本特点、竞争状况以及未来的发展趋势等内容:

(1)该行业发展程度如何?现在的发展动态如何?

(2)创新和技术进步在该行业扮演着一个怎样的角色?

(3)该行业的总销售额有多少?总收入为多少?发展趋势怎样?

(4)价格趋向如何?

(5)经济发展对该行业的影响程度如何?政策环境是如何影响该行业的?

(6)是什么因素决定着它的发展?

(7)竞争的本质是什么?你将采取什么样的战略?

(8)进入该行业的障碍是什么?你将如何克服?该行业典型的回报率有多少?

■ 产品(服务)介绍

产品介绍应包括以下内容:产品的概念、性能及特性;主要产品介绍;产品的市场竞争力;产品的研究和开发;开发新产品的计划和成本分析;产品的市场前景预测;产品的品牌和专利等。

在产品(服务)介绍部分,企业家要对产品(服务)做出详细的说明。说明要准确、通俗易懂,使不是专业人员的投资者也能明白。一般来说,产品介绍都要附上产品原型、照片或其他介绍。

■ 人员及组织结构

在企业的生产活动中,存在着人力资源管理、技术管理、财务管理、生产管理、产品管理等。而人力资源管理是其中很重要的一个环节。

当代社会,人已成为最宝贵的资源。在创业计划书中,必须要对主要管理人员加以阐明,介绍他们所具有的能力,他们在本企业中的职务和责任,他们过去的详细经历及背景。此外,还应对公司结构做一简要介绍,包括:公司的组织机构图;各部门的功能与责任;各部门的负责人及主要成员;公司的报酬体系;公司的股东名单,包括认股权、比例和特权;公司的董事会成员;各位董事的背景资料。

■ 市场预测

应包括以下内容:

需求预测;市场现状综述;竞争厂商概览;目标顾客和目标市场;本企业产品的市场地位等。

■ 营销策略

在创业计划书中,营销策略应包括以下内容:

(1)市场机遇和营销渠道的选择。

(2)营销队伍和管理。

(3)促销计划和广告策略。

(4)价格决策。

■ 生产计划

生产计划应包括以下内容:

产品制造和技术设备现状;新产品投产计划;技术提升和设备更新的要求;质量控制和质量改进计划。

■ 财务规划

一般包括以下内容:

重点是现金流量表、资产负债表以及损益表的制备。

流动资金是企业的生命线,因此企业在初创或扩张时,对流动资金需要预先有周详的计划并进行严格控制。

损益表反映的是企业的盈利状况,它是企业在一段时间运作后的经营结果;资产负债表则反映在某一时刻的企业状况。

■ 风险与风险管理

(1)你的公司在市场、竞争和技术方面都有哪些基本的风险?

(2)你准备怎样应付这些风险?

(3)就你看来,你的公司还有一些什么样的附加机会?

(4)在你的资本基础上如何进行扩展?

(5)在最好和最坏的情形下,你的 5 年计划表现如何?

如果你的估计不那么准确，应该估计出你的误差范围到底有多大。如果可能的话，对你的关键性参数做最好和最坏的设定。

第三节　创业计划书编写步骤

准备创业方案是一个展望项目的前景，探索合理思路，确认实施项目所需的各种必要资源，寻求所需支持的过程。

需要注意的是，并非任何创业方案都要完全包括上述大纲中的全部内容。创业内容不同，相互之间差异也就很大。

第一阶段：经验学习。

第二阶段：创业构思。

第三阶段：市场调研。

第四阶段：方案起草。

写好创业方案全文，加上封面，将整个创业要点抽出来写成摘要，然后要按下面的顺序将全套创业方案排列起来：

(1)市场机遇与谋略。

(2)经营管理。

(3)经营团队。

(4)财务预算。

(5)其他与听众有直接关系的；信息和材料，如企业创始人、潜在投资人，甚至家庭成员和配偶。

第五阶段：最后修饰阶段。

首先，根据你的报告，把最主要的东西做成一个 12 页的摘要，放在前面。其次，检查一下，千万不要有错别字之类的错误，否则别人对你是否做事严谨会有怀疑。最后，设计一个漂亮的封面，编写目录与页码，然后打印、装订成册。

第六阶段：检查评估。

主要从以下几个方面进行：

(1)你的创业计划书是否显示出你具有管理公司的经验。

(2)你的创业计划书是否显示了你有能力偿还借款。

(3)你的创业计划书是否显示出你已进行过完整的市场分析。

(4)你的创业计划书是否容易被投资者所领会。创业计划书应该备有索引和目录，以便投资者可以较容易地查阅各个章节。还应保证目录中的信息流是有逻辑的和现实的。

(5)你的创业计划书中是否有计划摘要并放在了最前面，计划摘要相当于公司创业计划书的封面，投资者首先会看它。为了保持投资者的兴趣，计划摘要应写得引人入胜。

(6)你的创业计划书是否在文法上全部正确。

(7)你的创业计划书能否打消投资者对产品(服务)的疑虑。如果需要，你可以准备一件产品模型。

第四节 创业计划书格式

■ 计划书格式

目录

摘要

1 创业项目概述

1.1 项目背景

1.2 目标规划

1.3 市场前景

2 市场分析

2.1 客户分析

2.2 需求分析

2.3 竞争分析

2.3.1 竞争优势

2.3.2 竞争对手

3 公司概述

3.1 公司

3.2 总体战略

3.3 发展战略

3.3.1 初期战略

3.3.2 中期战略

3.3.3 终极战略

3.4 人力资源组织

3.5 财务管理制度

3.6 企业文化

3.7 服务概述

4 组织管理体系

4.1 组织机构

4.2 部门职责

4.3 管理模式

5 投资策略

5.1 股份募资

5.2 项目融资

6 营销战略

6.1 营销目标

6.2 营销模式

6.3 产品流动模式

7 财务分析
  7.1 营业费用预算
  7.2 销售预算
  7.3 现金流量表
  7.4 盈亏分析
8 风险分析
  8.1 机遇
  8.2 风险及策略
9 退出策略
附录:市场调查问卷

■ 计划书范文

儿童玩具出租连锁加盟店创业计划书

一、项目介绍

项目名称:小岸儿童玩具出租连锁加盟店

经营范围:以出租婴幼儿童车、童床和儿童玩具为主,兼售卖婴幼儿童玩具

项目投资:10 万元

回收成本期限:6 个月

样板店地址:金碧花园小区内

项目概况:先组建"小岸儿童玩具出租连锁加盟样板店",在此基础上,创办一个以社区为依托、以下岗失业人员创业为目的的儿童玩具出租连锁加盟公司。

企业宗旨:让孩子更聪明,让家长更省钱,让加盟者更成功!

二、市场分析

(一)市场需求分析

玩具是孩子的天使,孩子是父母的心肝宝贝。父母对自己孩子的投入是心甘情愿的,但由于各种原因,又不能完全满足孩子对玩具的占有欲望。同时,由于孩子的天性,对玩具喜新厌旧,一个几百元的玩具玩几天就不感兴趣了。而市场上层出不穷的高价玩具,都是孩子永不满足的需求,这样促使了"儿童玩具出租行业"的萌芽和发展。

比如婴幼儿大都需要童车,而中档童车价格在 300～500 元,高档一点的在 1 000 元左右,而一部质量较好的童车起码可以用三五年,家庭购买的童车平均使用期为一年左右,不买童车不行,买吧,用完后又很难处理,而且又浪费。相似的用品不仅仅局限于童车,还有童床、学步车、儿童玩具,等等。如果开一间婴幼儿童玩具租赁中心,既给家庭减少费用,又给孩子带来更多的玩具,生意肯定兴隆。

(二)目标群体分析

玩具出租主要的目标群体是 0～12 岁的儿童,由于出租玩具的品种繁多,档次繁多,适合于各种不同层次的家庭孩子。由于选址在新开发的成熟小区,家庭状况一般在小康水平或小康水平以上,对出租玩具的承受能力均没有任何问题。

(三)竞争对手的分析

目前,广州市出租儿童玩具的公司或店铺寥寥无几,这是一个新兴的行业,我们应该有一种先入为主的优势,特别对发展连锁加盟店尤其有利。

三、成本预算

(一)样板店的成本预算

一家样板店启动资金大约在 7 万元,具体安排:

(1)办理工商、税务登记等费用:1 200 元。

(2)店铺(50 米^2)租金及押金:9 000 元

(按租金 3 000 元/月,两押一租)。

(3)装修:10 000 元。

(4)工资(1 个月):6 800 元。

(5)购买产品及维修保养费用:30 000 元。

(6)咨询顾问及资料费:3 000 元。

(7)公司其他开支:10 000 元

(水费、电费、管理费、工商管理、税费、卫生费及流动资金等)。

总计:70 000 元左右。

(二)组建连锁加盟店的费用预算

组建 2～3 个连锁加盟店,主要费用开支是策划费和连锁加盟店主的培训费和管理费。

(1)策划费。

(2)店主培训费。

(3)管理费。

总共:

总成本预算(启动资金):

四、盈利状况 1

样板店业务收入来源

(1)销售会员卡是本店主要的收入来源,会员卡有效期为 1 年,实行计名制。

(2)赔偿金收入(因顾客归还玩具时,有些玩具可能会由于关键部位的断裂,重要配件的丢失损坏等原因,按照我们的“赔偿比例表”,按比例赔偿)。

(3)销售玩具收入。

五、盈利状况 2

连锁加盟店的收入:

从第二季度开始,筹建连锁加盟店,争取一个季度筹建一个连锁加盟店,连锁加盟的收费为每家 3 万元。

这样,头半年即前 6 个月收入可达 10 万元,即可收回成本。

六、市场风险预测

(一)竞争者的出现,是本店主要的市场风险

当一个项目被发现巨大市场空间时,必会引来竞争者,为了能让企业在市场中生存和壮

大，因此在推出玩具出租加盟样板店时，要实行“五个统一”的管理模式(即统一形象设计，统一宣传资料，统一会员卡销售，统一营销管理，统一售后服务)建立自身的品牌。提高服务质量和准确掌握市场行情也是增强竞争力的办法。

(二)玩具对儿童的伤害，是本行业的最大风险

为了避免此类风险，可采取以下3种方法：

(1)进货渠道严格把关，明确与进货商或厂家的责任关系。

(2)向小孩和家长详细说明玩具的使用说明。

(3)明确与被租方的责任关系。

(三)对玩具损害程度的鉴定，是处理客户关系的一大风险

必须从日常的经验和生产厂家，逐步完善玩具损害程度的鉴定标准，明细化与客户的责任关系。

七、行业相关法律法规

(1)根据《中华人民共和国合同法》第233条规定：租赁物品危及承租人的安全或不健康的，即使承租人订立合同时明知该租赁物品质量不合格，承租人仍然可以随时解除合同。

(2)根据《中华人民共和国产品质量法》的相关规定，所租赁或销售的产品一定要符合国家规定，质量合格，并对相应的防范做到应尽的告知义务，以避免不必要的损失。

(3)根据《中华人民共和国劳动法》规定，与员工签订劳动合同，交纳相应的社会保险。

(4)依法纳税，合法经营。

八、人员机构配置

职员及岗位职能

(1)样板店经理1名：负责整个样板店的管理及玩具的采购工作。

(2)店员2名：负责与顾客的各项工作，2人各兼出纳与会计。

(3)玩具维修保养员1名：负责玩具维修保养工作。

(4)市场策划2名：主要样板店的策划和连锁加盟店的策划。

(5)老板1名：统筹全盘，负责战略性规划。

总共7名，要求持证上岗的，必须持证上岗。全部为本市的下岗失业人员。

九、自身优势

(1)本人的工作经验。

本人有3年儿童玩具厂的工作经验和5年的市场营销经验。

(2)本人的社会资源。

与一批儿童玩具厂和行内人士有良好的关系。

(3)本人教育背景。

本人大专毕业，专修市场营销，工作后不断进修，对企业管理和市场分析有一定的特长。

(4)本人的资金支持。

自主创业愿望已久，启动资金已完全到位。

十、环境及地理优势

广州地处珠江三角洲的中心城市，玩具市场非常活跃，儿童玩具生产厂家很多，品种繁多，

货源充足，交通方便，信息灵通。

十一、市场营销策略

（一）市场营销的基本策略

以新的成熟的小区为依托，以样板店为龙头，以帮助下岗失业人员创业或再就业为目的，争取3年内成为广州市儿童玩具出租行业的品牌连锁加盟公司。

首先，组建“小岸儿童玩具出租样板店”。

(1)选地址。以金碧花园小区为样板店。该社区入住率达80%，已入住8 000余户人家。区内只有一家以出租电动玩具的小型玩具店，经营效果不错。

(2)样板店布局定位。定位于超市与幼儿园、游乐场之间，既要保证玩具的货架式摆放，一目了然，又要留出足够的空间供小孩在现场玩耍。

(3)店内货物定位分3类摆放。

①以婴幼儿类(童车、童床、学步车类)；

②儿童玩具类(大制类、遥控类、体育类、学习类、拼装类、音乐类等)；

③销售类。

(4)展示厅内标识物的放置。收银台后面放置服务公约、赔偿表、会员登记表和业务介绍说明，维修部放置遥控器。

(5)严格执行“出租物品专业消毒房”方案。为了让顾客知道自己租到的产品是干净的，高品质的，在店内建立消毒房，凡到期的物品都要经过保养消毒后才能再度使用。

(6)销售模式。以“玩具出租会员制”为运作模式：采取年卡的形式，年卡200元/张。

(7)加大前期的宣传力度。因玩具出租是新事物，样板店又刚开业，所以前期营销的重点是让样板区所有0～12岁儿童家长都知道有一个玩具出租店开业了。

(8)媒体的炒作。玩具出租是个新事物，对很多新闻媒体来说很有采访价值，所以样板店开业后，应跟当地的媒体联系，引起媒体兴趣，以达到我们在当地轰动的效应。

（二）连锁加盟店的组建

以市场需求为原则，以样板店的经营状况为依据，分步骤、分阶段地开发连锁加盟店。对所有的连锁加盟店坚持“五个统一”的管理模式，力求所有连锁加盟店的玩具共享。

十二、项目可行性分析

1. 社会需求分析

孩子对玩具的喜爱和好奇，以及家长又不能完全满足孩子对玩具的占有欲望，会促进“玩具出租”行业的发展。

2. 项目规模的可行性分析

小规模的玩具出租店，投资不大，风险较小，以样板店先行的策略更为稳妥。

3. 行业发展趋势分析

随着近期北京、上海等地的玩具出租公司开业并相继火爆，给广州市场会带来一定的影响。从另一角度分析，广州市民的理性消费观念比北京、上海市民的理性消费观念要强，儿童玩具的出租更迎合广州市民的消费理念，行业发展趋势看好，只要抓住了机遇，就可能会成功。

第十六章　创业项目管理

项目，就是在既定的资源和要求的约束下，为实现某种目的而相互联系的一次性工作任务。项目管理是在一个确定的时间范围内，为完成一个既定目标，形成一种特殊形式的临时性组织运行机制，通过有效地计划、组织、领导、协调和控制，充分利用既定有限资源的一种系统管理方法。

第一节　创业项目分类与选择方法

■ 创业项目分类

★ 从观念上看，创业项目分为传统创业和新兴创业

★ 从方法上看，创业项目分为实业创业和网络创业

★ 从投资上看，创业项目分为无本创业、小本创业和高额创业

★ 从方式上看，创业项目分为加盟创业、体验式培训创业和创业方案指导创业

■ 创业项目的选择方法

★ 与已成功公司联手

★ 产品有强大的市场需求

★ 软硬件有较强的垄断性

★ 当市场机会刚开始时

★ 具有独领风骚的行销手段

★ 低成本的创业资金

★ 对创业项目的风险了解

★ 选择好的创业网站

■ 创业项目前景甄别的三大原则

★ 创业者或创业伙伴不仅对创业项目及其背景具有充分的理解，更能把握其独到的盈利点

★ 项目的规模匹配创业者和创业伙伴的资源（尤其是“财”与“人”，初出茅庐的创业者常常低估）

★ 创业者和创业伙伴的心态、背景是否能够支持其创业项目的失败或挫折

案例

大学毕业生创业只要敢迈步，就会有出路

江西理工大学2008届毕业生王小康2008年6月开始自主创业，在赣州市各大高校附近经营数码产品。短短一年时间不到，他所经营的超音速数码连锁店在江西理工大学赣南师范

学院、赣南医学院等高校已有7家分店，月营业额近10万。品味着创业经历，王小康说出了自己的创业感悟："只要敢迈出第一步，就不怕没有出路。"

一、联手实现创业梦

2008年6月从江西理工大学工商管理专业毕业后，王小康去了沿海的一家数码产品公司做销售，一段时间下来，他发现自己并不喜欢这个岗位，心里依旧念着当初在校时的"创业梦"。

"与其打工做不喜欢的事情，不如运用自己学过的东西，做自己能做的事情，自己创业做老板，为自己搭建个平台来实现梦想！"就这样，王小康联系到之前在学校做促销兼职的两位朋友，说出了自己的想法，没想到一拍即合。考虑到独自创业人单力薄，王小康和他的同班同学一共4个人，开始合伙创业之路。

二、结合实际选项目

在创业项目的选择上，王小康的创业团队出奇的默契，同时看好了校园数码产品。"高校有这方面的市场，大学生有这样的需求，同时我们在读大学时就和同学一起做电子产品校园代理、做促销。虽然，当时赚不到什么钱，但是我们积累了进货和销售等方面的经验。"他们没有丝毫犹豫，决定创一个自己的品牌——校园数码产品店。

在决定开校园数码产品店后，新的问题又出来了，赣州中心城区大大小小的数码产品店有40家，如果没有特色，自己的店就很容易淹没在这些数码产品店之中，更何况市区的店面租金、押金等对他们刚毕业的大学毕业生来说，都是天文数字。

4个人经过反复比较，将店址选在了赣南师范学院黄金校区，因为这里有赣南师院、江西应用技术职业学院等高校。"我们选择学生市场，是因为几个人都是刚刚毕业，熟悉校园生活，了解学生消费特点。"王小康充满信心地说。

"我们从进货、宣传、销售等方面入手，开会讨论细节，做网站，跑推销，加班加点那是常事，经常在外面一跑就是一天，到了晚上一沾枕头就睡着。我们创业团队的4个人创业初既是老板也是店员，不仅要进货送货，还要搬运。"王小康说："这点苦还累不倒难不倒我们。"

"对于我们刚毕业的大学生来说，创业最大的难题是启动资金和管理经验。"王小康说："开始创业的时候没有钱就向同学借。从摆地摊做促销开始，一步一步积累创业启动资金。资金周转问题困扰了我们很久。另外，因为我们刚毕业没有多少经验，厂家根本不信任我们做代理，我们只能从经销商那里转货，这使我们的成本加大，利润降低，但这都难不倒我们。"

"刚创业时，我们曾经亏过三四千块钱，那几乎都是我们的所有资金，可我们没有放弃。"谈到当初创业的艰难，王小康非常激动："只要有心，只要坚持不放弃，那就没有翻不过的山，没有过不去的河。"

三、创业是不断学习的过程

连锁店刚起步的时候，王小康常常用很低的价钱去竞标，却苦于在业界没有口碑支撑，很难中标。但王小康的心态很好，无论结果如何，只当是又一个学习机会。创业到底有多难，只有创业者自身最有体会。王小康认为快毕业时找工作的经历将他打磨得韧劲十足："现在已经不怕碰壁了，我觉得生活就是这样的。创业的过程是一个自身不断学习、成长、完善的过程，在这个过程中，失败和教训与获得的成绩一样可贵，也一样值得我们铭记。"

王小康认为,他们的连锁店从创办到现在发展还算顺利,短短一年时间不到,他所经营的超音速数码产品店在驻市高校已有7家分店,月营业额近10万元,第8家分店又正在筹备之中。他旗下的20多名员工都是和他一起创业的同学和师弟师妹们。

颇有生意头脑的王小康在做实体店面的同时,还在淘宝网上开了网店,专门做大学生的生意,经营数码产品、手机配件等生活科技类用品。他们还创办了自己的网站,宣传产品,树立店面形象。"我们的下一个目标是实现赣州高校学生可以真正网上购物,我们将全部免费送货上门。"

摘自丁霞,等. 大学生就业创业案例分析. 新华出版社,2008.

第二节 选定致富项目注意事项

(1)要适合自己。俗话说:隔行如隔山。因此应尽量选择与自己的专业、经验、兴趣、特长能挂得上钩的项目。

(2)要看准所选项目或产品的市场前景。对于创业者来说要多考察当地市场。对所发展项目要有直观的利润。有些产品需求很大,但成本高、利润低,忙活一阵只赚个吆喝的大有人在。

(3)要从实际出发,不贪大求全。瞄准某个项目时最好适量介入,以较少的投资来了解认识市场,等到自认为有把握时,再大量投入,放手一搏。

(4)要尽量选择潜力较大的项目来发展。选择项目不要人云亦云,尽挑一些目前最流行最赚钱的行业,没有经过任何评估,就一头栽入。要知道,有些行业往往市场已饱和,就算还有一点空间,利润也不如早期大。

(5)要周密考察和科学取舍。当今,各种信息充斥每个角落,许多人都是根据信息来选择项目的。所以,我们对信息一定要重考察、善分析,没有经实地考察和对现有的用户经营情况进行了解,千万不要轻易投资。重考察,一要看信息发布者的公司实力和信誉,当然少不了向当地工商管理部门了解情况;二要看项目成熟度,有无设备、服务情况如何,能不能马上生产上市等;三要看目前此项目的实际实施者在全国有多少,经营情况如何等。

(6)要做到三个"万万不可"。在项目实施过程中,万万不可先交钱后办事,不要拿着自己的辛苦钱,仅凭一纸合同或协议,就轻易付给对方;万万不可轻信对方的许诺,在签订合同时就应留一手,以防止对方有意违约给自己带来损失;万万不可求富心切,专门挑选轻而易举就能赚大钱的项目去干,越具有诱惑力的项目,往往风险也越大。

第三节 创业项目分析

■ 正当性

对项目方正当性的考察主要包括:

(1)项目方是否有工商登记,项目方的工商登记是否在有效期内。

(2)有的项目方可能会拿着别人的执照蒙事,所以投资者还需要辨别项目方所持执照是否为项目方本人所有,如果项目方提供了资料,要注意资料中的企业名称与其提供的营业执照上的企业名称、经营范围是否一致，如果不一致，需要项目方做出合理解释。签约时，要与营业执照上的法人签约，加盖营业执照上的法人公章。为安全起见，可进一步向发照当地工商机关查询。

（3）按国家对加盟连锁的有关规定，项目方必须满足“2＋1”的条件（2个直营店，经营一年以上），才可以进行对外招商，这是国家为保护投资者利益出台的专门政策。据《科学投资》了解，目前相当数量正在积极进行加盟连锁招商的项目方达不到这个要求，这是违反国家有关规定的，投资者必须保持警惕。

■ 可信性

鉴于目前加盟连锁中骗局连连发生，部分投资者损失惨重，在考虑加盟之前，有必要对项目方进行可信性考察。考察的内容主要包括：

（1）项目方提供的办公地址是否真实，是否与营业执照上的地址一致。例如，曾有人在北京大学附近的一个写字楼里租了一个房间，办了营业执照，然后打出旗号，进行项目招商，几个月后便卷款而逃。这样的事经常发生，所以，投资者还需要考察项目方企业的存续期，已经经营了多长时间。一般来说，一个企业经营存续期越长，从业历史越久，就越可靠。必要的时候，可以向所在物业查询项目方的租赁期限，交了多长时间的租金，到什么时候为止，还可以查询项目方是否按期交纳房屋租金；从对项目方注册资金的大小，也可以看出其实力和承担违约责任的能力，这都是很细致的工作。

（2）项目方是否经营过别的企业，进行过别的项目招商，结果如何。目前一些骗子习惯于打一枪换一个地方，已经形成一种经营“模式”，如上述骗子，此前就曾经营过几个别的项目，这都属于公开行为，一定会留下蛛丝马迹，只要投资者够细心，就不难看出破绽。

（3）一些项目方很乐意在口头和广告、资料上宣传已加盟者的数字，这个数字往往很大，以增加对投资者的吸引力，要注意考察其真实性。

（4）一些项目方常常宣传自己获奖的情况，什么“十佳”“最优”“白金”“白银”“最具吸引力”“投资者最满意”等，这些奖项往往由某些行业机构、招商组委会和媒体颁发，但据《科学投资》了解，其中很多是只要你给钱，就给你发奖状，钱给得越多，奖状的名称就越唬人。这种颁奖授匾完全是买卖，不值得信任。

■ 风险性

为了让项目做到“保赚不赔”，投资者一定要对项目的风险性进行充分的考察。考察的内容包括：

（1）对项目可行性的考察。

（2）对项目先行者的考察。当你看中一个连锁加盟项目，可以考察该项目已加盟者的经营状况，考察对象可由项目方提供，但最好由投资者自己选择，在不告知对方的前提下，先以消费者的身份进行观察。考察内容包括店址、每小时客户流量、全天客户流量、产品受欢迎程度、经营者的经营方式、雇员多少、业务熟练程度，估算其成本和投入产出。

然后以投资者的身份出现，直接向对方询问，大多数时候，如果对方经营状况不佳，对项目方有情绪，反而会向你介绍真实情况，如果经营状况甚好，有可能对你隐瞒，或者介绍情况不真实，以防备竞争，在这种时候，需要投资者有良好的判断力。然后可以将考察的情况与项目方的介绍进行比较，基本可以得出符合实际的判断。要注意的是，一般对项目方样板店的考察均不可靠；投资方在对经营状况不佳的加盟店进行考察时，要弄清楚对方为什么经营状况不佳，有时候是加盟者自己的原因，或是能力不足，或是不听从项目方的指导，投资者一般都喜欢听加盟者的一面之词，因为对方和自己的身份类似，同病相怜之下容易同仇敌忾，以致错过好项目。不过，如果你觉得自己实在没有能力分辨，那就不如宁可信其有不可信其无，毕竟，对于风险承受能力不足的中小投资者来说，投资安全应是第一位考虑的因素。

(3)了解项目方在知识产权方面(技术、商标等)和品牌方面是否存在纠纷，是否拥有完全的所有权。

(4)了解项目方的禁忌，在什么情况下可能被解除加盟连锁资格，了解项目方所设禁忌是否合情合理，在合同中要明确这些细节，如果合同中没有这些内容，可以补充合同进行说明；必要时还要明确已交费用的退还问题，如在什么情况下投资者退出加盟，项目方必须退还保证金，这些要在合同中写清楚。对于要求加盟者一次交清若干期限费用，比如一次交齐 23 年管理费、服务费的项目方，投资者须保持警惕，防止对方在收钱后卷款走人，或在事情不顺利时溜之大吉。为提高投资的安全性，投资者可与项目方商量分期付款的办法，比如学会技术时交多少费用，拿到设备时交多少费用，生产出合格产品时交多少费用等。

■ 持续性

对于投资者来说，好不容易选对了一个项目，当然希望能够比较长时间地经营，给自己带来效益，为此，投资者还需要对项目方的运作进行可持续性方面的考察，内容包括：

(1)项目方运作是否规范，包括行为规范和章程规范。行为规范：是否有统一的内外标志；操作流程是否规范；工艺流程是否规范，服务流程是否规范等，是否对加盟者提供统一规范的培训，培训的项目、时间，培训是否收费，收费的标准。章程规范：项目方是否提供统一的操作手册、服务手册、管理手册、培训手册，手册的编制是否规范，是否切实可行，是否便于执行，是否不让人产生歧义。

(2)如需配送，配送设备是否完整、是否先进，是否有统一的配送中心，配送人员的素质如何、管理如何，配送中心是否能及时响应加盟者的要求，配送原材料是否经常短缺，配送价格是否合理、是否变化无常。一些项目方收很少的加盟费，将利润点全部放在后期的原材料配送上，这很正常，但随着投资者的投入越来越多，已经不能轻易脱身，项目方在配送原材料的时候随意要价，价码越来越高，条件越来越苛刻，以致令加盟者产生被勒索的感觉，这就很不正常。北京的投资者李德义就是为此与四川×鱼头闹翻，而开创了自己的李老爹。但是多数投资者没有李德义这样幸运，也没有李德义这样的实力，李德义过去依靠做建材拥有了雄厚的积蓄。如果是中小投资者遇到这种情况，只好自认倒霉，所以要未雨绸缪，防患于未然。因此应该跟项目方将配送价格说清楚，将各种可能发生的情况和处置办法，可能发生的损失和索赔条件备录于合同。还有一种是项目方不给你配送，你所需要的原材料很容易自己找到，那么，对于这样的项目一定要提高警惕。这说明这个项目的门槛很低，被模仿的可能性很大，可能要面对竞争泛滥的局面。一般这样的项目，都缺乏可持续发展的潜力。

■ 扩张性

谁都希望生意越做越大，如果一个项目做上三五年，仍旧只能是七八平方米的店面，每个月几千元的收入，就说明这样的项目缺乏扩张性。扩张性来自两个方面：从高层次说，项目方是否拥有将事业做大的决心，是否拥有长期的战略规划；从低层次说，项目方在市场扩张上是否能够为投资者提供强有力的支持。目前加盟连锁项目大多集中于快速消费品、餐饮、小食品、时尚饰品、保健品、新潮家居用品、新潮电子、小家电、社区服务性产品如洗衣、美容美发等，普遍对广告的依赖性都非常强，项目方在广告投放上是否能持续，是否能使广告覆盖一定范围，必要的时候，项目方能否提供强有力的促销支持，如物质方面的支持和政策方面的支持。这些都对投资者的扩大经营起着直接的影响。一是项目方能否持续提高自己品牌的价值，则对投资者能否进行有效的扩张起着间接的影响；二是项目方产品创新的能力也决定着投资者跟随成长的结果，有些项目方在一个项目推出后，数年不见推出新的项目，旧的项目也不见改进创新，市场只能逐渐萎缩。

■ 延伸性

在对项目方进行考察的时候，除了要考察项目主导人的人品、性格、经历、知识结构、拥有的企业资源和社会资源外，还要着重考察项目方的团队。在各种招商会上，我们可以看到，不少招商团队是由草台班子临时拼凑成的，用系红领巾的手法打领带，一双皮鞋 3 年不擦，一件西服油渍麻花，这样的一个团队，能为你未来的投资项目提供什么样的保证，不难想象。对项目方团队的考察，一是考察团队成员的素质、从业经历、从业经验、既往业绩、圈内口碑；二是考察团队在性格和专业上的互补性；三是团队的稳定性。对于一些比较有经验的投资者，通过对项目方团队的察言观色和对项目方的突袭式访谈，可以得出可靠的结论。

总的来说，对项目包括项目方的考察是一件非常细致的事情，需要投资者有很好的耐心和足够的敏感。为了投资安全，付出一些这样的心力还是值得的。

■ 创业流程

创业流程示意图见图 16-1。

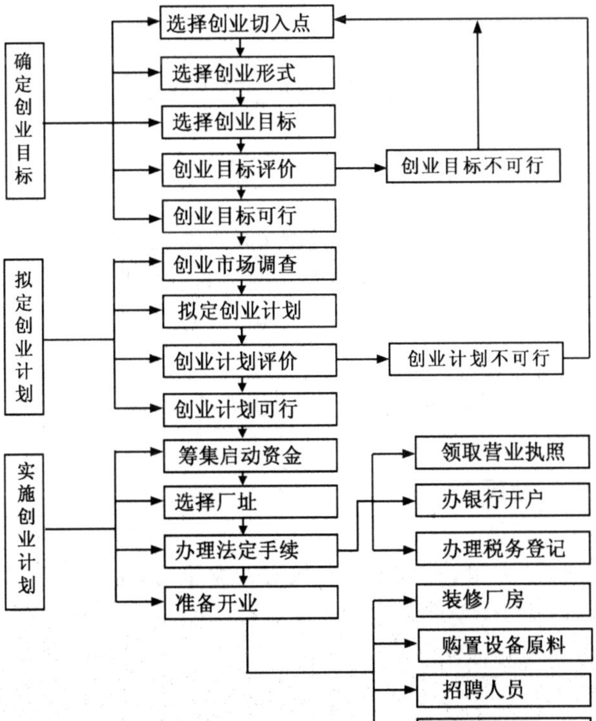

图 16-1　创业流程示意图

从图 16-1 可见，创业的关键环节：一是组建创业团队或经营班子，二是筹备启动资金，三是选定创业的厂(店)址，四是办证，即领取营业执照，五是择日开业。

第十七章　创业的人力资源管理

人力资源，是指企业内所有与员工有关的资源，包括员工的能力、知识、技术、态度和激励。人力资源管理，是指企业内所有人力资源取得、运用和维护等一切管理过程和活动。它是在企业中，使人们能够更有效地发挥作用的管理职能，主要是对员工的激励，包括人才招聘、教育培训、绩效评估、薪酬管理、人力规划等方面的工作。

大学生基本没有经过正规的人力资源培训，也没有多少人力资源方面的经验。在创业初期，虽然企业也把人事部改为人力资源部，但其履行的工作仍停留在传统的事务上，扮演的仅仅是后勤支援的角色，根本就不能适应新时代对人力资源开发与管理“以人为本”的要求。

大学生创办的中小企业的人力资源规划，绝不能照搬大企业规划的教条，而应当立足解决问题，形成具有自身风格和特点的、灵活多变的规划思路，才能突破制约，从而有效地指导人力资源规划的制度和实施。

第一节　人力资源管理新思路

■ 知识经济下企业运作的变化

当今社会已进入知识经济时代。在 20 世纪 80 年代，企业着重系统整合以降低成本；90 年代，企业已转为着重事业整合，忙于运作流程的改造；而 21 世纪，企业所面对的是市场整合、全球贸易一体化、商业策略信息运用、知识管理运用，以及供应链、客户关系管理和电子商务应用等。

当前企业的策略性焦点：重视愿景文化、事业伙伴关系、团队精神、创新价值、知识管理、肯定人性和员工的价值等双赢的观念。

■ 知识经济时代的企业焦点

★ 注重愿景文化

愿景文化是一股无形的力量，不但是一种核心的竞争力，也是对领导团队的一种挑战。它推动和激励所有员工同心协力，凝聚员工为共同目标而激发潜能和创意，使企业能在快速变化和竞争激烈的经营环境中脱颖而出。

★ 强化知识管理

充分运用和管理“知识”是当代企业的另一重要焦点。当今人的智慧和知识成为企业最为价值的资产，而知识管理也成为人力资源管理中的重要课题。企业要具备知识经济的核心能力，就需要为员工提供一个可以发挥自己的思想、知识和不断挖掘创意的工作环境。当企业懂得激励员工去发掘、创新与迎合市场的迅速变化时，强劲的竞争力自然就形成了。例如耐克是个自己不生产运动鞋的运动鞋公司，但他们创造价值的所在是为研发、设计、行销、分销等知识密集型的服务，这就是知识资本在未来企业中所扮演的角色。

★ 开拓创新价值力量

创新价值是知识经济的灵魂和主要动力之一，如在观念、速度、技术及管理上的创新。为了推动创新，企业必须鼓励和奖赏员工的付出。所以企业必须了解到创新比大量生产更为重要，重视员工的创造力应成为当代企业管理的重要目标。

★ 加强内部的适应力

今天由于科技使市场的信息流通速度大幅度提高，在短时间内新产品就会广泛地被认识，同样也会更快地被更新的产品所淘汰，产品的生命周期被认定已大大缩短，企业预期自己的产品不久将会被自己或对手的产品所取代。因此，应十分重视对产品进行突破再突破，更会不惜放弃旧产品而为新产品开路。这就是当代在对待产品的生命周期上出现的新观点。企业的高层管理团队如能推动员工适应市场的变化并做出快速的反应，企业就可在明天的竞争中占上风，顺利发展。

★ 放眼全球

今天知识的商业价值必须建立在市场需求的规模上，规模越大，价值也越高。创业管理者的焦点必须调整，要放眼全球，明白网络的科技发展可以使各种大大小小的企业都有能力以非常低的成本串联市场中每个角落的顾客，形成一个全球化的营销市场。虚拟的企业使员工在全球任何角落都可以与企业取得联系，获得信息，展开全球性的业务运作或接触全球的客户，但竞争也是全球性与极速的。

★ 信息时代的策略

信息时代，企业必须调整自己去适应充分运用本身的商业策略信息、管理知识、供应链和客户关系管理、电子商务应用等这些新时代的要求。使用信息科技战以提高内部竞争力，更有效地开拓市场、增加客户、创造利润，将成为当代企业策略的重心。

■ 人力资源管理电脑化

机器代替劳力，电脑辅助人脑是必然的趋势。电脑化不仅可以提高人力资源管理作业的效率，提供以往手工作业所不能提供的资料，同时也可以减少不必要的人力物力的浪费。无论从效率还是从成本角度上看，企业都必须加速人力资源管理的电脑化。

人力资源电脑化的范畴：人力资源资料库的建立；工作作业电脑化；员工福利管理；员工人力规划；人力资源作业报告等。

第二节　创业的工作团队

工作团队的成立主要是为了解决所遭遇的问题或增进工作效率。常见的团队有部门改进小组、特殊任务小组、品管组、自我督导组、决策小组等类型。

■ 团队的种类及功能

★ 部门改进小组

这是最常见的工作团队，主要目的是增进部门的工作效率。成员及其活动范围只限于部门内，主要是分析矛盾、研究问题、提出解决问题的方案，一般以简短的会议形态来处理所面临的问题。

★ 特色任务小组

又称跨部门小组,它与俗称委员会功能相近,多半是处理跨部门、特殊任务的临时编组。一般根据任务性质来遴选成员,以提出问题、拟定策略或执行计划为主,有调查、改进、协调的功能。

★ 品管组

用于生产机构提高质量、减少不合格率所成立的团队。它一般属于永久性团队,是自我督导小组的先驱;成员来自不同部门,共同协力解决生产、质量或服务问题;主要任务是针对问题提出想法与建议,但并无决策权。

★ 自我督导小组

主要是独立处理生产或服务的运作、决策、计划、控制的相关问题。其主要任务:它的成员被授权分担管理与领导的责任;具备多重技能并接受工作轮调;负责处理业务并对工作流程负责;主要任务是制定工作目标;评定工作质量与进度;维持团队纪律;自行监督并评估工作表现和处理日常问题。

★ 决策小组

一般针对政策、方向等重大议题所组成层级较高的小组。其主要任务:负责管理相关团队;建立目标,执行计划与所需的资源;监督计划的进展,制定完成的时间表;挖掘重大问题与未来的需求。

■ 影响团队成功的因素

团队成功与否,除了工资的高低和福利的好坏外,主要还有以下因素:

★ 管理因素

(1)主管对管理的看法。在管理方面主要有两个方面的说法,即 X 理论和 Y 理论。领导人认为 Y 理论正确的话,则对所属员工就借助鼓励来代替惩罚,物质与精神鼓励并重,让员工的聪明才智在工作上有充分的发挥机会;若认为 X 理论正确的话,则对所属员工就凭借外力的威胁与惩罚来维护风纪,以金钱来调动员工工作积极性为主。当领导人所实施的管理方式不为员工所乐意接受时,就会影响团队的战斗力。

(2)工作环境与条件。工作环境的布置是否适宜,工作时间安排是否恰当,员工身心是否健康,能否使员工心情舒畅,这些对团队战斗力有直接影响。

(3)工资福利政策。对员工采取的工资福利政策会直接影响团队战斗力。员工都希望能与同地区、同行业单位、同等工作人员的工资相当或比之略高。

(4)考核与奖惩。考核奖惩能否公平公正,也是影响团队战斗力因素之一。人们大多希望自己有好的考核评分及有奖励机会,但更希望考核奖惩要能真正做到公平公正,否则会导致团队战斗力的降低。

(5)机构规模的大小。如果机构规模小,则员工平时接触及沟通机会较多;如果机构规模庞大,则员工就无法广泛接触,沟通机会也有限。所以机构规模的大小及能否采取广泛的授权措施,也是影响团队战斗力的因素。

(6)意见的沟通与参与。管理者对机构内的人员给予参与意见的机会,是表示对员工的重视,使员工的智慧、学识、经验能获得充分运用,产生鼓舞激励作用。如果是监督命令,二者地位不平等,这对团队战斗力的大小有较大影响。

★ 员工身体与心理状态

员工个人的身体与心理状态，会直接影响工作情绪和效率。也会影响到团队战斗力的发挥和提高。

(1)对领导者有无信心。领导不只是对事，更是对人。凡领导人对所属能做到事与人兼顾时，就可以使员工对领导者产生高度信心，就会加强员工对机构的向心力，进而提高士气和团队战斗力。

(2)对工作是否满意与有无发展。对工作满意，是指从事的工作合乎自己的兴趣和能力，有挑战性且能施展自己的才华。这样员工必会表现出优异的成绩，也会有满足感和成就感。有发展，是指在工作上有更好的发展机会。如果员工对工作感到满意，觉得在单位有发展机会，就会激发出高昂的士气，提高团队战斗力。

■ 建立“全脑式”团队

团队成员的构成，不只是用右脑式人才或左脑式人才，而是两者并用的“全脑”。

资料链接

“左脑式”与“全脑式”团队

约翰在新产品开发团队里担任经理一职时，公司完全放手让他规划预计在36年内推出的全新产品和服务。“让我大吃一惊吧!”公司的执行总裁对他说。

公司让约翰全程决定用人，于是他录用了聪明绝顶的企管硕士，立刻着手进行产品分析，研究现行各种产品的市场潜力，并应用他们最近学会的财务分析技巧。为了找齐人手，约翰翻阅桌上由人力资源部提供的一大沓履历表。所有应聘者都有很强的量化分析技巧，其中有几个是工程师。约翰很高兴，这样一群聪明、训练有素、严谨、善于思考的人，一定为公司想出一些彻底创新的点子。有人建议他录用一些用“右脑式”思考的人，以激荡出不同的想法，他并未接受，还是继续找来许多“左脑式”思考的高手。一年半之后，这个团队根据论点精辟、旁征博引的财务和技术风险分析，否决了过程中各种新的产品提案。但是，这个团队的成员并没想出任何的新点子。于是这个团队还未成立满两年就解散了。

全脑式团队不断创新的例子很多。在全录公司的帕洛奥图研究中心(PARC)，社会学家与电脑专家一同工作。例如，电脑专家寇帝斯正在打造能让人们集会、交往的网络虚拟空间，和他一起工作的是一名懂得社区如何形成的人类学家。结果，寇帝斯的聚会网站比完全由电脑科学家设计的网站多了许多人情味，更吸引网友的造访。

摘自肖胜萍．人力资源．中国纺织出版社，2002.

第三节　人才招聘与培训

■ 人才选拔与招聘

选拔是对到企业求职的人，通过各种测验的方式，选拔出符合需要的人，以达到人尽其才的效果。选拔方式对内、外有所不同，但其基本观念和原则是一致的，都希望在有限的人选中找到最适合的。

★ 招聘原则

（1）因事择人原则。所谓因事择人原则，就是员工的选聘应以实际工作的需要和岗位的空缺情况为出发点，根据岗位对任职者的资格要求选用人员。

（2）公开，公平，公正原则。公开就是要公示招聘信息，招聘方法，这样既可以将招聘工作置于公开监督之下，防止以权谋私，假公济私的现象，又能吸引大量应聘者。公平公正就是确保招聘制度给予合格应征者平等的获选机会。

（3）竞争择优原则。竞争择优原则是指在员工招聘中引入竞争机制，在对应聘者的思想素质，道德品质，业务能力等方面进行全面考察的基础上，按照考查的成绩择优选拔录用员工。

（4）效率优先原则。效率优先原则就是用尽可能低的招聘成本录用到合适的最佳人选。

★ 选拔模式

"以人为本"的招聘策略。一是根据企业发展的战略和宗旨，确立把传递"以人为本"理念作为招聘的指导思想；二是根据企业的发展计划和生产进度，制订拉动式招聘人才计划，以实际出发，分层次、有步骤地实施招聘；三是以"一流企业，一流员工队伍"的发展目标，确立面向全国广泛选拔人才的招聘方针；四是确保招聘工作的信度和效度，建立人才评估，确立规范化、程序化、科学化的人才评估原则；五是建立人才信息库，统一设计岗位描述表、应聘登记表、人员评估表、人员预算计划表和目标跟踪管理表。

一般来说，选拔先于工作的发生，而一个工作职位是基于工作的需要。这些工作都是经过分析、考虑而来的。所以工作选拔的目的是通过一些遴选方式，挑选出最有可能将工作做好的人。人才选拔模式如图 17-1 所示。

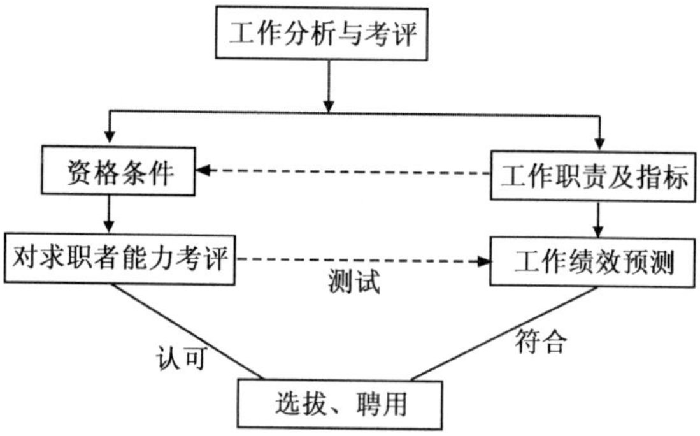

图 17-1　人才选拔模式图

目前，人才选拔过程都有不同的改进，选拔作业追求的另一个目标就是效率。选拔过程的安排主要在求得指标的衡量及其预测性，所以没有绝对的好坏之分，选择适当的方法和形式，就能改进选拔作业。人才选拔作业流程示意图如图 17-2 所示。

■ 人力资源培训

★ 确立培训意识

要人力资源培训达到最佳效果，关键是培训工作者必须树立 3 种基本意识。

（1）以学习为本质的意识。培训的本质不是知识和技术的传播而是学习。培训真正的主角是学员。重要的不是讲授了多少内容，而是学员学到了多少内容。我们都应从学习的角度来看待培训。经营者想的是"为了确保绩效，员工需要什么样的学习活动"；主管考虑的是"我能做些什么，使员工加速学习""我该规划什么课程来协助学员完成学习"。

（2）以人性为考量的意识。培训工作者必须把人性考量贯穿于培训规划与执行的全过程，主要责任是协助人学习、协助人达到绩效。培训工作者本人必须具备乐于与人相处、了解人性的特征与能力。

（3）以绩效为目的的意识。培训工作者在开展各项培训时，应该时时以是否达到绩效目的

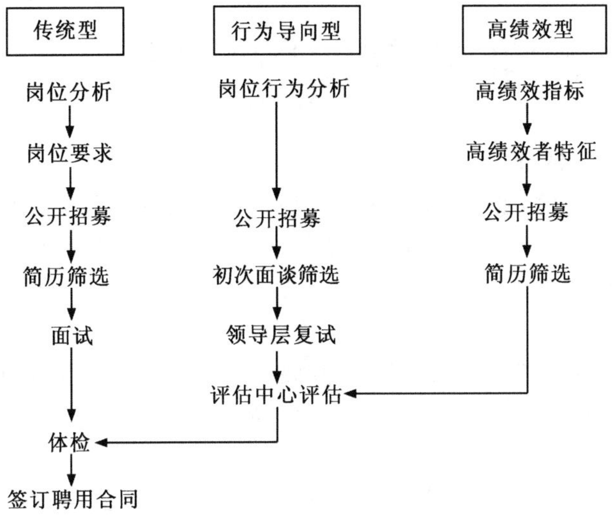

图 17-2 人才选拔流程图

为考量。这是企业内办培训与校园内的学习课程最大的不同。

★ 培训方案规划

规划培训方案要明确的事项：一是培训目标，即要从学习的角度出发，明确说明学员参加培训后可以拥有哪些知识、信息及能力；二是培训对象；三是培训内容；四是培训方法；五是配套学习措施；六是培训外配套措施。好的培训方案中，培训资源规划和培训评估规划也很重要，必须着重培训需求的调查、分析以及培训方案的规划下手。有高质量的培训方案，培训就可以为企业做出贡献。

★ 培训步骤

培训教育一般分五大步骤，如图 17-3 所示。

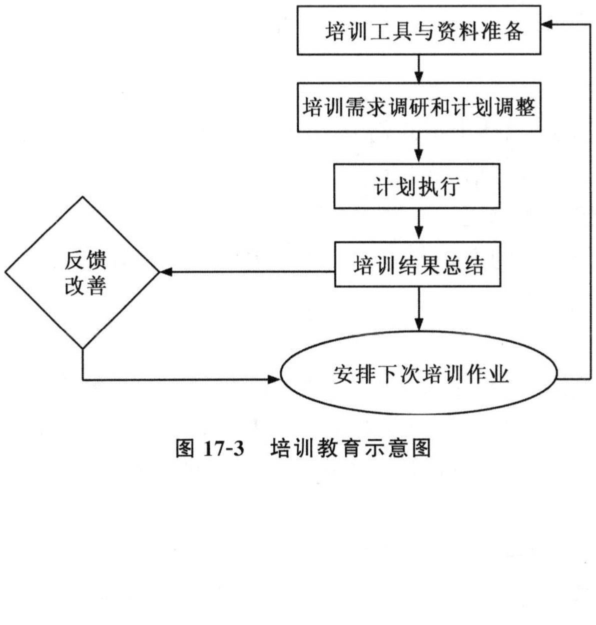

图 17-3 培训教育示意图

第四节 绩效评估

■ 绩效评估制度的建立

绩效评估是人力资源管理作业中的重要一环。它扮演着一个支援性作业的角色，提供企业现存人员的基本信息，同时也扮演着功能性角色，具有改善员工工作态度和能力的效用。所以，绩效评估要制度化和常规化。

★ 绩效评估内涵

绩效管理，是指各级管理者和员工为了达到组织目标共同参与的绩效计划制定、绩效辅导沟通、绩效考核评价、绩效结果应用、绩效目标提升的持续循环过程，绩效管理的目的是持续提升个人、部门和组织的绩效。

绩效评估，又称绩效考评、绩效考核、绩效评价、员工考核，是一种正式的员工评估制度，也是人力资源开发与管理中一项重要的基础性工作，旨在通过科学的方法、原理来评定和测量员工在职务上的工作行为和工作效果。

绩效评估的主要内容和程序，主要以量度、考核、反馈以及最后所得到的信息，构成绩效评估的主要过程。绩效评估的主要内容和程序如图 17-4 所示。

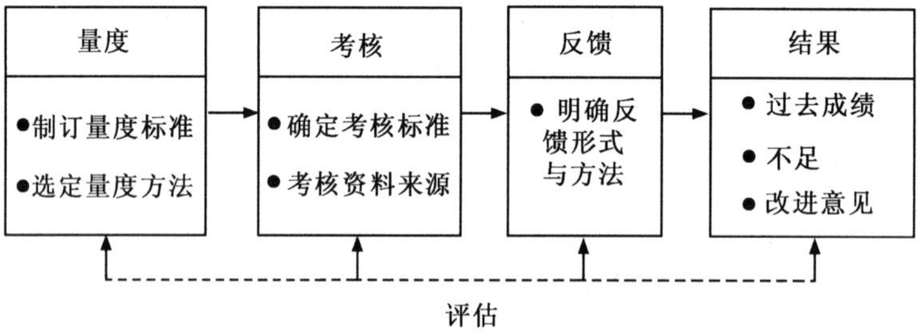

图 17-4 绩效评估内容和程序示意图

■ 绩效评估方法

常用的绩效评估方法，总体上把它们分为：结果导向性的绩效评估方法、行为导向性的绩效评估方法和特质性的绩效评估方法。

★ 结果导向型绩效评估方法

此类方法所做出的评估的主要依据是工作的绩效，即工作的结果，能否完成任务是第一要考虑的问题，也是评估的重点。

◇ 业绩评定表法

也可以称为评分表法，它分为几个等级，例如优秀、良好、一般等。这种方法的优点是可以做定量比较，评估标准比较明确，便于做出评价结果。它的缺点是标准的确定性问题，需要有对工作相当了解的评定表制定者；评估者可能带有一定的主观性。

◇ 目标管理法

目标管理法是最典型的结果导向型绩效评估法。40 多年前，“现代管理学之父”彼得·德鲁克在《管理实践》中最早提出目标管理这一思想，对总目标分解为一个个小目标。20 世纪 60

年代以来，目标管理法得到广泛推广与应用，它评估的对象是员工的工作业绩，即目标的完成情况而非行为，这样使员工能够向目标方向努力从而在一定程度上有利于保证目标的完成。由此可见，这种方法的优点是能够通过目标调动起员工的积极性，千方百计地改进工作效率；有利于在不同情况下控制员工的方向；同时员工相对比较自由，可以合理地安排自己的计划和应用自己的工作方法。它的缺点是目标的设定可能有一定的困难，目标必须具有激发性和具有实现的可能性；对员工的行为在某种程度上缺少一定的评价。

◇ 关键绩效指标法

它把对绩效的评估简化为对几个关键指标的考核，将关键指标当作评估标准，把员工的绩效与关键指标作出比较的评估方法，在一定程度上可以说是目标管理法与帕累托定律的有效结合。关键指标必须符合 SMART 原则：具体性、衡量性、可达性、现实性、时限性。这种方法的优点是标准比较鲜明，易于做出评估。它的缺点是对简单的工作制定标准难度较大；缺乏一定的定量性；绩效指标只是一些关键的指标，对于其他内容缺少一定的评估，应当适当地注意。

★ 行为导向型的绩效评估方法

与结果导向型的绩效评估方法不同的是，行为导向型的绩效评估方法的对象主要是行为，以工作中的行为作为主要评估的依据。包括关键事件法、行为观察比较法、行为锚定评价法、360 度绩效评估法等。

◇ 关键事件法

是客观评价体系中最简单的一种形式，由美国学者弗拉赖根和贝勒斯在 1954 年提出的，通用汽车公司在 1955 年运用这种方法获得成功。它是通过对工作中最好或最差的事件进行分析，对造成这一事件的工作行为进行认定从而做出工作绩效评估的一种方法。这种方法的优点是针对性比较强，对评估优秀和劣等表现十分有效；缺点是对关键事件的把握和分析可能存在某些偏差。

◇ 行为观察比较法

也叫行为观察量表法，是各项评估指标给出一系列有关的有效行为，将观察到的员工的每一项工作行为同评价标准比较进行评分，看该行为出现的次数频率的评估方法，每一种行为上的得分相加，得出总分结果比较。这种方法的优点是能够有一个比较有效的行为标准，可以帮助建立工作岗位指导书；缺点是观察到的工作行为可能带有一定的主观性。

◇ 行为锚定评价法

也称为行为定位评分法，是比较典型的行为导向型评估法。它由美国学者史密斯与肯德尔在美国“全国护士联合会”资助下研究提出的，兰迪特和吉昂在 1970 年证明它可用于工作动机的评估，所以在 20 世纪 70 年代，得到广泛的应用。它侧重是具体可衡量的工作行为，通过数值给各项评估项目打分，只不过评分项目是某个职务的具体行为事例，也就是对每一项职务指标做出评分量表，量表分段是实际的行为事例，然后给出等级对应行为，将工作中的行为与指标对比做出评估。它主要针对的是那些明确的、可观察到的、可测量到的工作行为。这种方法的优点是评估指标有较强的独立性，评估尺度较精确；对具体的行为进行评估，准确性高一些。它的缺点是评估对象一般是从事具体工作的员工，对其他工作适用性较差。

◇ 360 度绩效评估法

360 度绩效评估法是爱德华和埃文等在 20 世纪 80 年代提出，后经 1993 年美国《华尔街时报》与《财富》杂志引用后，开始得到广泛关注与应用。它是一种从不同角度获取组织成员工作行为表现的观察资料，然后对获得的资料进行分析评估的方法，它包括来自上级、同事、下属及客户的评价，同时也包括被评者自己的评价。这种方法的优点是比较全面地进行评估，易于做出比较公正的评价，同时通过反馈可以促进工作能力，也有利于团队建设和沟通。它的缺点是因为来自各方面的评估，工作量比较大；也可能存在非正式组织，影响评价的公正性；还需要员工有一定的知识参与评估。

★ 特质性绩效评估方法

此种方法是以心理学的知识为基础的评估方法，常用的是图解式评估量表。它是一张列举了达到成功绩效所需要的不同特质（如适应性、合作性、工作动机等）的特质表，每一项特质给出的满分是五分或七分，评估结果一般是如“普通”“中等”或“符合标准”等词语。这种方法适用广、成本低廉，几乎可以适用于公司内所有或大部分的工作和员工。它的缺点针对的是某些特质而不能有效地给予行为以引导；不能提出明确又不具威胁性的反馈，反馈对员工可能造成不良影响；一般不能单独用于升迁的决策上。

第五节　薪酬与福利管理

薪酬福利是企业或者公司给员工们发放的报酬，以及给有贡献的员工的补助，主要通过节假日，或公司有重大进步的时候发放。薪酬福利是每个员工都关注的问题，也是提升员工满意度的关键因素之一。

■ 制定薪酬福利制度

★ 制定薪酬制度的原则

（1）遵照国家和地方有关部门关于劳动工资的有关法令政策，包括最低（工资）生活线标准、反性别歧视、劳动加班等。

（2）考虑当地生活物价指数上涨，相应增加工资以保持原有生活水平。

（3）坚持工资增长幅度不超过企业经济效益增长幅度，职工平均实际收入增长幅度不超过企业劳动生产率增长幅度的“两不超”原则。

（4）职工报酬激励原则：

◇ 讲求企业内外的公平性、破除大锅饭。

◇ 能吸引有技能的人到企业工作。

◇ 能把有才能的人留在企业不流失。

◇ 能激励员工努力把工作做好，做到奖勤罚懒。

（5）根据劳动力市场价格，尤其同行业公司、类似岗位的工资水平，制定竞争性工资率。

（6）适当考虑员工需求差异，薪资和福利制度留有弹性、可供选择。

（7）测算人力资本成本在总成本中的比例及变动空间，考虑企业最终对薪资的财务支付能力。

（8）在母公司财务管理总则指导下，全资子公司、控股子公司，执行母公司的工资管理制度；参股公司、关联协作企业自行决定工资分配。

★ 薪酬制度

1. 工资体系

◇ 职务工资股。按照职务的责任重要程度、工作繁简程序和工作条件划分等级，按等级规定工资标准

◇ 技能工资制。按照一定职务的执行能力划分工资等级，每多掌握一种技能，则增加其工资额

◇ 年功工资。根据在本企业工作年限确定工资，一般假定在本企业工作年限越长、资历越丰富，能力也越强、贡献也越大，相应地，工资与资历一致

◇ 结构(结合)工资制。多项工资制度的结合，例如：结构工资＝基础工资＋职务工资＋工龄工资＋奖金＋津贴

2. 工资形式

◇ 计件(奖励)工资制。适合范围：质量易测控，产品较简单，大批量或手工作业的行业、工种

◇ 计时工资制。优点：不易产生员工间成绩争议，产品质量较有保障。缺点：不易激发工作主动性，会出现出工不出力现象，增加监督成本。适合范围：不易计件的、脑力型的任务和作业工作

◇ 产值含量工资制。类似于计件工资制，适合生产一线工人

◇ 销售收入提成工资制。按销售收入多少提取员工收入，适合营销业务人员

◇ 项目包干工资制。适用于科研单位、科研人员

◇ 年薪制

3. 薪资方案制订

◇ 考虑影响职务工资的因素

◇ 把企业中的每一个职务情况与标准评分表对比，可以计算出每一个职务的得分

◇ 把职业中的每一个职务的得分，按照从大到小或从小到大排列，再划分出工资等级及相应的薪金数额，如评分与工资转换表

◇ 以上所议薪资一般指税后工资额，要由企业代扣代缴个人所得税，故企业应考虑税前工资总额对企业财务成本的影响

◇ 加班工资只针对初级管理员和工人，而中高级职员加班是无偿的

◇ 对员工普调(增加、削减)工资方法

◇ 对员工工龄工资制定方法

◇ 考绩与工龄相结合

4. 薪资管理综述与策略

◇ 关于年功序列工资制

优点：培养员工对企业的绝对忠诚以及“企业是家”的观念，员工流动性最小。

缺点：唯资历是论，可能与真正的能力脱节，压抑积极性与创新。

◇ 关于技能工资制

优点：减少骨干职工的流动性，促使其自发提高技能和多岗位适应性。

缺点：职工要求强化培训，推动企业培训费用与工资开支互动增长。

◇ 管理者薪金制定策略

(1)对初级管理者,主要考虑外部人力市场同业职位薪金竞争性。

(2)对中级管理者,主要考虑其资历、经验专长、过去工作贡献确定。

(3)对最高级管理者,主要由企业规模、行业性质、工作绩效决定。

◇ 企业生命周期阶段的薪资策略

(1)创业初期,职工尚不稳定,应以公平为主,着力提高企业总体平均工资水平,促进员工安心、敬业。因尚无明显业绩,故工资等级差距不宜过大。

(2)成长期公平与效率兼顾,拉开一定的收入差距,建立相对正规的工资制度,适度用业绩奖励调节。

(3)成熟期和衰退期以效率为主,激发员工工作热情以延续企业生命周期,故应实施拉大收入差异的工资制度。

(4)当企业盈利较多时,可给员工普加工资;企业盈利较差时,可对员工削减工资。

◇ 国外心理学家研究表明,企业各级员工大多数(主观上)认为其报酬所得抵不上其做出的贡献。为避免其副作用,企业薪资制度应有一定的透明度,可以让职工参与奖励决策,实行集体分配奖金制

◇ 当工资制度不公平并难以调整时,可采取其他非薪资方式予以补偿

◇ 随着时间的推移,企业定期对工资制度做出评估,并予以合理调整或导入新的薪资体制。在日常动作中对薪资系统明显不合理之处,应及时做出修正

★ 福利制度

1. 福利项目

◇ 职工意外伤害保险

◇ 职工失业保险

◇ 职工养老保险

◇ 职工医疗保险、大病统筹

◇ 职工个人财产保险

◇ 带薪休假

◇ 提供职工住房或住房补贴

◇ 免费午餐、职工食堂或伙食补助

◇ 提供交通接送或交通补贴

◇ 带薪培训或教育补助

◇ 本企业股份、股票或期权优先权

◇ 娱乐或体育活动

◇ 厂区整洁园林化,有益员工健康

◇ 家庭特困补助

◇ 家庭红白事慰问金、抚恤金

◇ 工伤残疾、重病补助

◇ 组织公司旅游,或提供疗养机会

◇ 节日礼物或优惠实物分配

2. 福利权利差异性

◇ 全员福利,对所有职工享有的

◇ 特种福利，如对高层人员的轿车、飞机、星级宾馆出差待遇

◇ 特困补助，针对特别困难家庭

3. 弹性的职工自助福利计划

◇ 附加型。在现有的福利计划之外，再提供其他不同的福利措施，供员工选择

◇ 核心加选择型。"核心福利"是每个员工享有的基本福利，"弹性选择福利"则附有价格供员工任意选择

◇ 套餐。企业推出项目的优惠水准不同的"福利组合"，每个员工从中择其一。在给定每个职工福利开支总额前提下，职工在福利菜单项目范围内自行决定的福利结构

■ 薪酬福利管理

★ 薪酬福利管理的内容

1. 工资总额管理

◇ 工资总额＝计时工资＋计件工资＋奖金＋津贴和补贴＋加班加点工资＋特殊情况下支付的工资

◇ 工资总额的管理方法，首先考虑确定合理的工资总额需要考虑的因素，如企业的支付能力、员工的生活费用、市场薪酬水平以及员工现有薪酬状况等，然后计算合理的工资总额

2. 企业内部各类员工薪酬水平的管理

哪类员工对企业的贡献大，他从薪酬中得到的回报就应当越多，哪类员工对企业的贡献小，他从薪酬中得到的回报就应当越少，以示公平。这是企业员工薪酬管理的重要内容。

3. 确定企业内部薪酬制度

◇ 企业薪酬制度管理包括工资结构管理，即确定不同员工的薪酬构成项目以及各薪酬项目所占的比例，还包括薪酬支付形式管理，即确定薪酬计算的基础，是按照劳动时间计算还是按照生产额、销售额计算

◇ 不同的企业薪酬制度有不同的适用对象和范围，关键是要选择与企业发展战略、实际情况相适应的薪酬制度

★ 薪酬管理的原则

保证薪酬在劳动力市场上具有竞争性，吸引优秀人才；对员工的贡献给予相应的回报，激励保留员工；通过薪酬机制，将短、中、长期经济利益结合，促进公司与员工结成利益共同体；合理控制人工成本，保证企业产品竞争力。

附录一 《中华人民共和国就业促进法》

（2007 年 8 月 30 日第十届全国人民代表大会常务委员会第二十九次会议通过）

目　　录

第一章　总　　则

第一条　为了促进就业，促进经济发展与扩大就业相协调，促进社会和谐稳定，制定本法。

第二条　国家把扩大就业放在经济社会发展的突出位置，实施积极的就业政策，坚持劳动者自主择业、市场调节就业、政府促进就业的方针，多渠道扩大就业。

第三条　劳动者依法享有平等就业和自主择业的权利。

劳动者就业，不因民族、种族、性别、宗教信仰等不同而受歧视。

第四条　县级以上人民政府把扩大就业作为经济和社会发展的重要目标，纳入国民经济和社会发展规划，并制定促进就业的中长期规划和年度工作计划。

第五条　县级以上人民政府通过发展经济和调整产业结构、规范人力资源市场、完善就业服务、加强职业教育和培训、提供就业援助等措施，创造就业条件，扩大就业。

第六条　国务院建立全国促进就业工作协调机制，研究就业工作中的重大问题，协调推动全国的促进就业工作。国务院劳动行政部门具体负责全国的促进就业工作。

省、自治区、直辖市人民政府根据促进就业工作的需要，建立促进就业工作协调机制，协调解决本行政区域就业工作中的重大问题。

县级以上人民政府有关部门按照各自的职责分工，共同做好促进就业工作。

第七条　国家倡导劳动者树立正确的择业观念，提高就业能力和创业能力；鼓励劳动者自主创业、自谋职业。

各级人民政府和有关部门应当简化程序，提高效率，为劳动者自主创业、自谋职业提供便利。

第八条 用人单位依法享有自主用人的权利。

用人单位应当依照本法以及其他法律、法规的规定，保障劳动者的合法权益。

第九条 工会、共产主义青年团、妇女联合会、残疾人联合会以及其他社会组织，协助人民政府开展促进就业工作，依法维护劳动者的劳动权利。

第十条 各级人民政府和有关部门对在促进就业工作中做出显著成绩的单位和个人，给予表彰和奖励。

第二章 政策支持

第十一条 县级以上人民政府应当把扩大就业作为重要职责，统筹协调产业政策与就业政策。

第十二条 国家鼓励各类企业在法律、法规规定的范围内，通过兴办产业或者拓展经营，增加就业岗位。

国家鼓励发展劳动密集型产业、服务业，扶持中小企业，多渠道、多方式增加就业岗位。

国家鼓励、支持、引导非公有制经济发展，扩大就业，增加就业岗位。

第十三条 国家发展国内外贸易和国际经济合作，拓宽就业渠道。

第十四条 县级以上人民政府在安排政府投资和确定重大建设项目时，应当发挥投资和重大建设项目带动就业的作用，增加就业岗位。

第十五条 国家实行有利于促进就业的财政政策，加大资金投入，改善就业环境，扩大就业。

县级以上人民政府应当根据就业状况和就业工作目标，在财政预算中安排就业专项资金用于促进就业工作。

就业专项资金用于职业介绍、职业培训、公益性岗位、职业技能鉴定、特定就业政策和社会保险等的补贴，小额贷款担保基金和微利项目的小额担保贷款贴息，以及扶持公共就业服务等。就业专项资金的使用管理办法由国务院财政部门和劳动行政部门规定。

第十六条 国家建立健全失业保险制度，依法确保失业人员的基本生活，并促进其实现就业。

第十七条 国家鼓励企业增加就业岗位，扶持失业人员和残疾人就业，对下列企业、人员依法给予税收优惠：

(一)吸纳符合国家规定条件的失业人员达到规定要求的企业；

(二)失业人员创办的中小企业；

(三)安置残疾人员达到规定比例或者集中使用残疾人的企业；

(四)从事个体经营的符合国家规定条件的失业人员；

(五)从事个体经营的残疾人；

(六)国务院规定给予税收优惠的其他企业、人员。

第十八条 对本法第十七条第(四)项、第(五)项规定的人员，有关部门应当在经营场地等方面给予照顾，免除行政事业性收费。

第十九条 国家实行有利于促进就业的金融政策，增加中小企业的融资渠道；鼓励金融机构改进金融服务，加大对中小企业的信贷支持，并对自主创业人员在一定期限内给予小额信贷等扶持。

第二十条　国家实行城乡统筹的就业政策，建立健全城乡劳动者平等就业的制度，引导农业富余劳动力有序转移就业。

县级以上地方人民政府推进小城镇建设和加快县域经济发展，引导农业富余劳动力就地就近转移就业；在制定小城镇规划时，将本地区农业富余劳动力转移就业作为重要内容。

县级以上地方人民政府引导农业富余劳动力有序向城市异地转移就业；劳动力输出地和输入地人民政府应当互相配合，改善农村劳动者进城就业的环境和条件。

第二十一条　国家支持区域经济发展，鼓励区域协作，统筹协调不同地区就业的均衡增长。

国家支持民族地区发展经济，扩大就业。

第二十二条　各级人民政府统筹做好城镇新增劳动力就业、农业富余劳动力转移就业和失业人员就业工作。

第二十三条　各级人民政府采取措施，逐步完善和实施与非全日制用工等灵活就业相适应的劳动和社会保险政策，为灵活就业人员提供帮助和服务。

第二十四条　地方各级人民政府和有关部门应当加强对失业人员从事个体经营的指导，提供政策咨询、就业培训和开业指导等服务。

第三章　公平就业

第二十五条　各级人民政府创造公平就业的环境，消除就业歧视，制定政策并采取措施对就业困难人员给予扶持和援助。

第二十六条　用人单位招用人员、职业中介机构从事职业中介活动，应当向劳动者提供平等的就业机会和公平的就业条件，不得实施就业歧视。

第二十七条　国家保障妇女享有与男子平等的劳动权利。

用人单位招用人员，除国家规定的不适合妇女的工种或者岗位外，不得以性别为由拒绝录用妇女或者提高对妇女的录用标准。

用人单位录用女职工，不得在劳动合同中规定限制女职工结婚、生育的内容。

第二十八条　各民族劳动者享有平等的劳动权利。

用人单位招用人员，应当依法对少数民族劳动者给予适当照顾。

第二十九条　国家保障残疾人的劳动权利。

各级人民政府应当对残疾人就业统筹规划，为残疾人创造就业条件。

用人单位招用人员，不得歧视残疾人。

第三十条　用人单位招用人员，不得以是传染病病原携带者为由拒绝录用。但是，经医学鉴定传染病病原携带者在治愈前或者排除传染嫌疑前，不得从事法律、行政法规和国务院卫生行政部门规定禁止从事的易使传染病扩散的工作。

第三十一条　农村劳动者进城就业享有与城镇劳动者平等的劳动权利，不得对农村劳动者进城就业设置歧视性限制。

第四章　就业服务和管理

第三十二条　县级以上人民政府培育和完善统一开放、竞争有序的人力资源市场，为劳动者就业提供服务。

第三十三条　县级以上人民政府鼓励社会各方面依法开展就业服务活动，加强对公共就业服务和职业中介服务的指导和监督，逐步完善覆盖城乡的就业服务体系。

第三十四条　县级以上人民政府加强人力资源市场信息网络及相关设施建设，建立健全人力资源市场信息服务体系，完善市场信息发布制度。

第三十五条　县级以上人民政府建立健全公共就业服务体系，设立公共就业服务机构，为劳动者免费提供下列服务：

（一）就业政策法规咨询；

（二）职业供求信息、市场工资指导价位信息和职业培训信息发布；

（三）职业指导和职业介绍；

（四）对就业困难人员实施就业援助；

（五）办理就业登记、失业登记等事务；

（六）其他公共就业服务。

公共就业服务机构应当不断提高服务的质量和效率，不得从事经营性活动。

公共就业服务经费纳入同级财政预算。

第三十六条　县级以上地方人民政府对职业中介机构提供公益性就业服务的，按照规定给予补贴。

国家鼓励社会各界为公益性就业服务提供捐赠、资助。

第三十七条　地方各级人民政府和有关部门不得举办或者与他人联合举办经营性的职业中介机构。

地方各级人民政府和有关部门、公共就业服务机构举办的招聘会，不得向劳动者收取费用。

第三十八条　县级以上人民政府和有关部门加强对职业中介机构的管理，鼓励其提高服务质量，发挥其在促进就业中的作用。

第三十九条　从事职业中介活动，应当遵循合法、诚实信用、公平、公开的原则。

用人单位通过职业中介机构招用人员，应当如实向职业中介机构提供岗位需求信息。禁止任何组织或者个人利用职业中介活动侵害劳动者的合法权益。

第四十条　设立职业中介机构应当具备下列条件：

（一）有明确的章程和管理制度；

（二）有开展业务必备的固定场所、办公设施和一定数额的开办资金；

（三）有一定数量具备相应职业资格的专职工作人员；

（四）法律、法规规定的其他条件。

设立职业中介机构，应当依法办理行政许可。经许可的职业中介机构，应当向工商行政部门办理登记。

未经依法许可和登记的机构，不得从事职业中介活动。

国家对外商投资职业中介机构和向劳动者提供境外就业服务的职业中介机构另有规定的，依照其规定。

第四十一条　职业中介机构不得有下列行为：

（一）提供虚假就业信息；

（二）为无合法证照的用人单位提供职业中介服务；

（三）伪造、涂改、转让职业中介许可证；

（四）扣押劳动者的居民身份证和其他证件，或者向劳动者收取押金；

（五）其他违反法律、法规规定的行为。

第四十二条　县级以上人民政府建立失业预警制度，对可能出现的较大规模的失业，实施预防、调节和控制。

第四十三条　国家建立劳动力调查统计制度和就业登记、失业登记制度，开展劳动力资源和就业、失业状况调查统计，并公布调查统计结果。

统计部门和劳动行政部门进行劳动力调查统计和就业、失业登记时，用人单位和个人应当如实提供调查统计和登记所需要的情况。

第五章　职业教育和培训

第四十四条　国家依法发展职业教育，鼓励开展职业培训，促进劳动者提高职业技能，增强就业能力和创业能力。

第四十五条　县级以上人民政府根据经济社会发展和市场需求，制定并实施职业能力开发计划。

第四十六条　县级以上人民政府加强统筹协调，鼓励和支持各类职业院校、职业技能培训机构和用人单位依法开展就业前培训、在职培训、再就业培训和创业培训；鼓励劳动者参加各种形式的培训。

第四十七条　县级以上地方人民政府和有关部门根据市场需求和产业发展方向，鼓励、指导企业加强职业教育和培训。

职业院校、职业技能培训机构与企业应当密切联系，实行产教结合，为经济建设服务，培养实用人才和熟练劳动者。

企业应当按照国家有关规定提取职工教育经费，对劳动者进行职业技能培训和继续教育培训。

第四十八条　国家采取措施建立健全劳动预备制度，县级以上地方人民政府对有就业要求的初高中毕业生实行一定期限的职业教育和培训，使其取得相应的职业资格或者掌握一定的职业技能。

第四十九条　地方各级人民政府鼓励和支持开展就业培训，帮助失业人员提高职业技能，增强其就业能力和创业能力。失业人员参加就业培训的，按照有关规定享受政府培训补贴。

第五十条　地方各级人民政府采取有效措施，组织和引导进城就业的农村劳动者参加技能培训，鼓励各类培训机构为进城就业的农村劳动者提供技能培训，增强其就业能力和创业能力。

第五十一条　国家对从事涉及公共安全、人身健康、生命财产安全等特殊工种的劳动者，实行职业资格证书制度，具体办法由国务院规定。

第六章　就业援助

第五十二条　各级人民政府建立健全就业援助制度，采取税费减免、贷款贴息、社会保险补贴、岗位补贴等办法，通过公益性岗位安置等途径，对就业困难人员实行优先扶持和重点帮助。

就业困难人员是指因身体状况、技能水平、家庭因素、失去土地等原因难以实现就业，以及连续失业一定时间仍未能实现就业的人员。就业困难人员的具体范围，由省、自治区、直辖市人民政府根据本行政区域的实际情况规定。

第五十三条　政府投资开发的公益性岗位，应当优先安排符合岗位要求的就业困难人员。被安排在公益性岗位工作的，按照国家规定给予岗位补贴。

第五十四条　地方各级人民政府加强基层就业援助服务工作，对就业困难人员实施重点帮助，提供有针对性的就业服务和公益性岗位援助。

地方各级人民政府鼓励和支持社会各方面为就业困难人员提供技能培训、岗位信息等服务。

第五十五条　各级人民政府采取特别扶助措施，促进残疾人就业。

用人单位应当按照国家规定安排残疾人就业，具体办法由国务院规定。

第五十六条　县级以上地方人民政府采取多种就业形式，拓宽公益性岗位范围，开发就业岗位，确保城市有就业需求的家庭至少有一人实现就业。

法定劳动年龄内的家庭人员均处于失业状况的城市居民家庭，可以向住所地街道、社区公共就业服务机构申请就业援助。街道、社区公共就业服务机构经确认属实的，应当为该家庭中至少一人提供适当的就业岗位。

第五十七条　国家鼓励资源开采型城市和独立工矿区发展与市场需求相适应的产业，引导劳动者转移就业。

对因资源枯竭或者经济结构调整等原因造成就业困难人员集中的地区，上级人民政府应当给予必要的扶持和帮助。

第七章　监督检查

第五十八条　各级人民政府和有关部门应当建立促进就业的目标责任制度。县级以上人民政府按照促进就业目标责任制的要求，对所属的有关部门和下一级人民政府进行考核和监督。

第五十九条　审计机关、财政部门应当依法对就业专项资金的管理和使用情况进行监督检查。

第六十条　劳动行政部门应当对本法实施情况进行监督检查，建立举报制度，受理对违反本法行为的举报，并及时予以核实处理。

第八章　法律责任

第六十一条　违反本法规定，劳动行政等有关部门及其工作人员滥用职权、玩忽职守、徇私舞弊的，对直接负责的主管人员和其他直接责任人员依法给予处分。

第六十二条　违反本法规定，实施就业歧视的，劳动者可以向人民法院提起诉讼。

第六十三条　违反本法规定，地方各级人民政府和有关部门、公共就业服务机构举办经营性的职业中介机构，从事经营性职业中介活动，向劳动者收取费用的，由上级主管机关责令限期改正，将违法收取的费用退还劳动者，并对直接负责的主管人员和其他直接责任人员依法给予处分。

第六十四条　违反本法规定，未经许可和登记，擅自从事职业中介活动的，由劳动行政部门或者其他主管部门依法予以关闭;有违法所得的,没收违法所得,并处一万元以上五万元以下的罚款。

第六十五条　违反本法规定,职业中介机构提供虚假就业信息,为无合法证照的用人单位提供职业中介服务,伪造、涂改、转让职业中介许可证的,由劳动行政部门或者其他主管部门责令改正;有违法所得的,没收违法所得,并处一万元以上五万元以下的罚款;情节严重的,吊销职业中介许可证。

第六十六条　违反本法规定,职业中介机构扣押劳动者居民身份证等证件的,由劳动行政部门责令限期退还劳动者,并依照有关法律规定给予处罚。

违反本法规定,职业中介机构向劳动者收取押金的,由劳动行政部门责令限期退还劳动者,并以每人五百元以上二千元以下的标准处以罚款。

第六十七条　违反本法规定,企业未按照国家规定提取职工教育经费,或者挪用职工教育经费的,由劳动行政部门责令改正,并依法给予处罚。

第六十八条　违反本法规定,侵害劳动者合法权益,造成财产损失或者其他损害的,依法承担民事责任;构成犯罪的,依法追究刑事责任。

第九章　附　　则

第六十九条　本法自 2008 年 1 月 1 日起施行。

附录二 《就业服务与就业管理规定》

中华人民共和国劳动和社会保障部令

第28号

《就业服务与就业管理规定》已于2007年10月30日经劳动和社会保障部第21次部务会议通过，现予公布，自2008年1月1日起施行。

部长　田成平

二〇〇七年十一月五日

就业服务与就业管理规定

第一章　总　　则

第一条　为了加强就业服务和就业管理，培育和完善统一开放、竞争有序的人力资源市场，为劳动者就业和用人单位招用人员提供服务，根据就业促进法等法律、行政法规，制定本规定。

第二条　劳动者求职与就业，用人单位招用人员，劳动保障行政部门举办的公共就业服务机构和经劳动保障行政部门审批的职业中介机构从事就业服务活动，适用本规定。

本规定所称用人单位，是指在中华人民共和国境内的企业、个体经济组织、民办非企业单位等组织，以及招用与之建立劳动关系的劳动者的国家机关、事业单位、社会团体。

第三条　县级以上劳动保障行政部门依法开展本行政区域内的就业服务和就业管理工作。

第二章　求职与就业

第四条　劳动者依法享有平等就业的权利。劳动者就业，不因民族、种族、性别、宗教信仰等不同而受歧视。

第五条　农村劳动者进城就业享有与城镇劳动者平等的就业权利，不得对农村劳动者进城就业设置歧视性限制。

第六条　劳动者依法享有自主择业的权利。劳动者年满16周岁，有劳动能力且有就业愿望的，可凭本人身份证件，通过公共就业服务机构、职业中介机构介绍或直接联系用人单位等渠道求职。

第七条　劳动者求职时，应当如实向公共就业服务机构或职业中介机构、用人单位提供个人基本情况以及与应聘岗位直接相关的知识技能、工作经历、就业现状等情况，并出示相关证明。

第八条　劳动者应当树立正确的择业观念，提高就业能力和创业能力。

国家鼓励劳动者在就业前接受必要的职业教育或职业培训，鼓励城镇初高中毕业生在就业前参加劳动预备制培训。

国家鼓励劳动者自主创业、自谋职业。各级劳动保障行政部门应当会同有关部门，简化程序，提高效率，为劳动者自主创业、自谋职业提供便利和相应服务。

第三章　招用人员

第九条　用人单位依法享有自主用人的权利。用人单位招用人员，应当向劳动者提供平等的就业机会和公平的就业条件。

第十条　用人单位可以通过下列途径自主招用人员：

（一）委托公共就业服务机构或职业中介机构；

（二）参加职业招聘洽谈会；

（三）委托报纸、广播、电视、互联网站等大众传播媒介发布招聘信息；

（四）利用本企业场所、企业网站等自有途径发布招聘信息；

（五）其他合法途径。

第十一条　用人单位委托公共就业服务机构或职业中介机构招用人员，或者参加招聘洽谈会时，应当提供招用人员简章，并出示营业执照（副本）或者有关部门批准其设立的文件、经办人的身份证件和受用人单位委托的证明。

招用人员简章应当包括用人单位基本情况、招用人数、工作内容、招录条件、劳动报酬、福利待遇、社会保险等内容，以及法律、法规规定的其他内容。

第十二条　用人单位招用人员时，应当依法如实告知劳动者有关工作内容、工作条件、工作地点、职业危害、安全生产状况、劳动报酬以及劳动者要求了解的其他情况。

用人单位应当根据劳动者的要求，及时向其反馈是否录用的情况。

第十三条　用人单位应当对劳动者的个人资料予以保密。公开劳动者的个人资料信息和使用劳动者的技术、智力成果，须经劳动者本人书面同意。

第十四条　用人单位招用人员不得有下列行为：

（一）提供虚假招聘信息，发布虚假招聘广告；

（二）扣押被录用人员的居民身份证和其他证件；

（三）以担保或者其他名义向劳动者收取财物；

（四）招用未满 16 周岁的未成年人以及国家法律、行政法规规定不得招用的其他人员；

（五）招用无合法身份证件的人员；

（六）以招用人员为名牟取不正当利益或进行其他违法活动。

第十五条　用人单位不得以诋毁其他用人单位信誉、商业贿赂等不正当手段招聘人员。

第十六条　用人单位在招用人员时，除国家规定的不适合妇女从事的工种或者岗位外，不得以性别为由拒绝录用妇女或者提高对妇女的录用标准。

用人单位录用女职工，不得在劳动合同中规定限制女职工结婚、生育的内容。

第十七条　用人单位招用人员，应当依法对少数民族劳动者给予适当照顾。

第十八条　用人单位招用人员，不得歧视残疾人。

第十九条　用人单位招用人员，不得以是传染病病原携带者为由拒绝录用。但是，经医学鉴定传染病病原携带者在治愈前或者排除传染嫌疑前，不得从事法律、行政法规和国务院卫生行政部门规定禁止从事的易使传染病扩散的工作。

用人单位招用人员，除国家法律、行政法规和国务院卫生行政部门规定禁止乙肝病原携带者从事的工作外，不得强行将乙肝病毒血清学指标作为体检标准。

第二十条　用人单位发布的招用人员简章或招聘广告，不得包含歧视性内容。

第二十一条　用人单位招用从事涉及公共安全、人身健康、生命财产安全等特殊工种的劳动者，应当依法招用持相应工种职业资格证书的人员；招用未持相应工种职业资格证书人员的，须组织其在上岗前参加专门培训，使其取得职业资格证书后方可上岗。

第二十二条　用人单位招用台港澳人员后，应当按有关规定到当地劳动保障行政部门备案，并为其办理《台港澳人员就业证》。

第二十三条　用人单位招用外国人，应当在外国人入境前，按有关规定到当地劳动保障行政部门为其申请就业许可，经批准并获得《中华人民共和国外国人就业许可证书》后方可招用。

用人单位招用外国人的岗位必须是有特殊技能要求、国内暂无适当人选的岗位，并且不违反国家有关规定。

第四章　公共就业服务

第二十四条　县级以上劳动保障行政部门统筹管理本行政区域内的公共就业服务工作，根据政府制定的发展计划，建立健全覆盖城乡的公共就业服务体系。

公共就业服务机构根据政府确定的就业工作目标任务，制定就业服务计划，推动落实就业扶持政策，组织实施就业服务项目，为劳动者和用人单位提供就业服务，开展人力资源市场调查分析，并受劳动保障行政部门委托经办促进就业的相关事务。

第二十五条　公共就业服务机构应当免费为劳动者提供以下服务：

（一）就业政策法规咨询；

（二）职业供求信息、市场工资指导价位信息和职业培训信息发布；

（三）职业指导和职业介绍；

（四）对就业困难人员实施就业援助；

（五）办理就业登记、失业登记等事务；

（六）其他公共就业服务。

第二十六条　公共就业服务机构应当积极拓展服务功能，根据用人单位需求提供以下服务：

（一）招聘用人指导服务；

（二）代理招聘服务；

（三）跨地区人员招聘服务；

（四）企业人力资源管理咨询等专业性服务；

（五）劳动保障事务代理服务；

（六）为满足用人单位需求开发的其他就业服务项目。

公共就业服务机构从事劳动保障事务代理业务，须经县级以上劳动保障行政部门批准。

第二十七条　公共就业服务机构应当加强职业指导工作，配备专（兼）职职业指导工作人员，向劳动者和用人单位提供职业指导服务。

职业指导工作人员经过专业资格培训并考核合格，获得相应的国家职业资格证书方可上岗。

公共就业服务机构应当为职业指导工作提供相应的设施和条件，推动职业指导工作的开展，加强对职业指导工作的宣传。

第二十八条　职业指导工作包括以下内容：

（一）向劳动者和用人单位提供国家有关劳动保障的法律法规和政策、人力资源市场状况咨询；

（二）帮助劳动者了解职业状况，掌握求职方法，确定择业方向，增强择业能力；

（三）向劳动者提出培训建议，为其提供职业培训相关信息；

（四）开展对劳动者个人职业素质和特点的测试，并对其职业能力进行评价；

（五）对妇女、残疾人、少数民族人员及退出现役的军人等就业群体提供专门的职业指导服务；

（六）对大中专学校、职业院校、技工学校学生的职业指导工作提供咨询和服务；

（七）对准备从事个体劳动或开办私营企业的劳动者提供创业咨询服务；

（八）为用人单位提供选择招聘方法、确定用人条件和标准等方面的招聘用人指导；

（九）为职业培训机构确立培训方向和专业设置等提供咨询参考。

第二十九条　公共就业服务机构在劳动保障行政部门的指导下，组织实施劳动力资源调查和就业、失业状况统计工作。

第三十条　公共就业服务机构应当针对特定就业群体的不同需求，制定并组织实施专项计划。

公共就业服务机构应当根据服务对象的特点，在一定时期内为不同类型的劳动者、就业困难对象或用人单位集中组织活动，开展专项服务。

公共就业服务机构受劳动保障行政部门委托，可以组织开展促进就业的专项工作。

第三十一条　县级以上公共就业服务机构建立综合性服务场所，集中为劳动者和用人单位提供一站式就业服务，并承担劳动保障行政部门安排的其他工作。

街道、乡镇、社区公共就业服务机构建立基层服务窗口，开展以就业援助为重点的公共就业服务，实施劳动力资源调查统计，并承担上级劳动保障行政部门安排的其他就业服务工作。

公共就业服务机构使用全国统一标识。

第三十二条　公共就业服务机构应当不断提高服务的质量和效率。

公共就业服务机构应当加强内部管理，完善服务功能，统一服务流程，按照国家制定的服务规范和标准，为劳动者和用人单位提供优质高效的就业服务。

公共就业服务机构应当加强工作人员的政策、业务和服务技能培训，组织职业指导人员、职业信息分析人员、劳动保障协理员等专业人员参加相应职业资格培训。

公共就业服务机构应当公开服务制度，主动接受社会监督。

第三十三条　县级以上劳动保障行政部门和公共就业服务机构应当按照劳动保障信息化建设的统一规划、标准和规范，建立完善人力资源市场信息网络及相关设施。

公共就业服务机构应当逐步实行信息化管理与服务，在城市内实现就业服务、失业保险、就业培训信息共享和公共就业服务全程信息化管理，并逐步实现与劳动工资信息、社会保险信息的互联互通和信息共享。

第三十四条 公共就业服务机构应当建立健全人力资源市场信息服务体系，完善职业供求信息、市场工资指导价位信息、职业培训信息、人力资源市场分析信息的发布制度，为劳动者求职择业、用人单位招用人员以及培训机构开展培训提供支持。

第三十五条 县级以上劳动保障行政部门应当按照信息化建设统一要求，逐步实现全国人力资源市场信息联网。其中，城市应当按照劳动保障数据中心建设的要求，实现网络和数据资源的集中和共享；省、自治区应当建立人力资源市场信息网省级监测中心，对辖区内人力资源市场信息进行监测；劳动保障部设立人力资源市场信息网全国监测中心，对全国人力资源市场信息进行监测和分析。

第三十六条 县级以上劳动保障行政部门应当对公共就业服务机构加强管理，定期对其完成各项任务情况进行绩效考核。

第三十七条 公共就业服务经费纳入同级财政预算。各级劳动保障行政部门和公共就业服务机构应当根据财政预算编制的规定，依法编制公共就业服务年度预算，报经同级财政部门审批后执行。

公共就业服务机构可以按照就业专项资金管理相关规定，依法申请公共就业服务专项扶持经费。

公共就业服务机构接受社会各界提供的捐赠和资助，按照国家有关法律法规管理和使用。

公共就业服务机构为用人单位提供的服务，应当规范管理，严格控制服务收费。确需收费的，具体项目由省级劳动保障行政部门会同相关部门规定。

第三十八条 公共就业服务机构不得从事经营性活动。

公共就业服务机构举办的招聘会，不得向劳动者收取费用。

第三十九条 各级残疾人联合会所属的残疾人就业服务机构是公共就业服务机构的组成部分，负责为残疾劳动者提供相关就业服务，并经劳动保障行政部门委托，承担残疾劳动者的就业登记、失业登记工作。

第五章 就业援助

第四十条 公共就业服务机构应当制定专门的就业援助计划，对就业援助对象实施优先扶持和重点帮助。

本规定所称就业援助对象包括就业困难人员和零就业家庭。就业困难对象是指因身体状况、技能水平、家庭因素、失去土地等原因难以实现就业，以及连续失业一定时间仍未能实现就业的人员。零就业家庭是指法定劳动年龄内的家庭人员均处于失业状况的城市居民家庭。

对援助对象的认定办法，由省级劳动保障行政部门依据当地人民政府规定的就业援助对象范围制定。

第四十一条 就业困难人员和零就业家庭可以向所在地街道、社区公共就业服务机构申请就业援助。经街道、社区公共就业服务机构确认属实的，纳入就业援助范围。

第四十二条 公共就业服务机构应当建立就业困难人员帮扶制度，通过落实各项就业扶持政策、提供就业岗位信息、组织技能培训等有针对性的就业服务和公益性岗位援助，对就业困难人员实施优先扶持和重点帮助。

在公益性岗位上安置的就业困难人员，按照国家规定给予岗位补贴。

第四十三条 公共就业服务机构应当建立零就业家庭即时岗位援助制度，通过拓宽公益性岗位范围，开发各类就业岗位等措施，及时向零就业家庭中的失业人员提供适当的就业岗位，确保零就业家庭至少有一人实现就业。

第四十四条　街道、社区公共就业服务机构应当对辖区内就业援助对象进行登记，建立专门台账，实行就业援助对象动态管理和援助责任制度，提供及时、有效的就业援助。

第六章　职业中介服务

第四十五条　县级以上劳动保障行政部门应当加强对职业中介机构的管理，鼓励其提高服务质量，发挥其在促进就业中的作用。

本规定所称职业中介机构，是指由法人、其他组织和公民个人举办，为用人单位招用人员和劳动者求职提供中介服务以及其他相关服务的经营性组织。

政府部门不得举办或者与他人联合举办经营性的职业中介机构。

第四十六条　从事职业中介活动，应当遵循合法、诚实信用、公平、公开的原则。

禁止任何组织或者个人利用职业中介活动侵害劳动者和用人单位的合法权益。

第四十七条　职业中介实行行政许可制度。设立职业中介机构或其他机构开展职业中介活动，须经劳动保障行政部门批准，并获得职业中介许可证。

经批准获得职业中介许可证的职业中介机构，应当持许可证向工商行政管理部门办理登记。

未经依法许可和登记的机构，不得从事职业中介活动。

职业中介许可证由劳动和社会保障部统一印制并免费发放。

第四十八条　设立职业中介机构应当具备下列条件：

（一）有明确的机构章程和管理制度；

（二）有开展业务必备的固定场所、办公设施和一定数额的开办资金；

（三）有一定数量具备相应职业资格的专职工作人员；

（四）法律、法规规定的其他条件。

第四十九条　设立职业中介机构，应当向当地县级以上劳动保障行政部门提出申请，提交下列文件：

（一）设立申请书；

（二）机构章程和管理制度草案；

（三）场所使用权证明；

（四）注册资本（金）验资报告；

（五）拟任负责人的基本情况、身份证明；

（六）具备相应职业资格的专职工作人员的相关证明；

（七）法律、法规规定的其他文件。

第五十条　劳动保障行政部门接到设立职业中介机构的申请后，应当自受理申请之日起20日内审理完毕。对符合条件的，应当予以批准；不予批准的，应当说明理由。

劳动保障行政部门对经批准设立的职业中介机构实行年度审验。

职业中介机构的具体设立条件、审批和年度审验程序，由省级劳动保障行政部门统一规定。

第五十一条　职业中介机构变更名称、住所、法定代表人等或者终止的，应当按照设立许可程序办理变更或者注销登记手续。

设立分支机构的，应当在征得原审批机关的书面同意后，由拟设立分支机构所在地县级以上劳动保障行政部门审批。

第五十二条 职业中介机构可以从事下列业务：

（一）为劳动者介绍用人单位；

（二）为用人单位和居民家庭推荐劳动者；

（三）开展职业指导、人力资源管理咨询服务；

（四）收集和发布职业供求信息；

（五）根据国家有关规定从事互联网职业信息服务；

（六）组织职业招聘洽谈会；

（七）经劳动保障行政部门核准的其他服务项目。

第五十三条 职业中介机构应当在服务场所明示营业执照、职业中介许可证、服务项目、收费标准、监督机关名称和监督电话等，并接受劳动保障行政部门及其他有关部门的监督检查。

第五十四条 职业中介机构应当建立服务台账，记录服务对象、服务过程、服务结果和收费情况等，并接受劳动保障行政部门的监督检查。

第五十五条 职业中介机构提供职业中介服务不成功的，应当退还向劳动者收取的中介服务费。

第五十六条 职业中介机构租用场地举办大规模职业招聘洽谈会，应当制定相应的组织实施办法和安全保卫工作方案，并向批准其设立的机关报告。

职业中介机构应当对入场招聘用人单位的主体资格真实性和招用人员简章真实性进行核实。

第五十七条 职业中介机构为特定对象提供公益性就业服务的，可以按照规定给予补贴。可以给予补贴的公益性就业服务的范围、对象、服务效果和补贴办法，由省级劳动保障行政部门会同有关部门制定。

第五十八条 禁止职业中介机构有下列行为：

（一）提供虚假就业信息；

（二）发布的就业信息中包含歧视性内容；

（三）伪造、涂改、转让职业中介许可证；

（四）为无合法证照的用人单位提供职业中介服务；

（五）介绍未满 16 周岁的未成年人就业；

（六）为无合法身份证件的劳动者提供职业中介服务；

（七）介绍劳动者从事法律、法规禁止从事的职业；

（八）扣押劳动者的居民身份证和其他证件，或者向劳动者收取押金；

（九）以暴力、胁迫、欺诈等方式进行职业中介活动；

（十）超出核准的业务范围经营；

（十一）其他违反法律、法规规定的行为。

第五十九条 县级以上劳动保障行政部门应当依法对经审批设立的职业中介机构开展职业中介活动进行监督指导，定期组织对其服务信用和服务质量进行评估，并将评估结果向社会公布。

县级以上劳动保障行政部门应当指导职业中介机构开展工作人员培训，提高服务质量。

县级以上劳动保障行政部门对在诚信服务、优质服务和公益性服务等方面表现突出的职业中介机构和个人，报经同级人民政府批准后，给予表彰和奖励。

第六十条　设立外商投资职业中介机构以及职业中介机构从事境外就业中介服务的，按照有关规定执行。

第七章　就业与失业管理

第六十一条　劳动保障行政部门应当建立健全就业登记制度和失业登记制度，完善就业管理和失业管理。

公共就业服务机构负责就业登记与失业登记工作，建立专门台账，及时、准确地记录劳动者就业与失业变动情况，并做好相应统计工作。

就业登记和失业登记在各省、自治区、直辖市范围内实行统一的就业失业登记证（以下简称登记证），向劳动者免费发放，并注明可享受的相应扶持政策。

就业登记、失业登记的具体程序和登记证的样式，由省级劳动保障行政部门规定。

第六十二条　劳动者被用人单位招用的，由用人单位为劳动者办理就业登记。用人单位招用劳动者和与劳动者终止或者解除劳动关系，应当到当地公共就业服务机构备案，为劳动者办理就业登记手续。用人单位招用人员后，应当于录用之日起30日内办理登记手续；用人单位与职工终止或者解除劳动关系后，应当于15日内办理登记手续。

劳动者从事个体经营或灵活就业的，由本人在街道、乡镇公共就业服务机构办理就业登记。

就业登记的内容主要包括劳动者个人信息、就业类型、就业时间、就业单位以及订立、终止或者解除劳动合同情况等。就业登记的具体内容和所需材料由省级劳动保障行政部门规定。

公共就业服务机构应当对用人单位办理就业登记及相关手续设立专门服务窗口，简化程序，方便用人单位办理。

第六十三条　在法定劳动年龄内，有劳动能力，有就业要求，处于无业状态的城镇常住人员，可以到公共就业服务机构进行失业登记。其中，没有就业经历的城镇户籍人员，在户籍所在地登记；农村进城务工人员和其他非本地户籍人员在常住地稳定就业满6个月的，失业后可以在常住地登记。

第六十四条　劳动者进行失业登记时，须持本人身份证件和证明原身份的有关证明；有单位就业经历的，还须持与原单位终止、解除劳动关系或者解聘的证明。

登记失业人员凭登记证享受公共就业服务和就业扶持政策；其中符合条件的，按规定申领失业保险金。

登记失业人员应当定期向公共就业服务机构报告就业失业状况，积极求职，参加公共就业服务机构安排的就业培训。

第六十五条　失业登记的范围包括下列失业人员：

（一）年满16周岁，从各类学校毕业、肄业的；

（二）从企业、机关、事业单位等各类用人单位失业的；

（三）个体工商户业主或私营企业业主停业、破产停止经营的；

(四)承包土地被征用,符合当地规定条件的;
(五)军人退出现役、且未纳入国家统一安置的;
(六)刑满释放、假释、监外执行或解除劳动教养的;
(七)各地确定的其他失业人员。
第六十六条　登记失业人员出现下列情形之一的,由公共就业服务机构注销其失业登记:
(一)被用人单位录用的;
(二)从事个体经营或创办企业,并领取工商营业执照的;
(三)已从事有稳定收入的劳动,并且月收入不低于当地最低工资标准的;
(四)已享受基本养老保险待遇的;
(五)完全丧失劳动能力的;
(六)入学、服兵役、移居境外的;
(七)被判刑收监执行或被劳动教养的;
(八)终止就业要求或拒绝接受公共就业服务的;
(九)连续6个月未与公共就业服务机构联系的;
(十)已进行就业登记的其他人员或各地规定的其他情形。

第八章　罚　　则

第六十七条　用人单位违反本规定第十四条第(二)、(三)项规定的,按照劳动合同法第八十四条的规定予以处罚;用人单位违反第十四条第(四)项规定的,按照国家禁止使用童工和其他有关法律、法规的规定予以处罚。用人单位违反第十四条第(一)、(五)、(六)项规定的,由劳动保障行政部门责令改正,并可处以一千元以下的罚款;对当事人造成损害的,应当承担赔偿责任。

第六十八条　用人单位违反本规定第十九条第二款规定,在国家法律、行政法规和国务院卫生行政部门规定禁止乙肝病原携带者从事的工作岗位以外招用人员时,将乙肝病毒血清学指标作为体检标准的,由劳动保障行政部门责令改正,并可处以一千元以下的罚款;对当事人造成损害的,应当承担赔偿责任。

第六十九条　违反本规定第三十八条规定,公共就业服务机构从事经营性职业中介活动向劳动者收取费用的,由劳动保障行政部门责令限期改正,将违法收取的费用退还劳动者,并对直接负责的主管人员和其他直接责任人员依法给予处分。

第七十条　违反本规定第四十七条规定,未经许可和登记,擅自从事职业中介活动的,由劳动保障行政部门或者其他主管部门按照就业促进法第六十四条规定予以处罚。

第七十一条　职业中介机构违反本规定第五十三条规定,未明示职业中介许可证、监督电话的,由劳动保障行政部门责令改正,并可处以一千元以下的罚款;未明示收费标准的,提请价格主管部门依据国家有关规定处罚;未明示营业执照的,提请工商行政管理部门依据国家有关规定处罚。

第七十二条　职业中介机构违反本规定第五十四条规定,未建立服务台账,或虽建立服务台账但未记录服务对象、服务过程、服务结果和收费情况的,由劳动保障行政部门责令改正,并可处以一千元以下的罚款。

第七十三条　职业中介机构违反本规定第五十五条规定,在职业中介服务不成功后未向劳动者退还所收取的中介服务费的，由劳动保障行政部门责令改正，并可处以一千元以下的罚款。

第七十四条　职业中介机构违反本规定第五十八条第(一)、(三)、(四)、(八)项规定的，按照就业促进法第六十五条、第六十六条规定予以处罚。违反本规定第五十八条第(五)项规定的，按照国家禁止使用童工的规定予以处罚。违反本规定第五十八条其他各项规定的，由劳动保障行政部门责令改正，没有违法所得的，可处以一万元以下的罚款；有违法所得的，可处以不超过违法所得三倍的罚款，但最高不得超过三万元；情节严重的，提请工商部门依法吊销营业执照；对当事人造成损害的，应当承担赔偿责任。

第七十五条　用人单位违反本规定第六十二条规定，未及时为劳动者办理就业登记手续的，由劳动保障行政部门责令改正，并可处以一千元以下的罚款。

第九章　附　　则

第七十六条　省、自治区、直辖市劳动保障行政部门可以根据本规定制定实施细则。

第七十七条　本规定自 2008 年 1 月 1 日起施行。劳动部 1994 年 10 月 27 日颁布的《职业指导办法》、劳动和社会保障部 2000 年 12 月 8 日颁布的《劳动力市场管理规定》同时废止。

附录三　国务院关于进一步做好普通高等学校毕业生就业工作的通知

国发〔2011〕16号

各省、自治区、直辖市人民政府，国务院各部委、各直属机构：

普通高等学校毕业生（以下简称高校毕业生）是国家宝贵的人才资源，是现代化建设的重要生力军。做好高校毕业生就业工作，是促进经济发展和社会和谐的重要举措。近年来，各地区、各有关部门认真贯彻落实党中央、国务院的决策部署，做了大量工作，取得明显成效，高校毕业生就业形势总体保持稳定。预计“十二五”时期，高校毕业生数量仍将持续增长，促进高校毕业生就业任务依然十分繁重。各地区、各有关部门要继续把高校毕业生就业摆在就业工作的首位，进一步加大工作力度，多渠道开发就业岗位，完善相关政策措施，切实加强就业服务，千方百计促进高校毕业生就业。为进一步做好高校毕业生就业工作，现就有关问题通知如下：

一、适应加快转变经济发展方式和调整经济结构的进程，积极拓展高校毕业生就业领域

（一）在构建现代产业体系中努力创造更多适合高校毕业生的就业机会。在推进战略性新兴产业发展中培育新的就业增长点，着力发展既具有较高科技含量又具有较强吸纳就业能力的智力密集型、技术密集型产业，开发更多适合高校毕业生的就业岗位。在加快转变经济发展方式和调整经济结构中实施有利于发挥劳动力比较优势的技术进步和产业升级技术战略，带动生产性就业岗位增长，努力扩大吸纳高校毕业生就业规模。大力发展具有增长潜力的生产性服务业和生活性服务业，积极鼓励发展服务外包、动漫、现代信息技术、现代服务业等产业，创造更多高校毕业生就业机会。积极支持和鼓励高校毕业生投身现代农业建设，鼓励农业企业吸纳高校毕业生就业。在安排政府投资、重大建设项目和制定产业规划时要充分考虑扩大就业的需要，探索建立投资带动就业评估机制，更好地发挥投资对就业的带动作用。及时发布和宣传行业发展规划和相关专业领域的人才规划，引导高校根据行业人才需求，有针对性地开展人才培养。各高校要根据经济社会发展和产业结构调整的需要，认真做好相关专业人才需求预测，合理调整专业设置，推进人才培养模式改革，强化实践教学和实习实训，提高人才培养质量。支持相关行业和产业与高校联合开展人才培养和岗位对接活动，使广大高校毕业生能够学有所用。

（二）鼓励中小企业吸纳高校毕业生就业。中小企业是吸纳高校毕业生就业的主要渠道。要进一步改善中小企业发展环境，大力发展劳动密集型产业、服务业、小型微型企业和创新型科技企业，将落实中小企业扶持政策与做好高校毕业生就业工作结合起来，鼓励企业积极吸纳高校毕业生就业。对招收高校毕业生达到一定数量的中小企业，地方财政应优先考虑安排扶持中小企业发展资金，并优先提供技术改造贷款贴息。对劳动密集型小企业当年新招收登记失业高校毕业生达到一定比例的，可按规定申请最高不超过200万元的小额担保贷款，并享受财政贴息。对企业招收就业困难高校毕业生、签订劳动合同并缴纳社会保险费的，按规定给予社会保险补贴。高校毕业生到中小企业就业的，在专业技术职称评定、科研项目经费申请、科研成果或荣誉称号申报等方面，享受与国有企事业单位同类人员同等待遇。

二、鼓励引导高校毕业生面向城乡基层、中西部地区以及民族地区、贫困地区和艰苦边远地区就业

（三）鼓励高校毕业生面向城乡基层就业。各地要根据统筹城乡经济和加快基本公共服务发展的需要，大力开发社会管理和公共教育、医疗卫生、文化等领域服务岗位，增加高校毕业生就业机会。要进一步完善相关政策，重点解决好他们在工资待遇、社会保障、人员编制、户口档案、职称评定、教育培训、人员流动、资金支持等方面面临的实际问题，鼓励和引导高校毕业生到城乡基层特别是城市社区和农村教育、医疗卫生、文化、科技等基层岗位工作。对在公益性岗位就业并符合条件的高校毕业生，按规定给予社会保险补贴和公益性岗位补贴。自 2012 年起，省级以上机关录用公务员，除部分特殊职位外，均应从具有 2 年以上基层工作经历的人员中录用。市（地）级以下机关特别是县乡机关招录公务员，应采取有效措施积极吸引优秀应届高校毕业生报考，录用计划应主要用于招收应届高校毕业生。要按照统一征集岗位、统一发布公告、统一组织考试、统一服务管理的原则，统筹实施“选聘高校毕业生到村任职”“三支一扶”（支教、支农、支医和扶贫）、“大学生志愿服务西部计划”“农村义务教育阶段学校教师特设岗位计划”等基层服务项目，做好各类项目之间的政策衔接，进一步落实对服务期满考核合格人员的就业政策措施。切实做好免费师范毕业生就业工作。积极做好征集高校毕业生入伍服义务兵役工作。

（四）鼓励高校毕业生到中西部地区、民族地区、贫困地区和艰苦边远地区就业。要结合中部地区崛起和西部大开发战略的实施以及产业梯度转移的需要，鼓励和引导高校毕业生到中西部地区就业。各地要尽快出台并完善相关政策，对到中西部地区和艰苦边远地区县以下基层单位就业，服务期达到 3 年以上（含 3 年）的高校毕业生，按规定实施相应的学费和助学贷款代偿。对到艰苦边远地区或国家扶贫开发工作重点县就业的高校毕业生，在机关工作的，试用期工资可直接按试用期满后工资确定，试用期满后级别工资高定 1～2 档；在事业单位工作的，可提前转正定级，转正定级时薪级工资高定 1～2 级。

三、鼓励支持高校毕业生自主创业，稳定灵活就业

（五）落实和完善创业扶持政策。各地区、各有关部门要进一步落实和完善各项创业扶持政策，改善创业环境，积极引导高校毕业生创业。持《就业失业登记证》（注明“自主创业税收政策”或附着《高校毕业生自主创业证》）的高校毕业生在毕业年度内（指毕业所在自然年，即 1 月 1 日至 12 月 31 日）从事个体经营的，3 年内按每户每年 8 000 元为限额依次扣减其当年实际应缴纳的营业税、城市维护建设税、教育费附加和个人所得税。2011 年 1 月 1 日至 2011 年 12 月 31 日，对高校毕业生创办的年应纳税所得额低于 3 万元（含 3 万元）的小型微利企业，其所得减按 50%计入应纳税所得额，按 20%的税率缴纳企业所得税。发挥小额担保贷款政策促进就业的积极作用，对符合条件的高校毕业生自主创业的，可在创业地按规定申请小额担保贷款；从事微利项目的，可享受不超过 10 万元贷款额度的财政贴息扶持。对合伙经营和组织起来就业的，可根据实际需要适当提高贷款额度。要进一步改进和完善“小额担保贷款＋信用社

区建设+创业培训”联动工作机制。有条件的地区要加大财政投入，并积极引入风险投资资金，探索财政资金、风险投资等与大学生创业赛事的对接模式，规范发展民间融资，多渠道加大创业资金投入。要进一步完善和落实行政事业性收费减免等优惠政策，按照法律法规的规定，适当放宽市场准入条件，鼓励高校毕业生创业。

（六）加强创业教育、创业培训和创业服务。各高校要广泛开展创业教育，积极开发创新创业类课程，完善创业教育课程体系，将创业教育课程纳入学分管理。积极推广成熟的创业培训模式，鼓励高校毕业生参加创业培训和实训，提高创业能力。对高校毕业生在毕业年度内参加创业培训的，根据其获得创业培训合格证书或就业、创业情况，按规定给予培训补贴。要根据高校毕业生特点和需求，组织开展政策咨询、信息服务、项目开发、风险评估、开业指导、融资服务、跟踪扶持等“一条龙”创业服务。在充分发挥各类创业孵化基地作用的基础上，因地制宜建设一批大学生创业孵化基地，并给予相关政策扶持。对基地内大学生创业企业要提供培训和指导服务，落实扶持政策，努力提高创业成功率，延长企业存活期。

（七）稳定灵活就业。各地要鼓励支持高校毕业生通过多种形式灵活就业，并给予相关政策扶持。对符合就业困难人员条件的灵活就业高校毕业生，要按规定落实社会保险补贴政策。对申报灵活就业的高校毕业生，各级公共就业人才服务机构按规定提供人事、劳动保障代理服务，做好社会保险关系接续工作。

四、支持高校毕业生参加就业见习和技能培训，鼓励科研项目单位吸纳高校毕业生就业

（八）支持高校毕业生参加就业见习。各地要结合当地产业发展需要和高校毕业生情况，鼓励和扶持一批规模较大并有一定社会影响力的企事业单位作为就业见习单位，为有见习需求的未就业高校毕业生提供见习机会。积极引导有条件的科技企业孵化器创建大学生科技创业见习基地。要进一步完善就业见习管理办法，明确见习对象范围、见习基地条件、见习补贴标准、见习考核评估等事项，进一步规范见习活动。认真落实见习期间基本生活补助政策，基本生活补助费用由见习单位和地方政府分担。各地要根据当地经济发展和物价水平，合理确定和及时调整基本生活补助标准。见习单位应加强见习场所的安全管理，并为参加见习的高校毕业生购买人身意外伤害保险。见习单位支出的见习补贴相关费用，不计入社会保险缴费基数，但符合税收法律法规规定的，可以在计算企业所得税应纳税所得额时扣除。

（九）支持高校毕业生参加职业技能培训和技能鉴定。各地要积极组织有培训需求的高校毕业生参加职业技能培训和技能鉴定，帮助其提高就业能力。对高校毕业生在毕业年度内参加职业技能培训的，根据其取得职业资格证书（未颁布国家职业技能标准的职业应取得专项职业能力证书或培训合格证书）或就业情况，按规定给予培训补贴。对高校毕业生在毕业年度内通过初次职业技能鉴定并取得职业资格证书或专项职业能力证书的，按规定给予一次性职业技能鉴定补贴。对企业新招收毕业年度高校毕业生，在6个月之内开展岗前培训的，按规定给予企业职业培训补贴。

（十）鼓励科研项目单位吸纳高校毕业生就业。鼓励高校、科研机构和企业，结合国家产业发展和技术进步的需要开展研究，并按照公开、自愿、双向选择的原则，在所承担的项目实施过程中，聘用优秀高校毕业生作为研究助理或辅助人员参与研究工作。在承担的国家科技重大专项、“973”计划、“863”计划、科技支撑计划以及国家自然科学基金等重大重点项目实施过程中，聘用高校毕业生的劳务性费用和有关社会保险费补助可按规定从项目经费中列支。聘用期满，根据工作需要可以续聘或到其他岗位就业，就业后工龄与参与研究期间的工作时间合并计算，社会保险缴费年限合并计算。

五、大力加强就业指导、就业服务和就业援助

（十一）加强就业指导和就业服务。各高校要全面开展职业发展指导和就业创业教育，将就业指导课程纳入教学计划，建立贯穿于整个大学教育期间的职业发展和就业指导课程体系，帮助大学生树立正确的成才和就业观念。各地区、各有关部门要根据高校毕业生求职就业特点，创新就业服务模式，完善服务措施，采取组织企业进校园、召开专场招聘会和供求洽谈会、开展网络招聘等活动，为高校毕业生提供方便、快捷、直接、有效的就业信息服务。各地公共就业人才服务机构、高校毕业生就业指导服务机构及其他就业服务机构要加强合作，建立健全高校毕业生就业信息服务平台，提供政策发布、岗位信息、网络招聘、远程面试、指导咨询等就业服务。要大力推动互联网就业服务的健康发展，加强信息监督管理，规范互联网求职就业行为。要加强人力资源市场需求预测，完善职业供求信息收集和发布制度，引导高校毕业生理性求职、用人单位积极招聘和高校科学合理设置专业。鼓励各类职业中介机构为高校毕业生提供就业服务，对为登记失业高校毕业生提供服务并符合条件的给予职业介绍补贴。鼓励企业与高校合作，为大学生提供有针对性的指导和服务，帮助大学生提升专业能力和职业能力。全面落实为登记失业高校毕业生免费提供政策咨询、职业指导、职业介绍和人事档案托管等服务政策。支持工会、共青团、妇联等组织开展多种形式的高校毕业生就业创业扶持活动。

（十二）开展就业失业登记。各级公共就业人才服务机构要按照就业促进法的规定，为已就业高校毕业生免费办理就业登记，并按规定提供人事、劳动保障代理服务。要进一步完善就业登记办法，建立就业登记与劳动合同管理、社会保险费缴纳联动机制，维护劳动者就业权益。对未就业的高校毕业生可按规定办理失业登记，并纳入户籍所在地失业人员统一管理，落实相关就业扶持政策。各级人力资源社会保障部门、教育部门和各高校要加强合作，进一步完善以实名制为基础的高校毕业生就业统计制度，做好高校毕业生毕业前后的信息衔接和服务接续。

（十三）强化就业援助。各级公共就业人才服务机构要将就业困难的高校毕业生纳入当地就业援助体系，建立专门台账，实施“一对一”职业指导和重点帮扶，并向用人单位重点推荐，或通过公益性岗位安置就业。对符合条件的人员按规定落实社会保险补贴和公益性岗位补贴。各高校可根据困难家庭毕业生的实际情况，给予适当的求职补贴。各地要高度重视大城市聚居地长时间失业高校毕业生以及女性、残疾人和少数民族等高校毕业生的就业问题，提供有针对性的就业服务和就业指导，鼓励有条件的地区制定实施专门的就业扶持政策。

（十四）保障就业权益。各城市应取消高校毕业生落户限制，允许高校毕业生在就（创）业地办理落户手续（直辖市按有关规定执行）。各地要按照就业促进法、劳动合同法、公务员法等的要求，进一步深化高校毕业生就业制度改革，简化高校毕业生就业程序。对到各类用人单位就业的高校毕业生，其职称评定、工资待遇、社会保险办理、工龄确定等要严格按照国家有关规定执行。高校毕业生从企业、社会团体到机关事业单位就业的，其参加基本养老保险缴费年限合并计算为工龄。要加大对各类企业特别是中小企业在劳动用工、缴纳社会保险费等方面的劳动监察力度，切实维护高校毕业生的合法权益。要进一步加强人力资源市场管理，大力开展人力资源市场清理整顿工作，严厉打击非法职业中介和招聘过程中的各类欺诈行为。要认真执行残疾人就业条例的有关规定，保障残疾人高校毕业生的就业权益。要切实落实取消就业体检中乙肝检测项目的有关规定，防止各类就业歧视，维护高校毕业生公平就业权利。

各地区、各有关部门要按照本通知精神，进一步加强对高校毕业生就业工作的领导，强化目标责任，把高校毕业生就业工作情况列入政府政绩考核内容，切实抓好贯彻落实。要加大对就业政策措施和先进典型的宣传力度，引导高校毕业生转变就业观念，营造良好的就业环境。

国务院

二〇一一年五月三十一日

附录四　中华人民共和国劳动合同法

（网站链接）

附录五　部分职业测评网站

大学生就业测评网	http://www.jobtest.com.cn
中国国家人才测评网	http://www.chinatest.com.cn
职业测试-职业测评-职业规划网	http://www.zhiyeguihua.com
北京数银英才测评网	http://www.sycp.com.cn
中华英才网	http://www.chinahr.com
中国南方人才网	http://www.job168.com

附录六　部分求职网站

中国人才热线	http://www.cjol.com
大街网	http://www.dajie.com
猎聘网	http://www.liepin.com
校园招聘_应届毕业生网	http://www.yjbys.com
中国国家人才网	http://www.newjobs.com.cn
中国南方人才网	http://www.job168.com
中国上海人才市场	http://www.hr.net.cn
中国武汉人才市场	http://www.job98.com
中国北方人才市场	http://www.tjrc.com.cn
中国成都人才市场	http://www.rc114.com
中国海峡人才市场	http://www.hxrc.com
中国高校就业联盟网	http://www.job9151.com
北京高校毕业生就业信息网	http://www.bjbys.net.cn
前程无忧网	http://www.51job.com
中华英才网	http://www.chinahr.com
智联招聘网	http://www.zhaopin.com
搜狐招聘	http://hr.sohu.com

参考文献

[1]吴余舟. 大学生职业生涯规划与就业创业指导. 北京:机械工业出版社,2010.
[2]黄中天. 生涯规划——理论与实践. 北京:高等教育出版社,2007.
[3]里尔登. 职业生涯发展与规划. 侯志谨,译. 北京:高等教育出版社,2005.
[4]江俊文,杜旭林,蒋超. 就业创业成功学. 成都:成都时代出版社,2007.
[5]李建明. 大学生职业生涯设计与就业指导. 沈阳:东北大学出版社,2005.
[6]谢晓翠,王静. 职业生涯设计与就业指导. 杭州:浙江大学出版社,2007.
[7]李德全. 大学生就业指导实用教程. 北京:中国文史出版社,2005.
[8]程忠国. 大学生就业与创业指导. 武汉:华中科技大学出版社,2004.
[9]胡解旺. 大学生就业报告. 北京:中央编译出版社,2004.
[10]孙长缨. 当代大学生就业研究. 北京:高等教育出版社,2008.
[11]嵇芹珍,罗冲. 就业与创业指导. 北京:中央民族大学出版社,2002.
[12]邓基泽. 大学生职业指导实用教程. 北京:中国农业大学出版社,2004.
[13]王福庆. 一份简历打天下. 北京:新华出版社,2003.
[14]肖胜萍. 中小企业创业与经营人力资源. 北京:中国纺织出版社,2010.
[15]汪熙. 成功面试的技巧. 上海:上海人民出版社,2000.
[16]刘超. 就这样通过面试. 成都:西南财经大学出版社,2003.
[17]李树森. 大学生就业与创业指导. 沈阳:辽宁教育出版社,2004.
[18]罗天虎. 创业学教程. 西安:西北工业大学出版社,2004.
[19]陈敏. 大学生创业设计. 上海:上海中医药大学出版社,2008.
[20]邓基泽. 大学生职业规划与就业创业指导. 北京:中国农业大学出版社,2011.
[21]刘万韬. 大学生创新与创业教程. 天津:南开大学出版社,2013.
[22]李永新. 广东省公务员全真面试教程. 北京:人民出版社,2012.
[23]唐娜·邓宁. 你的职业性格是什么? MBTI 16 型人格与职业规划. 2 版. 王瑶,邢之浩,译. 北京:电子工业出版社,2019.
[24]华图教育. 无领导小组讨论面试. 北京:中国社会科学出版社,2018.
[25]大学生创业网.
[26]百度文库.